Raynor Winn

De wilde stilte

Uitgeverij Balans

Eerste druk, mei 2020
Tweede druk, juni 2020

Oorspronkelijke titel *The Wild Silence*
Oorspronkelijke uitgever Michael Joseph/Penguin Random House UK

Omslagontwerp bij Barbara
Omslagillustratie © Angela Harding
Typografie en zetwerk Adriaan de Jonge
Druk Wilco

ISBN 978 94 638 2104 9
NUR 320

www.uitgeverijbalans.nl

facebook.com/uitgeverijbalans
twitter.com/balansboeken
instagram.com/uitgeverijbalans
uitgeverijbalans.nl/nieuwsbrief

Voor het Team

Inhoud

DEEL EEN

Altijd het land

De schaal moet breken
voor de vogel kan vliegen.

The Promise of May
Alfred lord Tennyson

Ik hoor de stem, maar ik weet niet wat hij zegt.
Ergens diep in mijn hoofd,
een geluid tussen het ruisen van bloed
en elektrische lading, een geluid, of is het

een gevoel?

Hij is donker en laag, een stem als
een gezoem van woorden
dat opstijgt uit honderd kelen,
of het slaan van een trom in de maat met
voeten op harde aarde,

of één vogel die roept

lang en laag in de schemering
als het licht achter
een rand duikt

en het land blauw wordt.

1

In de aarde

Ik had in bed moeten liggen, moeten slapen, zoals de rest van het land, niet op een ijskoude steen op een klif moeten zitten, nog voor het aanbreken van nieuwjaarsdag. Maar toen mijn ogen in het donker van de winternacht open waren gegaan, voelde ik dezelfde onrust die me nu al maanden wakker hield, hoorde hetzelfde geluid in mijn hoofd fluisteren, en ik moest wel gaan...

...door de smalle straatjes tussen de hoge muren van Polruan, waar de gordijnen dicht waren en de rust was neergedaald. De feestvierders, het vuurwerk en het lawaai van de avond ervoor waren verdwenen. Een donkere stilte was teruggekeerd, alleen onderbroken door de plassen straatverlichting en het gevoel van de stromende rivier, breed en diep vlak bij haar monding, maar landinwaarts woelig door de kracht van het tij, zodat het oppervlak in duizend weerkaatste lichten uiteenspatte. Er lag maar één schip afgemeerd in het snelstromende water; de boeg rukte aan de ankerketting, de achtersteven golfde in een ritmische vissenstaartbeweging. Ik liep voorbij de laatste huizen het open land op. Ik had geen zaklantaarn nodig; deze route was inmiddels zo vertrouwd dat mijn voeten zelfs in het donker hun weg vonden naar een dertig centimeter brede strook platgetrapte aarde die tussen brem en stenen door omhoog slingert, over in de rots uitgehouwen treden waar het land steil omlaag loopt naar de zee die tegen het diepe zwart van de kliffen beneden breekt. Dan onder de gebogen, door de wind gevormde meidoornhaag die, krom en verwrongen, de vorm van het land volgt.

Omhoog, de ruwe, verbrokkelde grond op, mijn voeten nauwelijks zichtbaar, door het hek, waar het land vlakker wordt en de wind harder. Ik zag hem niet, maar ik wist dat hij er was. Ik voelde de kust in beide richtingen trekken en toen ik mijn armen wijd spreidde en opging in de onzichtbare, grillige, bekende vormen, werd mijn adem de wind, net als ikzelf.

In een veld iets achter het kustpad vond ik mijn weg naar een kleine rotspunt met bremstruiken in een boog eromheen, waar het gras was vertrapt door schapen die zich erbinnen hadden gedrongen op zoek naar beschutting tegen het weer. Een plek om stil te staan en te gaan zitten. De onrust in mijn lijf werd minder en ik liet los, gleed weg onder de golf van uitputting. De duisternis was dicht en ondoordringbaar, maar de lucht ruiste door de brem boven mijn hoofd, en bracht de zurige geur van de stekelige bladeren mee, terwijl het gewicht van de zee op het klif beneden in een gestage, ritmische trilling door de aarde dreunde. Ik lag met mijn knieën hoog opgetrokken, de capuchon van mijn jas over mijn muts, mijn gehandschoende handen onder mijn oksels, en eindelijk trokken de gedachten weg uit mijn hoofd en losten op in de wilde, zwarte lucht. Geen stem in mijn hoofd, alleen stilte. Ik kon niet meer denken, alleen nog voelen, en ik gaf me over aan de slaap, aan een diep, kort, totaal vergeten.

Een waasje licht kwam door de duisternis heen en bracht me terug bij mijn pijnlijke, verkrampte lichaam, maar ik bewoog niet; ik bleef strak opgerold liggen, met mijn armen om mijn lichaam geslagen, om nog een restje warmte vast te houden. Een donkere vorm zweefde door het grijs boven mijn hoofd, de stevige staart en lange brede vleugels bewogen maar heel licht in de wind, terwijl hij over de rand van het klif dook en uit het zicht verdween. Ik hield mijn blik op de lichter wordende streep hemel gericht en wachtte tot hij terugkwam, zonder met mijn ogen te knipperen om hem maar niet te missen. Mijn hoofd deed pijn van de inspanning en mijn aandacht verschoof naar de horizon, waar een dun streepje gouden licht verscheen en heel even straalde, tot een striemend regengordijn ver weg op zee het wonder verduisterde. Daar kwam hij geluidloos terug van beneden, steeg moeiteloos de lucht in en bleef even hangen boven het struikgewas van de landtong. Zijn donkere rug en zwartgepunte vleugels vielen bijna samen met de lage hemel; alleen de flits wit boven zijn staart verraadde dat hij een kiekendief was die op een ontbijt hoopte.

Terwijl ik met een doffe pijn in mijn heupen overeind kwam en onder de brem vandaan kroop, zag ik een das van het kustpad af komen en door het veld omhoogklimmen naar wat bosjes bij de omheining aan de andere kant. Zijn korte, dikke poten bewogen snel tussen de ongelijkmatige pollen gras door. Ingehaald door het licht, te laat opgestaan, uit zijn wintertraagheid gewekt, was hij door honger de koude nacht in gedreven, maar nu wilde hij terug naar zijn burcht diep onder de grond, veilig en verborgen. Hij bleef even staan bij de brede ingang naar zijn tunnel, keek om zich heen, snuffelde aan de lucht. Toen was hij weg, zijn veilige onzichtbare wereld binnengeglipt. Ondergedoken in de aarde.

Bij het zwakke, grijzige aanbreken van de dag klom ik naar de laatste rots en ging zitten, met mijn voeten bungelend over de rand. Aan het eind van het land en het begin van de zee. Een ruimte tussen werelden, een moment tussen jaren, een leven tussen levens. Ik ben de weg kwijt, maar hier weet ik, voor even, waar ik ben.

Terug door het dorp en nog steeds geen enkele beweging. In Fowey, aan de andere kant van de rivier, brandden wat lichten. Mensen zetten slaperig koffie, schakelden de verwarming in en gingen terug naar bed. Ik liep over de straatjes, die nauwelijks breder waren dan een pad naar de hoog opdoemende kerk, het ijzeren hek door en over een betonnen gangetje tussen het gebouw en de rotswand. De deur door naar het krappe appartementje achterin. De kou was in mijn botten gekropen en mijn hele lijf deed pijn. Maar ik had het idee dat ik een inzicht had gevonden waar ik al naar zocht sinds de dag dat we in deze kerk waren aangekomen, sinds de dag dat we voor het eerst die deur door waren gegaan. De dag dat we na een wandeltocht van ruim duizend kilometer onze rugzakken op de kale vloer hadden gezet, de veters van onze modderige wandelschoenen hadden losgemaakt en opnieuw hadden moeten leren hoe je onder een dak leeft. Nu dacht ik eindelijk te weten waarom ik maar niet kon wennen, waarom ik rusteloos was, slapeloos. Ik zette thee en bracht die de trap op naar Moth, al meer dan dertig jaar mijn echtgenoot, minnaar, vriend.

Hij lag met gespreide armen en benen op zijn rug op de matras in de slaapkamer; zelfs van het toenemende daglicht dat door het glas-in-loodraam viel, was hij niet wakker geworden. Het leek wel of hij nergens wakker van werd; hij kon twaalf uur aan een stuk slapen en dan nog meer nodig hebben. Maar ik schudde hem wakker en maakte een begin aan zijn dag, zoals gewoonlijk met thee en twee biscuitjes.

'Moth, wakker worden, ik moet iets doen.'

'Wat? Wat doe je, waarom ben je aangekleed?'

'Ik kon niet slapen.'

'Alweer niet?'

'Ik weet het, ik ben zo moe, maar nu moet ik iets doen.'

Als je de schuimrubberen matras naar de hoek van de slaapkamer duwde, naast de bordkartonnen kledingkast waarin onze kleren hingen, ontstond er een grote lege plek op de linoleumvloer. We haalden een groen pakketje uit de rugzak die in de tegenoverliggende hoek stond, deden de rits open en schudden het vertrouwde bundeltje nylon eruit. Terwijl ik de tent uitrolde, rook ik de geur van vocht en zand, wind, regen en ozon-frisse lucht vol meeuwen. Ik was buiten, in het wilde land, op alle tinten rode, zwarte en bruine aarde, in vochtige, mossige bossen en diepe, verborgen valleien.

'Doe jij maar wat je niet laten kunt, maar ik denk dat ik toch de matras blijf gebruiken. Ik begin eigenlijk wel weer aan het comfort gewend te raken.'

'Oké, maar ik moet dit proberen. Ik kan niet doorgaan zonder slaap.'

Met een groeiend gevoel van verwachting klikte ik de met ducttape omwikkelde tentstokken weer in elkaar; ze schoten op hun plek en de groene koepel kwam omhoog. Ik kroop in de vochtig ruikende ruimte die zo was ontstaan, en voelde een golf van blijdschap in me opkomen. Moth ging nog een pot thee zetten, terwijl ik de oude, versleten opblaasmatrasjes en slaapzakken naar binnen trok en een kussen van het bed haalde. Ik was terug. Dit was het. Mijn gezicht zonk in het kussen, de wereld gleed weg en de slaap overspoelde me met opluchting. Ik was ondergedoken in de aarde.

2

Onzichtbaar

Als de kerstvakantie is afgelopen en de studenten chagrijnig in het lokaal terugkomen, zijn er maar heel weinig bij van halverwege de vijftig die inmiddels bijna net zo snel vergeten als leren. We stonden in de kook- en woonruimte van de kerk en namen Moths dagelijkse lijstje door, voordat hij op weg zou gaan voor zijn dag op de universiteit. Telefoon, portemonnee, bril: ja. Autosleutels: ja. Notitieblok met lijstje van wat je vandaag gaat doen: ja.

'Tot vanavond dan.'

'Yep, tot straks.' En weg was hij, maar ik hoorde zijn voetstappen nog, ongelijkmatig langs de kerk, het bleke wintermorgenlicht in. Ik deed de deur dicht en stond weer in de lange, smalle, op een gang lijkende ruimte van de woning. Ik ging met een kop thee aan tafel zitten en dacht aan de dag die voor me lag. Terwijl ik wachtte tot het brood uit de broodrooster opsprong, ging ik met mijn ogen langs de boekenplank, op zoek naar iets om het moment uit te stellen dat ik de laptop moest openklappen om nog meer uren te besteden aan de ontmoedigende speurtocht naar een werkgever op zoek naar een vijftiger zonder diploma's en zonder arbeidsverleden. Op het plankje stond maar een kleine, onlogische verzameling boeken die we uit een verhuisdoos hadden gevist. Een paar willekeurige banden, haastig ingepakt in de uren voordat we ons huis verlieten. Elke keer als ik naar die boeken keek, brachten ze me linea recta terug naar dat ogenblik voordat we voor de laatste keer naar buiten waren gegaan. Weggestuurd uit de droom die ons familiehuis was geweest, waarin we ons vakantieverhuurbedrijf hadden gerund voor bezoekers die er wilden komen logeren, waar we schapen hielden en groenten verbouwden, het huis waar onze kinderen waren opgegroeid en dat twintig jaar lang onze wereld was geweest. Tot een financieel conflict met een jeugdvriend eindigde in een rechtszaak die ertoe had geleid dat wij een uitzettingsbevel kregen. In die paar boeken, snel bij elkaar geraapt voordat we de deur dichtdeden en ons oude leven achter ons lieten, om nooit meer terug te keren, zat het geluid van deurwaarders die op de deur bonsden, de angst niet te weten of we ooit weer onderdak zouden vinden, en een overweldigend verdriet. Maar als ik geweten had dat dit de enige doos boeken zou zijn die we naar ons nieuwe leven zouden meenemen, had ik misschien een betere keuze ingepakt. Ik ging er met mijn hand langs, op zoek naar iets, wat dan ook, wat me mee kon nemen naar ergens buiten de muren van deze kerk. *A Field Guide to Funghi*, misschien, maar waarschijnlijk niet in januari; *Outsider II*, zeker niet; *Five Hundred Mile Walkies*, dat boek, het boek dat tot zo'n onverwacht avontuur had geleid. Nee, er was maar één boek dat het zou kunnen: *The South West Coast Path: From Minehead to South Haven Point*, Paddy Dillons prachtige gids voor het duizend kilometer lange pad. Het boek dat ons uiteindelijk naar Polruan had geleid. De vriend in onze zak nadat wij hadden besloten niet toe te geven aan de chaos van dakloos te zijn, maar onze rugzakken om te doen en de hele route te lopen die Paddy beschrijft, om buiten te gaan leven, zonder huis en zonder geld, op de kliffen en stranden van het pad.

Het plastic omslag van het bruine boekje was nog heel, de bladzijden werden bijeengehouden door een zwart haarelastiek. Ik haalde dat eraf en de stijve pagina's bolden op in golfjes die deden denken aan een hard zandstrand bij eb. Sommige bladzijden waren zo door regen aangetast dat ze aan elkaar geplakte papierklompen waren geworden. Tussen de pagina's zaten ansichtkaarten, veren, grassprieten, knipsels en bloemen: herinneringen aan een pad dat van het klif omlaag stort naar zeeniveau en terug, tot die wildernisachtbaan de hele kustlijn van Zuidwest-Engeland heeft gevolgd en de wandelaar bijna vier keer het equivalent van de Mount Everest heeft beklommen.

Ik beboterde mijn geroosterde brood en wachtte tot de telefoon zou gaan. Tot Moth belde om te zeggen dat hij bij de universiteit was aangekomen en niet in een café in Truro zat of op het strand van Watergate Bay liep, omdat hij op weg was gegaan naar de universiteit, vervolgens was vergeten waar hij heen ging en zich ervan had overtuigd dat hij ergens anders naartoe moest. Ik bladerde door de pagina's van het boekje, bijna huiverig om erin te kijken. Het bevatte zonovergoten, winderige herinneringen aan maanden doorgebracht op kliftoppen, in weer en wind. Maar het bevatte nog iets anders: donkere herinneringen aan de pijn en het verdriet van die afschuwelijke week die ons ertoe had gebracht die wandeltocht te gaan maken. We waren andere mensen toen, wanhopige, gespannen, bange mensen, die een leven van twintig jaar in verhuisdozen probeerden te proppen met nog maar een paar dagen voordat ze hun huis uit moesten, en die dachten dat het verlies van hun huis het ergste was wat hun kon overkomen. Maar een routineafspraak in het ziekenhuis in diezelfde week zette dat idee volledig op zijn kop. Terwijl de lichten van ons leven doofden, ging een arts op de rand van zijn bureau zitten en deed de laatste lamp uit.

Ik sloeg het boek dicht. Wilde ik echt teruggaan naar die week, opnieuw de verschrikking voelen? Te laat: hij zat al in me. Er viel niet meer te ontkomen aan het angstgevoel dat telkens terugkwam wanneer ik me herinnerde hoe me werd verteld dat de pijn in Moths schouder, de ongevoeligheid in zijn linkerkant en de donkere mist van geestelijke verlamming die langzaam zijn gedachten wegnam, niet gewoon een kwestie van ouder worden was, maar werd veroorzaakt door corticobasale degeneratie, CBD, een slopende, ongeneeslijke ziekte die nog maar een korte weg te gaan had voor ze bij het eind kwam. En terwijl de dokter een beeld schetste van Moths lichaam dat vergat hoe het moest slikken en van de longontsteking waardoor hij in zijn eigen speeksel zou stikken, beseften we hoe mis we het hadden gehad: er wachtten ons veel ergere dingen dan dakloos worden.

Ik zette nog een keer water op. Hij zou er nu moeten zijn, waarom belde hij niet? Ik sloeg de pagina's om, trok voorzichtig de klompjes gedroogd papier los, waaruit Paddy's beschrijvingen van het pad opsprongen in leestekens van herinnering. 'Slingert zich iets landinwaarts de heuvel op': ik moest lachen toen ik weer voor me zag hoe wij daar bij het beginpunt van de wandeltocht stonden, die zin lazen en opkeken naar een steil pad dat langs een bijna loodrechte rotswand omhoog zigzagde. Maar toen de pagina's eindelijk loskwamen, was het Moth die daar in de kantlijn stond, ik zag zijn gezicht terwijl hij op een donkere avond bij het schijnsel van de zaklantaarn naar me opkeek, toen het laatste licht achter de horizon was vervaagd en de groene koepel van twee lagen vochtig doek ons omsloot. Nog steeds dezelfde ontembare, onstuitbare man van wie ik al mijn hele volwassen leven hield, die op zijn slaapzak zat te schrijven terwijl ik in de mijne lag en met zware ogen toekeek. Daar was hij, glimlachend terwijl hij kleine, kriebelige woorden in de kantlijnen van de gids schreef, de dagen vastlegde die we net hadden doorgebracht op kliftoppen en stranden, kamperend op landtongen en rotsrichels: 'Gekampeerd op Leskey's Ledge, meer in de zee dan ernaast.' 'Ik heb zo'n honger dat ik Ray's biscuit heb opgegeten, geloof niet dat ze het heeft gemerkt.' 'Deed de tent open en zag dat we maar een meter van de rand van het klif stonden.' 'Bramen.' 'De zee is net stroop, ik ben de zee geworden.' 'Stond hand in hand met Ray aan de rand van alles.' 'Vandaag met een schildpad gewandeld.'

Ik raakte de vervaagde, met potlood geschreven woorden aan en was bij hem in de wind en de regen, kijkend naar zijn voeten die voor me uit het pad volgden, voortgeblazen naar een nieuwe wereld, de wereld van de universiteit en van de kerk waar het kustpad langs het hek aan de voorkant liep en ik zat te wachten tot hij terugkwam. Hij had niet gebeld. Waar was hij?

Terwijl de bladzijden langzaam losraakten, verscheen pagina 140: Portheras Cove. 'Dolfijnen en hoogwater.' 'Ik rende met de tent boven mijn hoofd.' 'Is dit echt waar?' Dat magische moment dat we beseften dat hij de artsen uitdaagde die hadden gezegd dat er geen behandeling of genezing voor CBD was en dat zijn gezondheid niet vooruit kon gaan. De nacht dat we bij maanlicht het strand op renden met de opgezette tent boven ons hoofd op de vlucht voor de opkomende vloed, en weer leerden hopen. Na de wandeling, voordat hij aan de universiteit begon, hadden we de arts verteld hoe Moths gezondheid vooruit was gegaan, hoe hij iets had gedaan wat volgens iedereen die iets van de ziekte wist onmogelijk was. De dokter was niet onder de indruk geweest.

'Begin maar aan die studie als je wilt, maar hou er rekening mee dat je die moet opgeven.' Waarmee hij bedoelde dat Moth het einde misschien niet zou halen.

We geloofden hem niet, wilden hem niet geloven. En toch, naarmate de tijd voorbijging en Moth door de druk van zijn studie minder beweging kreeg, raakte hij de gezondheid en de souplesse die hij op de kliftoppen had gevonden, weer kwijt. In de stille kou van de winter was de stijfheid teruggekomen, zijn pijnlijke lichaam werd weer trager. Elke dag begon nu met een worsteling om overeind te komen, en met elke beverige stap die hij in die ochtenden zette, was er een sluipend gevoel van onvermijdelijkheid opgekomen. Een onwillige aanvaarding van wat de dokter had gezegd; hij zou waarschijnlijk het diploma niet gaan halen. Hij zou zijn jaar niet eens halen als hij maar bleef verdwijnen; misschien moest ik hem voortaan naar de universiteit brengen en hem dan later weer ophalen? Nee, het kostte ons al zoveel moeite om van zijn studielening te leven; we konden ons absoluut niet de benzine veroorloven die nodig was om die rit twee keer per dag te maken. Ik moest een tracking-apparaatje hebben.

Ik sloeg het boek dicht, overspoeld door verdriet bij de gedachte aan de dag dat Moth zich niet meer zou kunnen herinneren wat we hadden gedaan. De dag dat de CBD zo ver zou zijn doorgedrongen dat de heldere, magische, wilde ervaring die we samen hadden beleefd, voor hem voorgoed verloren was en ik alleen achterbleef met de herinnering. De dag dat de gids het enige bewijs zou zijn dat onze wandeltocht ooit had plaatsgevonden.

Waar was hij, verdomme?

Ik deed de lampen aan. Halverwege de ochtend, de zon was al voorbij het punt waar hij de woning in scheen en het werd donkerder. Ik dronk het laatste restje thee op en zat aan tafel door het grote kerkraam te staren dat uitkeek op de muur rond de tuin van de buren. Die was bijna twee meter hoog en nam de helft van het uitzicht in beslag, maar daarboven was het hoogste deel van de tuin te zien met struiken en een magnoliaboom. Een grote bruine rat kwam uit de klimop gevallen en liep over de rand van de muur; toen bleef hij staan en keek mij aan met zijn starende, ronde ogen, tot hij zich omdraaide en dezelfde weg terugnam als hij was gekomen. Ik deed de deur open om te zien waar hij gebleven was. Ik hoorde hem wel, maar zag alleen de muur van klimop die anderhalve meter vanaf de deur tegen de rotswand groeide. Vanaf de donkere vochtige gang van groen tussen de kerkmuur en de rots volgden mijn ogen zijn spoor van ritselende bladeren omhoog door de klimop. Daarboven, tussen de vlinderstruiken en het dak van de kerk, liep een dunne blauwe streep hemel, een wereld waar de zon scheen en de wind blies, en ik wist dat ik daar hoorde te zijn; er was een donker, opgesloten gevoel over me gekomen en ik moest naar buiten.

Ik pakte mijn telefoon en jas en haastte me de straat op, met het plan daarlangs naar de open kliffen te lopen, zoals ik elke dag deed sinds we in de kerk waren getrokken. De smalle straat, nauwelijks breed genoeg om een auto door te laten, leek vol mensen. Lopende, pratende, druk gebarende mensen. Ik liep een stukje door, maar werd opeens overvallen door een gevoel van paniek en drukte me tegen de tuinmuur van een rijtje huizen tot de mensen voorbij waren. Wat gebeurde er? Ik begreep niets van het kloppende gevoel in mijn hoofd en van mijn rood aanlopende gezicht. Geen opvlieger, die lagen achter me, maar wat gebeurde er dan? Was ik ziek? Er liepen nog meer mensen voorbij, lawaaiige, drukke mensen.

'Hallo, prachtige dag.'

Ik kon alleen maar een gedempt 'Hallo' terug mompelen. Ik wist niet wat ik moest doen of welke kant ik op moest, maar merkte dat ik terugholde naar de kerk, het ijzeren hek achter me dichtsloeg en door de betonnen steeg verdween. Ik ging op de vloer van de woning liggen en probeerde mijn ademhaling en mijn rondtollende gedachten tot bedaren te brengen. Het bonzen in mijn hoofd werd langzaam minder, en ik besefte dat ik in het jaar dat we nu in de kerk woonden, nauwelijks een woord tegen iemand anders had gezegd dan tegen Moth of onze twee kinderen, wanneer zij belden of af en toe op bezoek kwamen. Was ik alleen buiten, dan praatte ik niet, zolang ik het kon vermijden; was ik met Moth, dan liet ik hem het woord doen.

Had ik sinds we hier woonden met iemand geprobeerd te praten? In de winkel waren er wel gelegenheden voor een gesprekje geweest, als de vrouw achter de toonbank mijn tas inpakte en vroeg: 'Woont u hier nu? Ik heb u al een paar keer gezien. Waar komt u vandaan, niet uit Cornwall, zeker?' Dat had ze verschillende keren gedaan, maar ik had elke keer weer een gesprek ontweken, alleen maar 'Dank u' gemompeld, terwijl ik de tas aanpakte en wegging. Er waren momenten geweest dat mensen op straat stil waren blijven staan om de gevel van de hoge, indrukwekkende kerk te bekijken en naar de geschiedenis daarvan vroegen, en dan had ik gezegd dat ik geen idee had, maar dat ik Moth zou halen omdat die er alles van wist. Dan was ik stilletjes terug geschuifeld naar de achterkant van de kerk en daar gebleven. Elke keer als ik de deur uit ging, was ik hyperalert en me overbewust van alles om me heen. Toen we het wandelpad volgden, met onze bezittingen in onze rugzakken gepropt, had ik daar geen last van gehad, dus waarom voelde ik nu in het dorp deze behoefte om onzichtbaar te zijn? Elk moeizaam vergaard korreltje geloof in mezelf dat ik tijdens het wandelen had gevonden, was verdwenen, verloren in de zeemist die de rivier op kroop. Ik ging overeind zitten, boos op mezelf. Het was belachelijk dat ik zo lang mijn best had gedaan om interactie met mensen te vermijden. Ik had het uit de hand laten lopen.

Ik zocht de laptop en zette het meditatiekanaal op dat ik pas geleden had ontdekt. De goeroe in kleermakerszit praatte zacht en gelijkmatig tegen me.

'Adem in en volg je adem naar buiten en focus je op de adem. Laat alle gedachten los en volg je adem.'

Ik volgde mijn adem. Hier was ik goed in. Ik kon mijn hoofd leegmaken en mijn adem volgen alsof ik nooit iets anders had gedaan. Maar zelfs terwijl ik ademde, glipte het geluid bij me naar binnen en weigerde het weg te gaan. Een stem uit een verborgen, gesmoord onderdrukt deel van mij, die niet wilde zwijgen. Dat diepe, weergalmende geluid dat voelde als een vraag.

De telefoon ging. Ja, eindelijk.

'Waar ben je? Zeg niet dat je in St Ives bent?' De vorige keer dat hij was vergeten waarheen hij op weg was, had hij me gebeld vanuit een café aan de noordkust, een uur bij de universiteit vandaan. Misschien was hij deze keer naar het westen gegaan.

'Vandaag niet. Ik kwam een van de andere studenten tegen op het parkeerterrein en zij bracht eindelijk de moed op me te vragen wat ik in Cornwall deed en waarom ik deze studie volgde.' Het kostte Moth veel moeite de studie samen met een lokaal vol twintigers te doen; in zijn ogen leefden zij in een totaal andere wereld.

'Niet te geloven dat niemand je dat eerder heeft gevraagd. Wat heb je gezegd?'

'Ik heb me bij het antwoord gehouden dat we op het pad ook

altijd gaven: we hebben ons huis verkocht en ik ben gaan studeren omdat ik wil gaan lesgeven.'

'Geen echte leugen, alleen een halve waarheid, maar je hebt het gezegd, dus nu vertelt zij het aan alle anderen. Kun je dat volhouden?'

'Zo hoef ik niet uit te leggen hoe we het huis zijn kwijtgeraakt en dakloos zijn geworden, het is gewoon gemakkelijker. Maar nu denken ze waarschijnlijk dat ik een superrijke vijftiger met een midlifecrisis ben.'

'Dan zitten ze er dus niet zo ver naast.'

Ik zakte neer in de stoel, opgelucht nu ik wist dat hij was waar hij moest zijn. Kon ik maar net zo met deze verandering in ons leven omgaan als hij. Hij ging gewoon door, bleef zijn hele, spontane, sociale, verhalen vertellende zelf, ook al wist hij dan af en toe niet waar hij was. De rafelige, verwarde draden van ons leven begonnen langzaam een nieuw weefsel te vormen, maar er was iets wat aan mijn gemoedsrust knaagde. Niet alleen Moths gezondheid, maar nog iets anders, in de duistere verwarring van mijn eigen hoofd vroeg in de ochtend, wanneer ik de deur opendeed en opkeek naar de lucht en alleen maar een dun strookje grijs zag tussen de kerk en de rotswand, wanneer ik de straat in liep en die vol mensen was en er nergens een plek was om alleen te zijn. Zo vaak volgde ik op zulke dagen het pad naar de kliffen om met mijn gezicht in de wind te gaan staan en de kracht van het weer te voelen: iets wat echt aanvoelde. En altijd was er die stem in mijn hoofd, steeds luider, als een aanlandige wind die een storm vanaf zee meebrengt. Of was het de stem van mijn moeder die zei: 'Zie je nou wel?' Dat was moeilijk te zeggen.

Door in die eerste dagen van het nieuwe jaar mijn bed in de tent op te maken, dacht ik dat ik mijn slaapprobleem had opgelost: ik had gewoon de vertrouwdheid van de tent gemist; nu zou alles verder prima gaan. Ik zou meer nachtrust krijgen; dan werd ik sterker, was ik alles meer de baas en kon ik mijn gedachten op ons nieuwe leven in het dorp richten en op mijn taak om te zorgen dat Moth niet verdwaalde. Ik nestelde me in de groene koepel in de hoek van de slaapkamer, weg van de mensen en weg van de wereld, en wist nog niet dat ik over een paar dagen in het midden van het land zou zijn, zo ver van de zee en de tent als maar mogelijk was.

3

Hireth*

De dood stapte door de ziekenzaal, maar hield niet stil bij haar bed. Hij keek even naar haar zoals ze daar zat, rechtop met haar nieuwe blauwe vest, schoon en keurig dichtgeknoopt. Nog niet, niet vandaag, niet op zondag. Vandaag was het diepe, wringende gehijg door de longontsteking minder erg, ik zat aan haar bed en we bladerden samen door een glossy magazine. Moth was nog maar een paar dagen aan zijn nieuwe semester bezig, toen ik het telefoontje kreeg. Het ziekenhuistelefoontje waarvan je altijd weet dat het op een dag zal komen, maar nooit op deze dag. Mijn moeder lag in het ziekenhuis met longontsteking, ze dachten dat haar organen het zouden opgeven en ik moest komen. Drie dagen later was ze opgeknapt en was er sprake van naar huis gaan.

'Misschien kun je morgen wat nagellak meebrengen en ervoor zorgen dat ik er net zo glamoureus uitzie als de meisjes in die tijdschriften? Dan hebben we iets te doen. Ik begin me nu te vervelen.'

Na de bedompte ziekenhuislucht was de donkere kou van een januari-avond een opluchting. Ik deed het portier van het busje dicht, startte de motor en ging op weg terug naar mama's kleine cottage. Over de weggetjes van Midden-Engeland, weggetjes die ik zo goed kende dat ik zonder koplampen had kunnen rijden,

**Hireth* is een vrijwel onvertaalbaar woord in de oorspronkelijke taal van Cornwall dat een verlangen beschrijft naar vertrouwdheid, geborgenheid, de plek waar je thuishoort. 'Heimwee' komt er nog het dichtstbij, vert.

naar de warmte van haar keuken en de vertrouwdheid van haar spullen. Haar huis, maar niet het mijne. Mijn huis, de plek die me had gevormd, me had gemaakt tot wat ik zou worden, lag beneden in de vallei, verborgen in de zwarte stilheid van onverlicht platteland. Ik voelde het vlakbij, als een lichaam in de kamer. Morgen zou ik later naar het ziekenhuis gaan, misschien pas 's middags. Daarvóór kon ik dan over het land lopen in het spoor van mijn oudere, kleinere voetstappen door het land dat ik zo goed kende.

Ik stapte de wintermorgen in, een aangenaam poeltje warmte op de open veranda aan de achterkant van de cottage, en legde de sleutel op de richel, voorzichtig om het droge, stoffige zwaluwnest niet te verstoren. Zo'n goedgekozen plek, waar de eerste ochtendzon de kou van de nacht verdrijft. In het voorjaar zouden ze terugkomen, nieuwe leem in de kieren van hun oude huisje stoppen en daar, elke keer als de deur openging, geschrokken uit opvliegen. Ik liep door de tuin omlaag, over bedauwd gras, langs kale rozenstruiken naar het pad dat door de mist het dal in verdween. Ik zag niet veel, maar hoorde de Canadese ganzen op het meer. Ik hoefde ook niets te zien: ik wist al hoe het uitzicht was. De voorjaarstrekvogels kwamen aan en verstoorden de rust van de ganzen die ervoor hadden gekozen hier te overwinteren. Ze bouwden nog geen nesten, kibbelden alleen maar om ruimte en voedsel.

Voorbij het meer volgde hun gedempte geroep me door de mist en toen was het er, overal om me heen: mijn wortels, mijn kindertijd, de bron van alles wat ik was, een land zo vertrouwd dat ik het in gedachten even goed in kaart kon brengen als mijn eigen huid. Ik zou nog niet naar het erf gaan, ik zou eerst door de velden lopen en van bovenaf op de boerderij neerkijken, het moment uitstellen, alles in me opnemen.

Ik liep voorbij de zagerij waar generaties dorpelingen het hout voor huizen en omheiningen hadden gezaagd. Hier hadden de skeletten van grote eiken, iepen en beuken gelegen, op torenhoge stapels waar nooit een eind aan kwam in mijn kinderogen. Allemaal weg nu. Het hout gezaagd, de zagen weg, ramen met dubbel glas waar kapotte, met stof overdekte ruitjes hadden gezeten, rozen bij de deur. De mist begon op te trekken in het vroege gele licht terwijl ik uit de rust van een beukenbosje kwam en de Berg op liep. Vanaf het hoogste punt kon ik neerkijken op de cottages waar arbeiders van het landgoed hadden gewoond. De Schotse timmerman en zijn gezin in het grootste huis met de grote tuin die uitpuilde van de groenten om hun vijf kinderen te voeden; in het midden de loodgieter met de vrouw die niemand ooit te zien kreeg; en in de laatste cottage de tuinman van het grote huis. Terwijl ik de heuvel op klom, weg van de huizen, vertrok de eerste auto van een chic, gemoderniseerd boerenhuis: een forens op weg naar werk in de stad. Deze met gras begroeide hoogte was geen berg, alleen maar een weiland op een steile heuvel, maar wij noemden hem zo. Ik wist dat ik het van daaraf kon zien, als ik me bij de bomenrij langs de heuveltop omdraaide en dan terug het dal in keek. En daar lag het, rozig glanzend in de ochtendzon. Voor ieder ander zou het misschien gewoon een boerenhuis in de verte hebben geleken, maar ik zag de kleine dingen. De schuiframen in de symmetrische gevel, de afbrokkelende bakstenen en leien op het dak, en daarachter, niet in het zicht, het hoofdgedeelte van het huis dat een T vormde met de voorkant. Ik kon de aanwezigheid ervan bijna horen.

Ik liep verder door High Ways Field, het grootste stuk land van de boerderij, dat altijd werd gebruikt voor het verbouwen van gewassen. Ik had daar zomers doorgebracht achter een aardappeloogstmachine die heen en weer reed tussen de hoekige ruggen en blanke, nieuwe aardappels met hun zachte schil op de vochtige aarde gooide. Voorovergebogen de aardappels in een emmer verzamelen, de emmer in een zak legen, de zakken op wagens, van de wagens in de schuren, van de schuren met een vrachtwagen naar de winkels en de frietkramen. En 's winters in de kou, nattigheid en vorst met een snoeimes de bovenkant van bieten afsnijden en die in een houten wagentje gooien, ze mee terug nemen naar de boerderij en in een versnipperaar kieperen om aan de stieren in de stallen te voeren. Wanneer de andere kinderen van mijn school met speelgoed of op het schoolplein speelden, was ik hier. Modder aan mijn handen, in de zon en de wind, alleen met de gedachten in mijn hoofd. De zeldzame keren dat ik wel met de anderen samen was, leek het alsof ik ze van een afstand bekeek. Later, als jonge tiener, had ik gedacht dat ik net zo wilde zijn als mijn schoolvriendinnen, óók bezig met make-up en kleding. Maar hoe ik ook mijn best deed, het lukte me niet het gevoel van me af te schudden dat ik met één voet op de discovloer en met één voet in de modder stond.

Vanaf de akkers liep ik omlaag, door het hoge loofbos dat in de lente een blauw tapijt van boshyacinten had en in de zomer werd omzoomd door koekoeksbloem en fluitenkruid. Ik had dagen aan de rand van dat bos doorgebracht. Tien jaar: ik had met vriendinnetjes moeten spelen, maar zat in mijn eentje waar het bos overging in akkerland te kijken naar de konijnen die over het gras hupten. Honderden wilde bruine konijnen die in het grasland graasden en als sprinkhanen over de wintermaïs wipten. Ik had genoten van de macht om bij het hek te staan, vrijwel verborgen achter de scharnierpaal, tot ik het bruine waas over de helling zag, om dan uit mijn schuilplaats tevoorschijn te komen en in mijn handen te klappen en te zien hoe die konijnendeken opkeek van de maaltijd en terug snelde naar de konijnenheuvel, als bruin water dat een afvoer in wordt gezogen. Toen ik ouder werd, klapte ik niet meer en stond alleen maar urenlang te kijken, de hiërarchie van hun bruine wereld te observeren. De oudere dieren die zich het bredere veld in waagden; de jongere die dicht bij de ingang van de burcht bleven; en de wachters, de konijnen die niet voorover zaten te eten, maar rechtop bleven zitten rondkijken en luisteren en die alarm sloegen. Dan stampten ze met hun sterke achterpoten op de grond, wat een bonzend geluid gaf, een signaal dat alle andere konijnen bereikte, zodat ze ophielden met eten en als één geheel naar de holen in de heuvel holden en verdwenen.

Bij het huis van de jachtopziener aan de rand van het bos liet ik mijn blik over het veld gaan, maar zag alleen groen. Ik bleef staan, klapte instinctief in mijn handen en wachtte op de bruine beweging. Die kwam niet: het veld lag stil in de koude, vochtige winterlucht. De jachtopziener hield hier altijd honden voor de jacht, in kennels met een buitenverblijf van hoge ijzeren hekken. Ze blaften luid wanneer er iemand voorbijkwam, en hun geblaf echode door het dal. Sterke, gespierde, machtige honden, maar de jachtopziener kon gewoon tussen hen door lopen terwijl ze zijn handen likten als schoothondjes die naar iets lekkers hunkerden, niet de meedogenloze moordenaars die ze waren. Ik had ze eens een vos zien verscheuren, en niemand hoefde tegen me te zeggen dat ik uit hun buurt moest blijven; ik zou voor geen goud naar ze toe gegaan zijn.

Het jachtopzienershuis stond in de uiterste hoek van het Park, een weiland waar in de lammertijd de schapen stonden. Het weiland glooide achter zijn huis omlaag en vormde een hoek met de kennel en het bos. Hier kwamen de schapen altijd naartoe. Beschut door het bos, maar blootgesteld aan de vossen die vlak achter de bosrand leefden, en vlak naast de jachthonden waarvoor ze doodsbang hadden moeten weglopen. En toch kozen ooien elke dag weer uitgerekend die plek uit wanneer hun lammeren op het punt stonden geboren te worden. Ze rekenden erop dat de vossen wel op afstand gehouden zouden worden door de aanwezigheid van hun aartsvijanden en kozen deze plek omdat beschutting alles betekende wanneer ze op hun kwetsbaarst waren. Een tegenstijdigheid aan de rand van het bos. Maar nu zijn de hekken weg, de kennels zijn een bungalow en voor het jachtopzienershuis staat een splinternieuwe four-wheel drive. Er is nog iets veranderd. Terwijl ik over het land loop dat zo bekend is dat ik er gisteren weggegaan had kunnen zijn, is iets toch anders.

De dorpelingen zijn weg, vervangen door forenzen en gepensioneerden, en dat heeft het kloppende hart uit het landgoed gehaald. Maar ze zijn al jaren weg; er is nóg iets, iets fundamentelers waar ik niet precies de vinger op kan leggen. Ik schud het van me af met de gedachte dat het misschien aan mij ligt en aan mijn reactie op het land; misschien kijk ik er met andere ogen naar.

Naar het Park. In de tijd dat de oude boerderij nog het hoofdhuis van het landgoed was, moest dit de officiële ingang zijn geweest: een oprijlaan van grind met eiken erlangs. Maar in de achttiende eeuw was er een nieuw landhuis gebouwd, en daarmee werd het oude gereduceerd tot een grote, van zijn luister beroofde boerderij. Nu stonden er nog maar twee eiken overeind, met van ouderdom gebarsten schors, verwrongen takken die toch nog steeds naar de hemel reikten, nog steeds op zoek naar die ene laatste straal zonlicht. De wortels kwamen boven de grond uit in gezwollen bulten aan de voet van de stam; één stak zo ver uit dat hij een knobbelig zitje rond de voet vormde. Ik ging erop zitten om het mooiste uitzicht te hebben. Ik hoorde de echo van mijn eigen voetstappen, die op late zomerdagen urenlang rond de boom cirkelden, springend van wortel naar wortel alsof het stapstenen waren. Niet verveeld of lusteloos, iets anders, een soort totale fascinatie.

En daar was het. In de diepte beneden me, onder in de kom, op de bodem van de vallei: de plek vanwaar alle paden van mijn leven omhoog en weg lopen. De zon stond nu hoger aan de hemel en de bakstenen hadden hun roze tint verloren en weer hun echte oranjerood aangenomen. Altijd wanneer ik deze wandeling maakte en op deze plek ging zitten, werd ik verrast. Als ik omlaag keek naar het huis, verwachtte ik nog steeds de enorme treurwilg te zien die ooit bij de voorgevel had gestaan, het gezicht van het huis verborg, de geheimen ervan bewaarde. Met mijn ogen dicht hoor ik het sussende gekraak van zijn twijgen, die als dunne slierten tot op de grond hangen. Ik ren naar het gordijn van groen, steek mijn kleine handen omhoog, grijp bossen dunne, groene twijgen en zwaai door de boom omhoog of blijf tussen de bladeren hangen, kijken. En de stem van mijn moeder: 'Kom eruit! Hoe vaak moet ik het je nog zeggen?' Maar ik kom er niet uit; ik zwaai door het groen naar de stevigheid van een tak en kijk door de tere, fluisterende, langwerpige bladeren terwijl zij de slierten opzijduwen om me te zoeken.

'Dit moet gesnoeid worden. Snoei het, zodat ze er niet meer bij kan.'

Dus werd de boom elk voorjaar gekortwiekt tot de twijgen kort en recht afgesneden waren. Maar geen boom groeit zo hard als een wilg en halverwege de zomer hingen de bladeren weer tot de grond en was het leven binnen in die groene koepel van mij.

De mobiele telefoon in mijn zak ging over en bracht me terug naar het heden. Terwijl ik mijn ogen opendeed, stierf mijn moeders stem weg; de boom was verdwenen, het gezicht van het huis ontbloot. Een volmaakt geproportioneerd gezicht: vijf ramen en een Georgian voordeur met glad gepolijste treden. Niets te verbergen nu, geen geheimen achter de sluier van bladeren.

'Uw moeder heeft een hersenbloeding gehad. Ik denk dat u het beste maar meteen naar het ziekenhuis kunt komen.'

'Maar hoe kan dat nou? Ze komt woensdag naar huis, u zei toch dat het beter met haar ging?'

'Komt u nu maar, dan hebben we het erover als u er bent.'

Terug in de verstikkende, misselijkmakende warmte van het ziekenhuis leidde de verpleegkundige me naar een kantoortje waar een arts zat te wachten.

'Uw moeder heeft een hersenbloeding gehad, een totaal anterieur infarct. Het is ernstig en gaat nog steeds door.'

'Nog steeds door? Maar ze is in het ziekenhuis. Geef haar dan medicijnen om het te stoppen.'

De arts schudde zijn hoofd, met een blik die het midden hield tussen medeleven en ergernis.

'En al die reclames dan? U weet wel: "HANDEL SNEL, ELKE SECONDE TELT". Ze is in het ziekenhuis: hoeveel sneller kan het gaan? En "totaal anterieur" wat betekent dat in hemelsnaam?'

'Het is een groot corticaal infarct. Hoe groot weten we pas als we de scans hebben, maar we weten al wel dat het ernstig en omvangrijk is.'

'Omvangrijk?'

Ze lag bewegingloos op het bed dat terug naar zijn plek werd gereden. De patiënten in de andere bedden keken toe, als in een zwijgende wake, en ik zag de verwarring op hun gezicht. Dit was de longafdeling; ze waren gewend aan zuurstofmaskers en verpleegkundigen, maar niet hieraan. De verpleegkundige trok de blauwe gordijnen om ons heen dicht en we waren alleen. Ik pakte mama's levenloze, slappe hand. De arts kwam terug met de uitslagen van de onderzoeken en praatte met gedempte stem.

'Het lijkt erop dat ze geen gevoel in haar lichaam heeft; alles is getroffen. Zoals ik al zei, het is een totaal anterieur infarct; dat heeft net zo'n effect als een klap met een hamer op het hoofd. Ze heeft nog wel wat orgaanfunctie en haar longen werken; we weten niet hoe ernstig haar hersenen zijn aangetast, maar waarschijnlijk is ze er al niet meer. Er valt niets aan te doen. Het zal niet lang duren; ze zal snel heengaan.'

Ik streek het haar weg van haar gesloten ogen. Ze had zich altijd zo druk gemaakt over haar haar. Altijd keurig geknipt en gepermanent en elke week in de krulspelden gezet. Zelfs op de aardappelakkers had ze een hoofddoek gedragen over haar met lak gefixeerde kapsel. Zoveel van onze ruzies in mijn tienerjaren waren over de staat van mijn haar gegaan.

'Mam, kun je me horen? Ik ben er.' Ik hield haar slappe hand vast, streelde haar vingers, nog steeds breed en sterk. 'Ik ben bij je.' Haar ogen gingen langzaam open; haar mond bewoog, maar er kwam geen geluid uit, en toch zag ik haar in die blauwgrijze ogen. Angst, verwarring, een wild dier in paniek. 'Mam, je ligt op zaal, je hebt een beroerte gehad, maar het is goed, ik ben bij je.' Toen zag ik hem: die blik vol afschuw en herkenning, en ik voelde een kramp van misselijkheid die mijn keel dichtkneep. Ze was er, aanwezig, levend en gevangen. 'Doe je ogen maar dicht, mama, probeer te slapen, dat zal vast helpen.' Wie helpen? Haar niet.

Terwijl ze sliep, knipte ik haar vingernagels, vijlde ze zorgvuldig in vorm, en lakte ze in haar lievelingskleur parelmoer-roze. Daarna legde ik haar handen weer op het bed, de roze vingertoppen zagen er vreemd misplaatst uit aan haar gespreide handen. De lichten werden gedimd voor de nacht en ik zat in de blauwe cocon te kijken naar de cijfers op de monitor die op en neer gingen.

4

Rennen

'Je mag het bos niet in. De jachtopziener zet vallen voor de vossen, en die happen zó je voet eraf.' Mama slaat haar handen ineen met in elkaar grijpende vingers om de wildklem na te doen die dichtklapt en mijn voet afbijt. 'Dat weet je best, hoe vaak moet ik het nog zeggen? Nou, ga toch maar een vaas pakken.'

Ik leg voorzichtig de armvol boshyacinten op tafel en ga naar de provisiekast voor een vaas. Daar ben ik nog als papa binnenkomt.

'Wel verdorie, is ze weer in het bos geweest? Eruit met die stinkende dingen.' Door de kier in de deur van de provisiekast zie ik hoe hij de boshyacinten van de tafel pakt en ze in de tuin gooit. 'Jij daar, kom uit die kast. Je gaat níét, nooit het bos in. Trek je laarzen aan. Als je niks beters te doen hebt, werk dan maar met mij mee.'

Twee dagen waren voorbijgegaan en mama ademde nog steeds, het wilde, bewuste licht in haar ogen doofde langzaam, maar haar lichaam gaf het niet op. Ze was naar de afdeling hersenbloedingen verplaatst, waar de verpleegkundigen beter begrepen wat ze nodig had. Zo te zien had ze op dit moment vooral behoefte aan voedsel, maar ze kon niet slikken: haar keel hoorde de boodschappen van haar hersens niet meer. Die morgen zouden ze via haar neus en keel een sonde inbrengen, zodat ze vloeibaar voedsel in haar maag kon krijgen. De avond tevoren had de kleine, donkerharige verpleegkundige me uitgelegd hoe dat werkte. 'Kom maar pas als dat klaar is, lieverd. Het ziet er naarder uit dan het is; geef jezelf de ochtend vrij.'

Dus ging ik naar Black Woods. Zonder nadenken, zonder plan, instinctief, dwangmatig, omdat ik erheen getrokken werd. Als kind kende ik de gevaren in het bos, ik had alle waarschuwingen gehoord, maar ik ging toch. Ik moest gaan. En nu, bijna vijftig jaar later, kwam het door diezelfde drang dat ik hier op een rottende tak tussen de bomen zat. In het voorjaar zou het bos een tapijt van boshyacinten hebben, duizenden, miljoenen dansende blauwe klokjes, waar je ook keek. Al liepen er nu rijen donkere naaldbomen doorheen, toch verraadden de boshyacinten dat dit bos ooit, in een ver verleden, een loofwoud was geweest. Dat gevoel van vroeger tijden hing er nog steeds, donker, beschut, beschermd, uit een andere wereld, en het middelpunt daarvan, in het hart van het woud, was het territorium van de jachtopziener. Daar hadden de fazantenhokken gestaan.

Een grote opengekapte plek was omgeven geweest door een hoog hek om de vossen buiten te houden, en daarbinnen lag een gedeelte met een lager hek waarin de houten hokken stonden. Hier werden de fazantenkuikentjes opgekweekt tot volwassen vogels. Verstopt in het kreupelhout had ik hier urenlang op mijn hurken zitten kijken hoe hij de piepjonge bolletjes dons met hun opvallend gestreepte rug verzorgde. Naarmate ze groter werden, verplaatste hij ze van het ene hok naar het andere, tot het magere, mottige jonge dieren waren, oud genoeg om het hok te verlaten. Dan werden ze vrijgelaten, buiten de hokken, maar nog steeds veilig binnen het hoge hek. Dit waren tamme tieners, vrij om rond te scharrelen, maar altijd op tijd thuis voor het eten. 's Avonds, vlak voor het donker werd, kwam de jachtopziener terug met een jutezak over zijn schouder en strooide graankorrels over de gevallen bladeren. En hij floot. Een laag, repeterend, eentonig fluitje, maar de vogels kenden het geluid en kwamen van alle kanten aangelopen, honderden vogels holden vol vertrouwen naar hun verzorger toe, de man die hun hele korte leven lang hun bron van bescherming en voedsel was geweest. Ik sloop dan weg, om voor het donker in de boerderij terug te zijn.

Terug in het bos nu raapte ik automatisch een lange stok op en bewoog die door de bladeren voor me uit, ritmisch heen en weer, mijnenvegend naar vossenstrikken zoals ik als kind had gedaan. Maar die waren er al lang niet meer. Door het opzij vegen van de bladeren werd er een gat in de grond zichtbaar, een tunnel die diep de aarde in leidde. Veel groter dan een konijn, kleiner dan een das: de opening van een vossenleger. Maar er zaten geen vossen: de ingang was bedekt met droge bladeren; geen pootafdrukken in de modder bij de ingang. Ze waren weg, verder getrokken.

Ik hoefde niet onder het prikkeldraadhek van het fazantenverblijf door te kruipen; dat was kapot en opgekruld en ik kon naar binnen lopen waar het zware draadhek uit zijn scharnieren hing. Binnen de kooi hadden varens en bramen de bosgrond weer in bezit genomen, maar ik hoorde nog steeds het fluitje. Voor elke groep jonge fazanten kwam er altijd een dag dat hun vliegpennen volgroeid waren en de jachtopziener het hek openzette. Op die dag floot hij van buiten het hek naar hen en dan renden ze achter hem aan naar het grote bos, al pikkend naar hun graankorrels, zonder te merken dat het hek achter hen werd gesloten, zonder enig idee van wat hun te wachten stond. Een volwassen leven waarin ze vrij waren. Vrij om als wilde vogels te leven of om elke avond terug te keren naar het graan en het fluitje, wat ze deden, elke avond, met onvoorwaardelijk vertrouwen in de jachtopziener. Tot de dag dat hij zonder graan kwam, maar met lawaai en honden om ze op te drijven, naar de rand van het bos, waar ze dan fladderend en krijsend opvlogen. Op een vluchtroute die ze regelrecht over de wachtende geweren leidde.

Er leek iets veranderd. De hokken waren weg, net als de fazanten, de vossen en de jachtopziener. Maar het ging verder, er was nog iets anders, iets wat ik niet kon benoemen. Ik wist dat de boshyacinten nog in de koude aarde lagen te wachten om weer op te komen zodra de dagen langer werden. Zoals ze dat hadden gedaan op die dag dat ik er honderden had geplukt, in de hoop het donkere, ernstige huis te vullen met hun geur en mijn moeder te troosten, die bij de gootsteen stond te huilen nadat papa een verkreukelde, gescheurde envelop op tafel had gesmeten en het huis uit was gestormd. Maar net als toen konden ook nu alle boshyacinten van de wereld dit geen blije dag maken.

De slangetjes hielden haar neusgaten opengesperd, vreemde uitgroeisels uit een gezicht dat rood aanliep en blauwe plekken begon te vertonen. Ik kamde haar haar, terwijl ik mijn afschuw probeerde weg te slikken. Haar ogen waren dicht, maar toen ze opengingen, gleden er tranen omlaag en keken ze van me weg. Ik ging zitten en hield haar hand vast met een aanraking die ze niet kon voelen.

'Goed zo, lieverd, zo liggen we er goed bij, hè? We proberen het straks nog een keer met uw lunch.' De verpleegkundige keek mij aan en wenkte me buiten het gordijn. 'We denken niet dat dit gaat werken: haar maag stoot het voedsel af, waarschijnlijk omdat die ook door de hersenbloeding is aangetast. We gaan het nu nog een keer proberen, dus als u nu even een kop thee gaat drinken, dan kan de dokter straks even met u praten.'

Er begon zich een gedachte te vormen, maar ik onderdrukte die en wendde me af van wat hij fluisterde.

Uit een wanhopige behoefte aan lucht en licht ging ik naar buiten en liep snel van het ziekenhuisterrein af, over het pad naar het park, voorbij de volkstuinen en een heuvel op waar ik jaren niet was geweest. En toen was ik er. Ik ging op het overstaphek zitten waar een voetpad door een haag van meidoorn en hazelaar sneed, en beneden strekte de stad zich uit over een brede riviervlakte. De eerste keer dat ik over dat hek was geklommen, was ik een tiener geweest, decennia geleden. Ik was in het donker over het modderige pad aan de rand van de stad gelopen, maar toen ik over het hek stapte, was de stad niet langer grijs en saai, maar magisch verlicht met een miljoen lichtjes. Hij had toen mijn hand beetgepakt, de jongen in de trenchcoat, terwijl zijn haar opwaaide in de koude wind.

'Wacht even, wacht hier even, nog niet de heuvel af gaan. Kijk daar eens naar, dit wilde ik je laten zien. 's Avonds voltrekt zich een transformatie. De werkelijkheid verdwijnt en wordt deze andere wereld.'

Ik ging nergens heen. Het was het meest intense moment in mijn jonge leven, toen Moth zijn lange blauwe jas openhield om mij erin te laten schuilen en we uitkeken over de gloed van de stad en de voorbijflitsende lichten op de snelweg.

'Weet je, ik heb nog nooit zoiets gevoeld, maar ik geloof dat ik van je hou.'

Ik rolde die woorden om en om in mijn hoofd, tot het heldere bollen warmte werden. Ik had ze nooit eerder gehoord. Niet in het echte leven, niet in mijn huis, niet in mijn leven. Het waren woorden uit boeken en films, woorden die kleur en passie en vervulling opriepen en ik liet ze over me heen komen en me omhullen in een mantel van schoonheid, veiligheid en mogelijkheden.

Nu trok ik die mantel om me heen op een grauwe, koude, januarimiddag en liet het comfort ervan de paniek tot bedaren brengen. Het hout van het hekje was verrot en kon mijn gewicht nauwelijks dragen, over de stad hing een vochtige damp en het verkeerslawaai werd luider. Maar ik voelde de warmte van de mantel die me sinds die avond elke dag had omhuld en ik hield hem dicht om me heen terwijl ik terugliep naar de afdeling en in de kamer van de arts ging zitten.

'Ik ben bang dat de voedingsslangetjes niet werken. Haar maag stoot het voedsel af. We weten niet zeker of dat komt doordat de hele maag niet meer functioneert of alleen het bovenste gedeelte.'

'Wat bedoelt u precies?' Hij deed zo nonchalant, zo zakelijk; bedoelde hij wat ik dacht?

'Wij denken dat die slangetjes er weer uit moeten, want ze heeft er duidelijk last van.'

'En wat dan?'

'We kunnen operatief een slang in de maag inbrengen, maar dat geeft ook problemen. Maar we doen wat we kunnen.'

Ik snapte niet wat hij zei. Problemen?

'Ik kan niet meer tegen al die omzichtigheid. Vertel me gewoon wat er gebeurt. Vertel me de waarheid.'

'Het probleem is, als we de slang inbrengen, kan het zijn dat haar lichaam nog steeds het voedsel afstoot. En als het dat niet doet, is er nog het probleem van een mogelijke infectie. Uiteindelijk zal, vroeg of laat, een infectie de doodsoorzaak zijn.'

Ik kon geen woord uitbrengen, maar raakte gebiologeerd door de vorm van zijn mond waar de woorden uit bleven vallen. Woorden uit het boekje, die hem totaal niet raakten. Maar ik had erom gevraagd.

'Wat gebeurt er als jullie haar niet opereren?'

'Dan overlijdt ze aan de hersenbloeding. Ze kan met deze hersenbloeding niet lang meer leven, daarvoor is die te zwaar.'

'Dus wat u wilt zeggen is dat ze niet blijft leven, dat het alleen een kwestie is van nu of later.'

'Ja.'

'Maar als u de slang gebruikt, gaat ze dood aan de infectie. Wanneer, hoelang?'

'Maximaal negen maanden, als de maag de vloeistof tenminste niet afstoot en als haar spijsvertering nog werkt.'

'En als u de slang niet gebruikt?'

'Dan stoppen we met de antibiotica en het infuus, dan komt de longontsteking terug en door haar onvermogen om te slikken zal ze dan aspireren.'

'Aspireren?'

'Stikken in haar eigen speeksel. Dan sterft ze waarschijnlijk binnen twee of drie dagen.'

Weer die woorden. Na Moths diagnose had het maanden geduurd voordat ik geen nachtmerries meer had over de betekenis van die woorden. Ik probeerde mijn geest af te sluiten voor hun klank. Maar ze doken weer in mijn bewustzijn op met hun bulderende gefluister.

'Waarom zou u dat doen? Waarom zou u met de antibiotica en het vloeistofinfuus stoppen, dat klinkt toch krankzinnig?'

'Omdat ze zonder maagsonde verhongert, dus we gaan over tot een non-interventiefase tenzij er voor die tijd een ander orgaanfalen optreedt.'

'En wat lijkt u het beste om te doen?'

'Wij vinden dat we de sonde moeten inbrengen, morgen of overmorgen, want dat is de volgende stap. Maar het is uw beslissing.'

Mijn beslissing? Ik stond op om weg te gaan en moest me vastgrijpen aan de stoel; mijn benen waren vloeibaar. *Hij zegt dat ik moet beslissen hoe en wanneer mijn moeder moet doodgaan.*

Terug bij haar bed, ze sliep. Ik probeerde mijn gedachten op een rij te krijgen, maar ze schoten te snel voorbij, een halve eeuw herinneringen. Hoe kon ik een keuze maken die niet werd gekleurd door ons verleden? Ik had ruimte nodig en lucht en het geraas van de wind in de bomen en overhellende kraaien die uit hun koers werden geblazen en regen op mijn gezicht; ik had echtheid nodig en ik bleef rennen, rennen.

Door het natte weiland dat in de winter altijd onderliep. Langs de geul waar ik altijd in klom en met mijn regenlaarzen door het water waadde, de muren van aarde boven mijn hoofd, waar ik met een stok in de holen van woelmuizen prikte. Het bruggetje over de rivier waar de wilde eenden zich verzamelden. Door het hek waar mama altijd de theekannen neerzette op warme zomermiddagen wanneer het een en al bedrijvigheid van het hooien was. Voorbij de kleiput met zijn gladde, natte kanten waarover ik naar beneden gleed in wilde, kinderlijke, modderbespatte overgave. De helling op met de richel in het midden die een snel over de sneeuw glijdende slee een volmaakte lift gaf. Het kon me niet meer schelen dat dit land nu van iemand anders was, dat het toch al nooit van ons was geweest. Rennen, rennen.

Naar het bos. De donkere, stille rust van de dennen. Geen leven daar, geen dansende heldergroene bladeren op zomerdagen, geen vogelgezang in het voorjaar. Stilte. Ik lag op de droge, zachte grond en verkruimelde handenvol knapperige dode dennennaalden tot het bonzen in mijn hoofd afnam. Echt: dit was echt. Deze aarde, dit land, deze bomen. Echt, veilig.

Verborgen in de duisternis van de rechte, verticale stammen was ik onzichtbaar, mijn bestaan vervaagde. Deze bomen waren er altijd voor me geweest: struikachtig en laag toen ik klein was, hoog en wuivend nu. Bij elke wending in mijn jonge leven was ik hierheen gekomen om op een wilde plek te zijn, een dier dat vanachter een scherm van schors uitkijkt op de mensenwereld. Een heel leven, van kind tot middelbare leeftijd, alles samengebald tot één moment, één keuze. Tussen de stammen door zag ik het dorp in het dal uitgespreid liggen. Van de boerderij beneden tot mama's cottage en het kerkhof daarachter: haar levenspad van begin tot eind. En met die bomen en dat land was mijn leven verweven. Met mijn ogen dicht liet ik mezelf de wind in de toppen van de bomen voelen, en de scherpte van de naalden en de zwakke geur van naaldhout die mijn pijnlijke hoofd vulde. Zoveel verlies. Ik wilde dat de zachte aarde me opzoog en zich over me heen vouwde, me voor nog meer verlies verborg.

Mijn gedachten bedaarden, gingen op in de stille kalmte van de vroege middag. Er was geen keuze; ik wist het antwoord al. En toch leek alleen al de gedachte eraan het ultieme verraad. Deze negentigjarige, sterke, onafhankelijke vrouw had altijd vol trots verteld hoe zij de eerste vrouw in haar dorp was geweest die een broek had gedragen, of hoe de andere dorpelingen haar daarom hadden beschimpt. Ze was tiener geweest in een vooroorlogse wereld waar al snel een groep drinkende, rokende, broekdragende plattelandsmeisjes zou binnendringen. Deze vrouwen hadden zich bevrijd van de beperkingen van hun strenge leven en met beide handen de vrijheid aangegrepen van de nieuwe wereld die zich voor hen opende in het vacuüm dat was achtergebleven toen de mannen ten oorlog waren getrokken. Tussen de regels door klonk mama vol afschuw over de manier waarop die vrouwen tegen haar strenge victoriaanse opvoeding ingingen, en tegelijkertijd vol opwinding omdat dat mogelijk was. Vooral één vrouw had blijkbaar een blijvende invloed op haar leven gehad: de artistieke Glin, die boeken las. De twee waren hechte vriendinnen geworden en Glin was ons haar hele leven blijven opzoeken: eens per jaar verscheen ze onaangekondigd in een camper, met stapels boeken voor mij en chocolaatjes voor mama. Ze bracht altijd de mogelijkheid van het andere mee, met haar kortgeknipte haar en haar mannenjasjes. Dan bleef ze een dag of twee, waarin papa de hele dag op het land bleef en alleen naar het huis kwam om te eten en te slapen. En vervolgens vertrok ze weer; dan was het kampeerbusje al weg als ik 's morgens wakker werd en begon ik aan haar boeken.

In de loop der jaren groeide de stapel boeken van Glin, net als mijn vermogen om mijn moeder te ergeren. De zwaarste straf in haar arsenaal was dat ze me naar mijn kamer stuurde, waar ik dan op zonnige middagen of soms hele dagen, als ik buiten wilde zijn, moest gaan zitten lezen. Toen ik nog heel klein was, was dat vervelend, maar al snel was het helemaal geen straf meer, en het gebeurde zelfs wel dat ik zo vroeg mogelijk op de dag iets verkeerds deed, om een boek te kunnen uitlezen. Ik klom in bomen en waadde door beken, veilig in de wetenschap dat boven aan de stapel boeken die ik nog moest lezen Jack Londons *Call of the Wild* lag te wachten. Of ik kon altijd teruggaan naar *Ring of Bright Water*, of *Watership Down*, of een van de andere boeken die me meenamen naar plekken waar wilde dieren leefden. Ik begon te dromen over zelf een boek schrijven, ging verhalen schrijven in plaats van lezen en verbeeldde me dat ik mijn eigen boek in mijn hand hield, met een plaatje van een pinguïn op de rug. Tot ik de brief vond; toen belandden de dromen bij de boeken op de plank en deed een hardere realiteit haar intrede.

In de cottage vouwde ik een schone nachtpon en handdoek op en stopte die in haar tas. Bedsokken: haar voeten waren ijskoud;

ik moest sokken meebrengen. Maar die lagen niet in haar ladekast. Al haar andere kleren waren er wel; ik keek nog een keer en toen ik de keurig opgevouwen katoenen zakdoeken oplichtte, lag hij daar, de gekreukelde, opengescheurde envelop. Hij zag er nog precies zo uit als toen ik een kind was. Zij wilde me niet vertellen wat er in de brief stond, dus ik had ernaar gezocht. Jarenlang. Uiteindelijk had ik het zoeken opgegeven omdat ik dacht dat hij wel weggegooid zou zijn, maar op mijn twaalfde vond ik hem toevallig in een naaimand. Het moment dat je bij een archeologische opgraving een verborgen graftombe vindt. Dat moment dat je weet dat je een doorkijkje krijgt naar een andere wereld, die er altijd is geweest, maar tot nu toe voor je verborgen is gebleven. En nu, al die jaren later, had ze die brief nog steeds. Ik hoefde hem niet te lezen, ik wist wat erin stond, maar haalde hem toch nog één keer uit de envelop. Die bekende woorden, alleen maar zwarte lijnen op wit papier, en toch had ik me mijn halve leven afgevraagd wat de inhoud van die brief betekende en hoe hij ons gezinsleven had gekleurd. Jaren waarin ik mijn eigen versie van het verhaal had samengesteld, dat ik als het antwoord op zoveel vragen gebruikte. De velden, de bossen, het land waarop ik opgroeide, waren niet van ons. Het was een pachtboerderij. Mijn vader had gevraagd wat de procedure zou zijn om de pacht erfelijk te maken, en hij had antwoord gekregen. De pacht kon niet doorgegeven worden; wanneer de eigenaar van het landgoed doodging, zou het landgoed, met alle boerderijen en huizen daarop, verkocht worden en dan eindigde de pacht. De nieuwe eigenaar kon die vernieuwen, of niet. Ik zou niet voorgoed op de boerderij blijven; ik zou er weg moeten, ergens anders dan op de boerderij moeten gaan werken en een ander leven opbouwen. Dat was het moment dat ik de schriften en pennen wegstopte; er zouden geen verhalen over de wilde dingen meer komen.

Ik ontdekte de sokken, allemaal in een plastic zak onder het bed. Waarom deed ze dat? Ik pakte de sokken en ging terug naar het ziekenhuis.

Met de wisseling van de diensten was een nieuwe arts gekomen, een nieuw gezicht.

'We kunnen haar morgenochtend opereren om de sonde in te brengen. Al zijn er aan de narcose natuurlijk risico's verbonden in haar conditie.'

'Nee.'

'Pardon?'

'Nee, ze zou dat niet willen. Ze zou het vreselijk vinden om voor alles afhankelijk van anderen te zijn. Ze zou dit verschrikkelijk vinden. Ik weet dat ze het verschrikkelijk vindt.'

'Maar we moeten het doen. Het is de volgende stap.'

'Nee, het hoeft helemaal niet. Laat haar gewoon met rust. Dat zou ze willen.' Wist ik dat? Wist ik het zeker? Kon ik die beslissing nemen zonder dat mijn oordeel werd vertroebeld? Als ik erbij bleef, zou ik mezelf dan altijd vragen blijven stellen, altijd aan de keuze blijven twijfelen? Ja, natuurlijk.

'Ik weet niet zeker of we dat kunnen toestaan.'

'Die andere dokter zei dat het mijn keuze was. Het gaat niet om mij, het gaat om mijn moeder, en ik weet zeker dat dit haar keuze zou zijn.' Wist ik dat werkelijk? Hoe kon ik dat ooit weten? Al terwijl ik het zei, hoorde ik het fluitje van de jachtopziener, dat lange eentonige gefluit uit het bos.

De arts verwees de kwestie naar de specialist, die wilde dat ik een gesprek had met een gespecialiseerde verpleegkundige, zodat ik 'mijn besluit ten volle begreep'. Dus ging ik in weer een andere gang zitten wachten op de verpleegkundige, maar die kwam niet. Wat mij betreft was dat gesprek niet echt nodig. Ik begreep al zoveel meer dan de arts zich kon indenken. In de jaren sinds Moths diagnose was de gedachte aan de dood en het stervensproces zelden langer dan een dag uit mijn hoofd geweest. Jaren van in ziekenhuisgangen zitten, leren wachten en leren bang zijn. Uren doorgebracht op onbeschutte kliffen, proberend het definitieve van de dood te begrijpen en als deel van het leven te aanvaarden. En toch kon ik de dood nog steeds alleen vanuit het gezichtspunt van een waarnemer zien, niet als iemand die zich aan de laatste draad van zijn bestaan vastklampt, dus hoe kon ik deze laatste beslissing voor haar nemen? Hoe kon ik dat? Ik wilde dat ze me dat vertelde, dat ze me iets liet zien vanuit de wereld waarin ze gevangenzat.

Ik bleef niet langer op de verpleegkundige wachten, maar ging terug naar mama's kamer, hield haar hand vast en streelde de levenloze, papierachtige grijsheid, terwijl ik over de woorden struikelde. Moeizaam een weg zocht door de onmogelijkheid uit te leggen hoe ze haar lange leven zou eindigen en dat er een keuze moest worden gemaakt. Hoe kon ze me ook maar iets vertellen? Ik had haar tegen de waarheid moeten beschermen en haar moeten laten denken dat ze beter zou worden, als ze überhaupt nog kon denken. Ik gaf het op en liet me gaan, snikte onbeheerst, stromende tranen uit een bron van verlies die almaar dieper werd. Toen ik mijn gezicht bette, het zout en snot wegveegde, deed ze haar ogen open, die waterige blauwgrijze ogen. Ze bleven even bij het voeteneind van het bed hangen, richtten zich op iets onzichtbaars en keken toen naar mij, hielden mijn blik vast terwijl haar mond bewoog: een zwakke, nauwelijks waarneembare beweging. En een fluistering, zo zwak dat ik mijn oor bij haar mond moest houden.

'Uis.'

'Wat, mama, wat is dat, wat wil je zeggen?'

'Uis.'

'Wat zeg je, mama, zeg je "huis"?'

Haar ogen hielden mijn gezicht vast en gingen toen dicht en ze zakte weer weg in slaap. Huis. Wat bedoelde ze met huis?

De gespecialiseerde verpleegkundige kwam en ging bij het bed zitten.

'Ik zat op u te wachten in de gang.'

'Dat weet ik, het spijt me, ik werd opgehouden.'

Ik vertelde haar over 'uis' en wat ik dacht dat het betekende: dat mama naar huis wilde om te sterven, net zoals mijn vader had gedaan toen de kanker die hij had proberen te negeren hem eindelijk inhaalde. Dus praatte zij tegen mijn moeder en legde haar voorzichtig de stand van zaken uit, zonder tranen of drama. Maar er kwam geen reactie.

'We kunnen haar niet naar huis laten gaan; ze heeft zoveel zorg nodig dat ze hier moet blijven. Weet u zeker dat u haar iets hoorde zeggen? Die kans lijkt heel klein.'

'Ik heb het echt gehoord, ik weet het zeker.'

De specialist kwam, vinkte hokjes af, tekende formulieren, het infuus met antibiotica werd verwijderd en ze werd van de zaal naar een zijkamer gereden. Een kamer van rust, ultieme stilte, helemaal alleen. Ze was in de sterfkamer.

'Hoelang?'

'Drie, vier dagen, hooguit.'

Ik trok bij haar in de kamer.

5

Vertrouwen

Ik wilde dat Moth er was, dat ik de verschrikking van de beslissing met hem kon delen, dat hij alleen maar aanwezig was, naast me in de ruimte. Maar dat woord 'aspireren' was te dichtbij, te realistisch; ik kon hem daar geen getuige van laten zijn. Hoe mama ook stierf, het zou háár dood zijn. Niet de zijne. Maar als hij in die sterfkamer was, zou ik die twee in mijn eigen hoofd niet uit elkaar kunnen houden, en ik moest dit voor hem verborgen houden, de verschrikkingen die ons misschien nog te wachten stonden voor hem verbergen. De dood voor hem verbergen. En mama zou hem daar ook niet hebben gewild; ze zou het zelfs vreselijk hebben gevonden als hij erbij was.

Moth was op een woensdagmiddag mijn leven in geblazen, met zijn lange, gevlochten haar en zijn oude RAF-trenchcoat die achter hem aan flapperde. Ik was achttien, nauwelijks volwassen, toen hij in mijn leven een wilde elektriciteit ontstak die nooit meer was uitgedoofd. Met zijn ongepolijste, lichamelijke, hartstochtelijke enthousiasme stortte hij zich in elk gevecht ter bescherming van het milieu en zijn leven draaide om het najagen van een droom: mensen laten inzien dat we maar één land hadden dat kostbaar was en beschermd moest worden. Hij had wekenlang in bomen en kampen gezeten om de aanleg van nieuwe snelwegen te blokkeren, weekenden voor de hekken van de Sellafield kerncentrale gebivakkeerd en gevochten om het dumpen van radioactief afval in de natuur tegen te houden. Maar de protesten werden genegeerd, het beton kwam er toch en het afval werd nog steeds in het meer gestort. Ik was overweldigd door het licht dat hij leek uit te stralen; het verlichtte elke donkere, stoffige, onontdekte hoek van mijn wereld. En ik was zo naïef te denken dat ze dat thuis ook zo zouden voelen. Dat was niet zo.

Moth voelde zich vreemd, bijna magisch, aangetrokken tot het platteland, tot de wildernis. Hij was in de stad opgegroeid, maar zelfs als kind had hij altijd al omhooggekeken, naar de bomen en heuvels. In gedachten was hij voortdurend bezig met de vraag wanneer hij het grijs weer kon verruilen voor het groen. In de maanden dat we elkaar net kenden, gingen we zo vaak we konden naar het Peak District en bewandelden dan alle heuvels, heidevelden en dalen die we met één dagtrip konden bereiken. Ik had mijn leven lang op het platteland gewoond, dus daarvoor ging ik niet mee: voor mij betekenden die wandelingen alleen maar dat ik bij hem was. Maar voor Moth was het iets anders; hij werd tot de natuur aangetrokken alsof hij eraan verslaafd was, en zonder dat regelmatige shot groen was de rest van de wereld voor hem ondraaglijk.

En het bleef niet bij wandelen: Moth keek altijd uit naar iets anders, een nog intensere onderdompeling in het buitenleven. Op een ochtend, toen we eigenlijk college hadden, waren we in zijn huis, met T. Rex op de houten platenspeler. Terwijl Marc Bolan een witte zwaan bereed, stond Moth bij zijn slaapkamerraam, wazig blauw in het zonlicht dat van de spiegel weerkaatste. Ik kende hem nog maar een paar maanden, maar hij had een draaikolk in mijn leven veroorzaakt, een soort gekte waarin ik alleen nog maar aan hem kon denken. Hij had zijn spijkerbroek aangetrokken en hield zijn T-shirt in de hand, maar aarzelde bij het raam, keek uit over de straat en zwaaide.

'Naar wie zwaai je? Je bent niet eens aangekleed.'

'Gewoon naar het oude dametje van de overkant. Maakt niet uit: ik zwaai al mijn hele leven naar haar. Ik doe de gordijnen nooit dicht.' Hij leek rusteloos, alsof hij wachtte tot er iets zou gebeuren. 'Laten we gaan rotsklimmen. Kom op, ik pak het touw even.' Hij klom met vrienden, maar ik had het nog nooit gedaan. Hij stopte het T-shirt in zijn broek en maakte de riem vast. Ik nam in mijn hoofd snel het scenario door. Net genoeg tijd om naar de rotsen te gaan en dan thuis te komen zonder dat mijn ouders wisten dat ik die dag niet naar college was geweest. Natuurlijk ging ik.

We parkeerden mijn gedeukte Fiatje aan de voet van de Roaches, een rug van zandsteenrotsen die uit het heidelandschap van Staffordshire oprijst. We hadden er al vaak gewandeld en als we dan vanaf Rockhall Cottage de kartelige helling overstaken naar Lud's Church en over de weg terugliepen, had Moth de klimroutes aangewezen die hij met zijn vrienden had uitgeprobeerd. We stapten uit, hij deed zijn verschoten blauwe canvas rugzak om waaraan een paar EB rotsklimschoenen bungelden, hing een oranje touw over zijn schouder en we begonnen omhoog te lopen naar de rotsen. Hij legde me uit hoe het materiaal van de schoenzolen ervoor zorgde dat ze aan de rots bleven kleven, waardoor ze extra grip hadden. Ik keek neer op mijn goedkope plastic sportschoenen en vroeg me af hoe die zouden blijven kleven.

'Wees maar niet bang, ik ga voorop, dus jij komt achter me aan en als je uitglijdt, heb ik het touw gezekerd, zodat je niet valt.'

Ik deed zijn reserveharnas om, trok de gespen zo strak mogelijk aan. Het zat nog steeds wijd, stel dat ik eruit viel?

'Het is een gemakkelijke route, dus er gebeurt niks.' Hij legde me uit hoe het touw door een metalen zekerapparaat liep dat aan mijn harnas geklikt zat. 'Laat het door je handen glijden terwijl ik klim, en als ik dan stilhoud, moet je het op deze manier zekeren. Dan stort ik niet neer als ik uitglijd; zo loopt het touw niet verder door en dat breekt mijn val.' Hij trok het touw naar één kant om voor te doen hoe ik hem moest zekeren.

'En als ik het niet kan houden?'

'Dat kun je wel. Ik vertrouw je.'

En weg was hij, omhoog lang de rots, een en al zekerheid en

zelfvertrouwen, terwijl ik op een plat stuk rots aan de voet van de klim bleef staan. Ik schuifelde met mijn mosterdkleurige sportschoenen en keek op naar een zo op het oog gladde rotswand die loodrecht oprees naar een blauwe lucht. Elke keer als hij stopte, zekerde ik het touw. Dit snapte ik; het zou prima gaan. De grond was droog en stoffig en naarmate de zon hoger kwam te staan, werden de rotsen warm, de geur van de dennenbomen beneden vulde de lucht. Moth bereikte een lastige plek en boog achterover, weg van de rots, terwijl hij zich met één hand vasthield om de route boven hem beter te kunnen bekijken en zijn voeten op de kleine oneffenheden in de rotswand bleven kleven, zoals hij had gezegd dat ze zouden doen. De vorm van zijn lenige lichaam dat wegboog van de zandsteen, ving het licht en vormde een bijna onwerkelijk silhouet tegen de blauwe hemel. Ik moest een foto maken om het moment vast te leggen. Ik bukte me, pakte de camera en liet het touw los om de foto te nemen en op dat moment boog hij een centimeter te ver achterover en begon, zonder mijn hand aan het touw om hem tegen te houden, te vallen. Ik liet de camera los en greep het touw, waardoor ik zijn val vertraagde, maar niet genoeg om te voorkomen dat hij toch met een klap op de stenige grond aan de voet van de rotswand neerkwam.

'Wel ver...? Waarom hield je me niet tegen?'

'Ik had de camera vast.'

'Dat meen je niet. Dat mag dan wel een verdomd mooie foto zijn.'

'Ik weet niet eens of ik wel heb afgedrukt. Ben je gewond? Zullen we teruggaan?'

'Tja, het voelt wel raar als ik inadem, maar voordat we gaan, klim jij eerst nog omhoog.' Hij stond stijfjes op en klom snel, zonder aarzelen naar boven, zekerde het touw en wachtte tot ik achter hem aan kwam. Ik kon het niet. Stel dat hij me losliet, gewoon om het me te laten voelen? 'Kom op. Vertrouw me maar, het zal prima gaan.'

Ik begon te klimmen. Het was makkelijker dan ik dacht: mijn vingers vonden de grepen; de voetsteunen voelden stevig aan. Maar toen ik bij de plek kwam waar Moth achterover had gebogen, gleden mijn sportschoenen weg en kwam ik los van de rots. Even een val, toen een ruk aan het harnas en ik viel niet meer, maar hing in de lucht.

Ik zag zijn gezicht over de rotsen boven aan de klimroute komen, zijn haar wapperde in de wind onder de rode bandana om zijn hoofd.

'Het is oké, ik heb je.'

Ik hing in de warme lucht, om me heen strekten de heidevelden zich uit, maar ik zag alleen zijn gezicht dat afstak tegen de blauwe lucht. De wind blies zacht tegen het touw, maar ik was niet langer in paniek. Ik wist dat ik niet zou vallen; hij had het touw. Ik ging alleen nog maar omhoog.

Tegen de tijd dat ik naar de stad terug was gereden, had Moth moeite met ademen. Ik hielp hem de auto uit en keek hem na terwijl hij de Eerste Hulp binnenliep. Toen reed ik naar huis.

Mama was in de tuin toen ik daar aankwam. 'Heb je een fijne dag gehad?'

Ik keek hoe ze bezig was met het wieden van de bloembedden en wilde zeggen: 'Ja, o ja, absoluut. Ik ben verliefd op een man aan wie ik mijn leven durf toe te vertrouwen, en vandaag heb ik geleerd dat ik, zelfs als ik iets verkeerd doe, nog steeds genoeg op mezelf kan vertrouwen om het nog eens te proberen; en ik denk dat ik een goede fotograaf zou zijn, ook al heeft Moth misschien een rib moeten breken om daarachter te komen.' Dat wilde ik verschrikkelijk graag allemaal met haar delen. Maar ik deed het niet.

'Ja hoor, prima.'

Ik had zo mijn best gedaan om mijn ouders te laten inzien hoe Moth was, maar hoe meer ik praatte, hoe bozer ze werden. Ze wezen hem af met een giftigheid en een felheid die elk beeld uitwiste dat ik had over wat mijn familie was. 'Je krijgt hier spijt van, meisje, je zult er tot je dood aan toe spijt van hebben.' Ik begreep er niets van, snapte niet waarom zij niet zagen wat ik zag. 'Je hebt niks aan hem, hij is nutteloos, waardeloos.' Het deed heel veel pijn om te proberen tussen twee werelden in te leven. De ene wereld te verbergen voor de andere: onbekommerd gelukkig zijn terwijl Moth en ik hechter werden, en tegelijkertijd het geloof van mijn ouders dat ik de dochter was die zij wilden, in stand proberen te houden. Een verscheurende, heimelijke, onoprechte onmogelijkheid, en toch kon ik niet kiezen tussen die twee. Ik kon mezelf niet blootstellen aan de afkeuring en afwijzing van mijn ouders als ik eerlijk tegen hen zou zijn. Ik wilde het allemaal. Ik wilde alle mensen van wie ik hield dicht bij elkaar houden in een stevig gesloten zeepbel; ik wilde geen van hen missen.

Moth wilde de natuur niet alleen zien, hij wilde zich erin onderdompelen, de elementen in hun wildste vorm voelen, zo ver van mensen verwijderd als hij maar kon vinden. We verdienden geen van beiden genoeg geld voor een reis naar het buitenland, maar in ons eigen land trok dat verlangen hem naar het noorden. Dus toen hij plannen begon te maken voor een trip naar de Schotse Hooglanden, wist ik dat ik een manier moest vinden om met hem mee te gaan. Ik kon het niet aan mijn ouders vertellen, al lijkt het, terugkijkend over de decennia die sindsdien voorbij zijn gegaan, een beetje belachelijk dat ik niet gewoon tegen hen zei: 'Ik ga kamperen met mijn vriend en als dat jullie niet bevalt, tja, jammer dan.' Maar ik kon het niet: hun opvattingen en hun greep op mij waren zo sterk, de verwijten zo moeilijk te verdragen, dat ik het lef niet had ze onder ogen te zien. Maar ik ging wel met hem mee.

Natuurlijk ging ik met zijn hele familie, natuurlijk had ik een kamer voor mezelf, natuurlijk zouden Moths ouders de hele tijd bij ons zijn. Bij Moth thuis haalde ik mijn kleren uit mijn koffer en stopte ze in de rugzak die hij van een vriend had geleend. Ik hees de enorme, rode klomp met het roestige stalen frame op mijn rug, de allereerste keer dat ik het gewicht aan mijn schouders voelde hangen en de stevigheid van de band om mijn heupen. Moth trok de schouderbanden aan en mijn twintigjarige, vijftig kilo zware lichaam zat in een dwangbuis geklemd. Ik had geen idee hoe ik zou kunnen bewegen met dat ding aan mijn lijf, maar ik voelde alleen een onbedwingbare opwinding. Moth vlocht zijn haar, trok zijn versleten vest aan over zijn kraagloze overhemd en tweed driekwartbroek, maakte de veters van zijn wandelschoenen vast en klaar waren we, we gingen, we deden dit echt. Zijn vader gaf ons een lift naar het station, waar we de nachttrein naar Inverness zouden nemen.

'Wat moet ik doen als je ouders naar ons huis bellen?' Moths vader trok zijn pet recht en keek vragend door het raam naar ons op.

'Dat doen ze niet, jullie worden geacht op vakantie te zijn in het noorden van Schotland.' En als ze het toch deden? Als ze het gingen controleren? Ik duwde de gedachte diep weg in mijn hoofd, terwijl we in de stampvolle nachttrein stapten. Er waren geen zitplaatsen meer, dus we gingen in het gangpad op onze rugzak zitten, terwijl het land naar het zuiden gleed en wij steeds dichter bij het grote avontuur kwamen.

Het valt niet mee om op de vloer van een trein te slapen; de hobbels, dreunen en geuren zijn lastig buiten te sluiten. Toch droomde ik in ongeregelde flitsen duisternis van een vreemd gevormde berg die afstak tegen een paarse hemel, en van regen als een massief gordijn. Bij het aanbreken van de dag waren we ten noorden van de Schotse grens, in een vreemd en onbekend land dat ik nooit eerder had gezien. En naast me zat een jonge Duitser, Johann, op een rugzak.

'Zijn jullie op weg naar Ullapool? Fantastische plek, maar je moet vandaar naar het noorden gaan om de berg Stac Pollaidh te zien. Schitterende plek, die vergeet je nooit meer.'

Moth haalde zijn kaart tevoorschijn om de berg op te zoeken die Johann voorstelde.

‘Ik had gedacht hierheen te gaan.’ Ik zag Moths vinger boven het stuk land zweven waar hij het al weken over had, een lapje golvende hoogtelijnen die in een onbestemd stuk groen wegbogen van wegen of bewoning. ‘Naar Ben Mor Coigach, dan over de kam naar Sgur an Fhidhleir: de Fiddler.’ Zelfs die naam had een donkere, ietwat dreigende klank. De details waren mij ontgaan. Het was de eerste keer dat ik zonder mijn ouders op vakantie was, en ik was bij hem. Zelfs in de stoffige kilte van de treincoupé kon ik nog voor me zien hoe zijn lichaam bewoog onder het zweterige, beslapen overhemd. Ik kon me de ronding van zijn schouders voorstellen, het gevoel van mijn gezicht tegen de huid van zijn rug terwijl hij paddenstoelen bakte in een koekenpan na een middag spijbelen van school, daarna van werk, middagen dat we ons verloren in onze eigen bezeten wereld.

‘Mij klinkt het allemaal goed in de oren. Laten we ook Stac Pollaidh doen.’ Ik zou een hele week alleen met hem zijn, alleen wij tweeën, samen. Het maakte me niets uit waar hij me mee naartoe nam. Ik zou overal heen gegaan zijn.

In de bus vanuit Inverness was het warm en benauwd, maar toen in Ullapool de deuren opengingen, trof de heldere lucht ons als gekoelde champagne. Leeg en koud, maar wit met een verrukkelijke, tintelende helderheid. We liepen rond het stadje aan de westkust van het raadsgebied Ross and Cromarty, aten patat, keken naar de vissersboten in de haven en gingen op zoek naar een B&B. De volgende morgen sloegen we voor een paar dagen proviand in en bekeken het weerbericht op de deur van de havenmeester: de komende twee dagen onbewolkt, matige wind en misschien overmorgen wat motregen. We tilden onze rugzakken op en begonnen aan de lange wandeling vanaf het stadje naar Stac Pollaidh.

‘Dit gaat de hele dag kosten, alleen maar om daar te komen. Zullen we liften?’

‘Oké, waarom niet.’ Vol hoopvolle verwachting stak ik mijn duim op.

We klommen uit het kampeerbusje van een Zweeds gezin met drie kinderen, een hond en een klingelende koeienbel aan het dak en stonden aan de voet van de berg. De warmte kwam al op toen we door de hei en verspreid liggende stenen omhoog begonnen te lopen. De hitte werd intens en veranderde de warme ochtend in een bloedhete middag van geklauter over scherpe, steile zandsteen. Ik had geen idee gehad hoe zwaar het zou zijn om een berg te beklimmen met een volle rugzak op mijn rug. Het leek wel of ik een zwerfkei met me meetorste, waardoor elke stap een oefening in gewichtheffen werd. Het was alsof er iets met de zwaartekracht was gebeurd en er nu een onbekende kracht op me drukte, die alleen met een enorme, geconcentreerde inspanning te overwinnen viel. Ik zette mijn tanden op elkaar en volgde Moth op de hielen, terwijl hij de helling op stuiterde met een monsterlijk grote rugzak waarin een tent en een grote rammelende pannenset gepropt zaten. Ik kon niet opgeven, kon niet dat zeurderige, klagerige vriendinnetje zijn dat de trip verpestte waar hij zo naar had uitgekeken. Eindelijk, hijgend en zwetend in de warme lucht, liet ik op de kam de rugzak vallen en voelde voorzichtig aan mijn schouders, die rauw en rood waren van de schouderbanden. Voor de allereerste keer stond ik op de top van een berg in Schotland en het uitzicht benam me de adem. Onder ons strekte zich de ruige eenzaamheid van Assynt uit naar de zee en de Summer Isles. Zo'n uitzicht had ik nooit eerder gezien, een groenblauw glinsterend hittewaas van pure pracht.

'Je hebt het echt goed gedaan. Wist niet of je het zou halen.'

Ik trilde van trots, gloeide onder zijn lof terwijl ik voorzichtig mijn groene T-shirt uit mijn ingekerfde huid trok. Maar toen wendden mijn ogen zich af van het uitzicht in het westen en daar, in het zuiden, lag hij: de donkere vorm van Ben Mor Coigach.

'Daar ligt ie. Ik verheug me er zo op er vanuit het dal naartoe te lopen; hier heb ik weken aan gedacht.'

Ik keek hem aan: blond haar dat wapperde in de wind van een

bergtop, opwinding die zijn hele gezicht oplichtte. Op zijn plek. Maar daarbeneden in het zuiden lag een kilometers lang spoor over veenland en rotsen naar een donkere, dreigende, overal boven uitstekende staak van een berg, diep in de zwarte wildernis. Er kroop een zweempje angst voor de zon.

Een groep Spaanse twintigers gaf ons een lift naar een camping in Achiltibuie, kilometers naar het westen. Een nacht op een camping voordat we de geplande twee nachten zouden gaan wildkamperen op de tocht naar en van de berg. We zetten de tent op en ik haastte me naar het toilet, in de hoop op een koele douche over mijn rauwe, bloedende schouders. Er waren geen douches, maar de Spaanse meisjes hadden zich uitgekleed en stonden zich bij de wasbakken te wassen. Ik was gechoqueerd. Ik had mijn hele leven volgens mama's victoriaanse waarden geleefd, waarin het gewoon *niet netjes* werd gevonden in het openbaar iets meer dan een arm bloot te geven. Maar ik moest me echt heel nodig wassen, dus deed ik mijn T-shirt uit en bette mijn schouders met water, terwijl ik me vreemd naakt voelde in een houten keet aan het eind van de wereld.

'Wat is dat voor vriendje? Dat hij jou met zo'n gewicht laat rondzeulen.' De Spaanse meisjes dromden om me heen en bekeken mijn gehavende schouders.

'Ik wilde zelf mee.'

'Ha, ja hoor.' Ze pakten me de spons af en wasten langzaam en voorzichtig de rauwe huid, waarbij ze de draadjes groen shirt eruit plukten.

'Het is niet mijn rugzak, ik heb hem geleend. Hij past me niet goed.'

'Je moet nooit uitrusting lenen voor de bergen, dan krijg je altijd pijn.' Ze smeerden de huid in met antiseptische crème. 'Houd je shirt uit, je moet het lucht geven.'

Met het vochtige T-shirt in mijn hand liep ik door een vreemde, nieuwe wereld van bevrijding terug naar de tent. Het was de eerste keer dat ik kampeerde sinds een schooluitje naar het Peak

District, maar het was niet bepaald een ontbering om met Moth in een krappe groene ruimte geritst te zijn. De volgende morgen zette het Spaanse busje ons weer af aan de kant van de weg. Ze bleven zwaaien tot ze uit het zicht waren verdwenen, en de stilte viel in. Een donkergroene stilte. De stilheid van de veenmoerassen in de zomerwarmte, wanneer de jonge vogels uitgevlogen en verdwenen zijn en de warme als een verstikkende deken over de hei ligt.

De lucht bewoog niet: wij duwden ons erdoorheen toen we aan de lange, langzame klim naar de voet van de berg begonnen. Het licht had een intense, spiegelende helderheid en gaf de rotspunten weer in een vreemde 3D-overdrijving, maakte de groenen en zwarten op de helling feller, alsof we naar een scherm met verkeerd ingestelde kleuren keken. Ik hield af en toe even halt om de extra T-shirts te herschikken die ik over mijn schouders had gelegd om de beschadigde huid te beschermen, en de ochtend ging over in de middag. Het veen was kurkdroog, het kraakte en vormde kleine richels en kuilen rond elk uitsteeksel van rots en heide. Aan het eind van de middag vulden we onze veldflessen in een stroompje en toen, na een laatste met heide begroeide kam, kwam hij tevoorschijn. De donkere, ongetemde tsunami van rotsen en heide die voor ons oprees en de hemel naar alle kanten in bezit nam: Ben Mor Coigach en de enorme, bijna verticale wanden van het stenen mes, Sgurr an Fhidhleir. Mijn adem stokte. Dit was de berg uit mijn droom in de trein.

'Moth, ik heb van deze plek gedroomd, het was vreselijk, de regen...'

'Maar het regent niet en het weerbericht is goed. Laten we naar het meertje klimmen en daar de tent opzetten, kom op.'

Lochan Tuath lag rimpelloos en zwart aan de voet van de Fiddler, dat dreigende brok steen dat nu boven ons uittorende. Ik draaide het mijn rug toe en concentreerde me op het afpellen van mijn T-shirt en het wassen van mijn schouders in het ijskoude water van het kleine meer. We gingen aan de rand zitten, dankbaar voor een bries die opstak en de muggen wegblies. Ik was in het paradijs; we waren volkomen alleen in deze uitgestrekte wildernis, niemand te zien, niemand die oordeelde, geen noodzaak ons te verstoppen of te doen alsof. Het licht verdween bijna helemaal en er bleef net genoeg maan over om de Fiddler te kunnen onderscheiden, met zijn steile flanken van harde grassen die naar de veenmoerassen beneden leken te glijden. Vanaf de zijkant van de berg zweefde een onwerkelijk geluid mee op de wind. Eerst klonk het als een zwakke windvlaag door een breed windorgel, een hol, diep geluid dat kwam en ging op de bries. Daarna luider, een koor van stemmen in een andere taal, ergens in de verte.

'Wat is dat?'

'Het is de stem van de berg. Hij roept.'

We wilden net de tent in gaan, die op een verhoogd stukje grond stond, in het maanlicht afgetekend tegen de zwarte rotsmuur erachter. We lagen er al bijna in, we hadden ze zo gemakkelijk kunnen missen. Een kudde roodbruine herten die voorbijkwam, doelgericht op weg naar beneden, naar elkaar roepend met een diep, wild lied dat alleen van hen was. We zagen ze over de pas heen het dal in verdwijnen en kropen toen in Moths groene tentje, dat nauwelijks groter was dan voor één persoon en aan de kant van de opening werd opgehouden door één houten tentstok, terwijl er aan de andere kant nauwelijks genoeg ruimte was voor je hoofd. Ik beleefde een magisch, onovertrefbaar levensmoment. Morgen zouden we de Ben Mor Coigach en de Fiddler beklimmen, het spectaculaire landschap in ons opnemen, teruggaan naar de tent voor nog een nacht, en dan weer vertrekken. Ik doezelde weg, in slaap gezongen door het zacht flapperen van het tentdoek in een vriendelijke nacht.

Ik werd wakker in totale duisternis, niet zeker waar ik was, en tastte om me heen naar mijn horloge. Twee uur in de nacht. Ik legde mijn hoofd weer tegen Moths warme borst, die ritmisch op en neer ging, en hoorde gerommel in de verte. Niet zijn ademhaling, iets buiten, ver weg, maar met de seconde luider. Moth was nu ook wakker.

'Wat is dat in hemelsnaam?'

Het geluid zwol aan, het had nu het volume van een trein, een dreunend gebrul dat zich uitbreidde, alles omvatte. Toen kwam het. Een duwende, kloppende wind die de lucht uit de tent zoog en de zijkant indrukte tot wij gewikkeld waren in uitgerekt koud groen nylon dat ons van de heuvel leek op te scheppen.

'*What the fuck?*' Moth was zijn slaapzak uit en probeerde de houten tentstok overeind te houden, maar had niet genoeg ruimte om rechtop te zitten en kon er geen greep op krijgen. 'Kleed je aan, kleed je aan...' Hij gooide zich plat op de grond in de tent, drukte zijn grote voeten maat 47 tegen de stok, ving met zijn benen de volle kracht van de wind op. Ik wurmde me paniekerig in kleren en schoenen, schoof alles wat ik te pakken kon krijgen in de rugzakken en probeerde Moth wat kleren aan te trekken terwijl hij de tentstok omhooghield en de natte, verstikkende tent uit zijn gezicht.

De stok knapte, brak tussen zijn voeten in tweeën en de tent werd een rondtollende nylon zak, nog net omlaag gehouden door ons gewicht. In de duisternis van de draaikolk probeerde Moth zijn schoenen vast te maken.

'Kijk of je de plastic zak onder in mijn rugzak kunt vinden.'

'Wat? Alles is toch al nat.'

'Het is een overlevingszak. We gaan de tent uit en kruipen daarin.'

'Wat? Ik ga echt niet naar buiten...'

De rits van de tentopening scheurde open en de wind was binnen: we hadden geen keuze. We pelden ons uit de nattigheid en vielen naar buiten de donkere nacht in en toen het gewicht van de tweede rugzak weg was, spiraalde de nylon tent de lucht in, rukte de haringen los, nam isoleermatjes, zaklantaarns, extra kleren en zakken nat voedsel mee en alles verdween als een woest projectiel de nacht in. Moth deed wanhopige pogingen de feloranje overlevingszak uit te vouwen zonder hem los te laten.

'Kruip erin, maar gooi eerst de rugzak naar binnen, anders raak ik hem kwijt.'

Ik kroop de zak in, terwijl ik alleen af en toe heel even mijn ogen opendeed, omdat er verblindende messen van regen in mijn oogleden sneden. We waren binnen, te midden van rugzakken, natte slaapzakken en plassen water, op een onbeschutte berghelling, kilometers van een weg en nog verder van de bewoonde wereld. In een plastic zak.

Liggend op onze buik hielden we een klein stukje zak open, terwijl bliksemflitsen de hemel openscheurden en de Fiddler telkens heel even zichtbaar werd in zijn enorme, angstwekkende luister. Een razende, grommende furie van wind duwde woest tegen onze oranje capsule, maar we lagen laag in de hei en hoe hard hij het ook probeerde, we kwamen niet in beweging. De regen geselde het plastic doek, beet in ons achterhoofd doordat het water over onze handen heen door de stevig vastgehouden opening de zak in drong. We konden hem niet helemaal dicht doen, konden onze ogen niet van die woeste chaos afhouden, en hielden dus een kier open om naar buiten te kunnen kijken, gebiologeerd. Verblindende bliksemschichten verlichtten telkens even de gordijnen van water die door de wind van de grond werden getild en omhooggegooid, waar ze de stortvloed van boven ontmoetten en golvende bollen water werden die het angstaanjagende zwarte monster van een berg duizend keer weerspiegelden, tot wij de berg werden. Te midden van die razende zwarte woede werden we opgeslokt door de onstuitbare kracht van de storm en de sensatie van de natuur als één verschrikkelijk, prachtig geheel. We staarden tussen onze handen door naar buiten, sprakeloos. De angst ebde weg en we werden meegesleurd in de wervelende draaikolk van elementen. Tot we het gevoel hadden dat we er onderdeel van waren. Verloren en verstrooid in de oneindige cyclus van water, aarde en lucht.

Een zwak licht drong langzaam door in deze waterwereld en we werden weer twee mensen in een plastic zak half vol water, met onze handen ineengeklemd tegen de snel toenemende mogelijkheid van onderkoeling. En toch was er nog steeds geen teken van paniek. Er was iets gebeurd in het donker. Ik voelde de warmte wegglijden uit zijn hand, een hand die ik nu kende alsof hij van mijzelf was. In de wilde greep van de natuur hadden we een band gevormd waarvoor geen woorden nodig waren, een band die even tastbaar en werkelijk en ongrijpbaar was als het lied van de herten in de kalme stilte voor de storm.

'We moeten gaan. Als we hier nog langer blijven liggen, kan het onze dood worden.'

Stijf worstelden we ons naar buiten, in een wind die zo hard was dat we maar nauwelijks overeind konden blijven en op onze knieën moesten gaan zitten om het water uit de plastic zak te rollen en die in een rugzak te proppen. De wereld was veranderd. Niet alleen tussen ons, maar ook om ons heen. Kurkdroge veenmoerassen waren een zee van water geworden. Rivieren, beken, watervallen en dichte regen. Het stille, gladde meer waarboven de vorige avond nog wolken muggen en knutjes hadden gehangen, had nu golven van een meter hoog, en ons heuveltje was een eiland geworden.

'We moeten een weg naar beneden proberen te vinden. Rustig aan en uitkijken voor stenen: als we vallen en gewond raken zijn we de pineut.'

Ik volgde hem blindelings, vertrouwde er zonder een spoortje twijfel op dat hij de route zou vinden, al kon ik hem door de regen heen nauwelijks zien. Voorzichtig zochten we onze weg tussen onder water verborgen keien, door woeste stromen waar de dag daarvoor geen druppel was geweest, in de striemende regen en windstoten die ons zo omver konden blazen, ik zette mijn voet ergens neer – en die stopte niet. Mijn rechtervoet verdween en voor ik het wist, zakte ik door mijn linkerknie en zat tot aan mijn dij in een zinkgat, alleen tegengehouden door de rugzak waarmee ik op grondniveau bleef hangen.

Moth hees me eruit bij de banden van de rugzak en we bleven uitgeput in het water liggen.

'We mogen van geluk spreken als we hieruit komen.' Hierover had ik gedroomd in de trein. In het toenemende licht kreeg de berg de vreemde vorm van de kolos in mijn nachtmerrie en een fatalistisch gevoel van aanvaarding begon me in slaap te sussen.

'Nee, sta op. We redden het heus wel, we zijn er bijna.'

Ik worstelde me weer overeind en volgde hem de berg af, tot we eindelijk onder de wolkengrens doken en voor ons uit de weg zagen. Maar tussen ons en die weg lag nog een laatste helling, niet langer een droog, stoffige pad over berggras, maar nu een brede, niet te omzeilen waterval van snelstromend schuim.

'Daardoorheen kunnen we niet naar beneden klimmen, dan blijven we nooit overeind.'

'Nee, je hebt gelijk.' Moth deed zijn rugzak af, klemde die tegen zijn borst met een vreemde grijns achterom naar mij en ging op de grond zitten. 'Maar we kunnen wel glijden.'

Weg was hij; te midden van hoog opspattend water legde hij de veertig meter water af en bleef beneden staan. Ik wist dat ik achter hem aan moest, ook al ging het tegen al mijn instincten in om me van een helling af te gooien, maar ik rilde over mijn hele lijf en voelde hoe een kwaadaardige slaap me eronder probeerde te krijgen. Ik schoot door het ijskoude water en we kropen de laatste paar meter omhoog naar de weg.

We stonden op het asfalt te stampen om onze bloedsomloop op gang te houden, met rivieren van water die uit onze kleren stroomden, toen de postbus naast ons stopte.

'Willen jullie een lift?'

Het café in Ullapool was net open. Vol ongeloof dat we het hadden overleefd, sopten we naar binnen en gingen op de plastic banken van een alkoof zitten wachten tot er een ontbijt kwam. De warme rust van het café leek volkomen onwerkelijk; over het formica tafeltje heen staarden we elkaar aan, niet in staat woorden te vinden voor wat er was gebeurd, terwijl het water uit onze rugzakken over de vloer droop en een mist van damp tussen ons oprees. De serveerster kwam en zette het ontbijt neer.

'Waar zijn jullie in hemelsnaam geweest? Ik pak even een dweil.' Het eten stond voor me, ik concentreerde me op het worstje en de bonen en op de gedachte aan hoe die zouden aanvoelen in mijn mond. Ik had enorme honger, maar de behoefte aan slaap was sterker en mijn gezicht zakte omlaag naar het bord, warm ei verspreidde zich over mijn wang, terwijl ik mijn ogen dichtdeed en me overgaf aan de uitputting.

We gingen allebei naar ons eigen huis terug en vonden het ondraaglijk moeilijk gescheiden te zijn. Er was iets veranderd. Niet langer waren we alleen maar twee mensen in de ban van een obsessieve passie, we hadden nu een band gevormd met een kracht die we geen van beiden begrepen. In de waanzin van die nacht in de plastic zak waren we één geworden. Niet alleen met elkaar, maar ook met de onbeheersbare elementen die bijna onze ondergang waren geworden. Een wilde eenheid was in onze aderen gedrongen en bepaalde nu onze toekomst.

6

In brand

Ik had mijn moeder gesmeekt uit te leggen waarom ze dan precies zo'n hekel hadden aan Moth, maar het was alsof je probeerde een kikker te vangen in een emmer vol dikkopjes. Elk antwoord was bijna de echte reden, maar nooit helemaal: 'Zijn haar is te lang.' 'Hij loopt in een gescheurde spijkerbroek.' 'Hij wordt later een vieze, stinkende oude man.' 'Hij is lui.' 'Hij heeft geen rijbewijs.' Belachelijke antwoorden. Maar één kwam uiteindelijk dicht in de buurt: 'Hij is anders dan wij, het is een stadsjongen.' Daar was het, maar niet helemaal, een dikkopje dat al poten had maar ook nog steeds een staart.

Ik was boos, ik voelde me verraden, maar hoe terecht ze zelf hun redenen ook vonden, ik bleef toch bij hem. Zodra hij in mijn leven was gekomen, had hij dat tot de rand toe gevuld; er kon niemand anders zijn. Uiteindelijk kwam het tot een botsing toen we aan de rand van het dorp een cottage kochten, een klein huisje met een diepe tuin: ik kon mijn geluk niet op.

'Samen gaan wonen, zonder te trouwen, walgelijk, je zet ons te schande.'

We werkten aan het huis, verdreven het vocht, repareerden de kapotte ramen en legden stromend water en een toilet aan, maar we gingen er niet wonen. Die laatste stap van rebellie kon ik niet zetten. Ik wilde dat zij hielden van waar ik van hield; ik wilde dat ze het begrepen. Maar er was nu geen houden meer aan: de vulkaan zou onvermijdelijk uitbarsten. Dat gebeurde op een beleefde zondagmiddag boven een schaal zalmsandwiches en Victoria sponge cake.

'Ik schaam me voor je. Je hebt zoveel kansen gehad om met een boer te trouwen. Wat heb je nou aan hem? Hij heeft geen land. Jij zult nooit gelukkig zijn zonder land.'

Daar was hij, kwakend, nat, slijmerig, knipperend tegen het licht. Een volgroeide kikker die nooit meer terug kon springen in de emmer met vaagheden. Ik zat te zeer vast in het moment om te horen wat ze werkelijk zeiden, en zij beschikten niet over de woorden om te zeggen wat ze bedoelden. Ik hoorde alleen maar dat hij geen boer was, dus niet goed genoeg.

We trokken niet in de cottage, maar stapten op de trein naar het eiland Skye. De burgerlijke stand op het eiland was wegens verbouwing gesloten, maar had een tijdelijke afdeling ingericht in een leegstaande kamer achter in de bouwmarkt in Portree, de hoofdstad van het eiland. Om een of andere bijgelovige reden brachten we de nacht voor ons huwelijk door in aparte B&B's en we ontmoetten elkaar 's morgens op het parkeerterrein tussen de bouwvakkersbusjes. We hadden veel bekijks: een onverwachte bron van vermaak op een maandagmorgen voor de mensen die lachend en klappend uit het raam van de bouwmarkt hingen. We contrasteerden met het grijze asfalt, Moth glanzend in een licht crèmekleurig pak dat hij door een plaatselijke kleermaker had laten maken, en ik in een witte jurk die ik in de uitverkoop bij Laura Ashley had gekocht. Kleren die we in onze rugzak naar het noorden hadden meegesmokkeld en in de trein voor elkaar verborgen hadden gehouden. Hand in hand stonden we in die donkere, stoffige kamer en zeiden ja, jazeker, zonder angst of twijfel of aarzeling, achter een gordijn van jutezakken dat ons afscheidde van de winkel, terwijl een bouwvakker een 'half pond verloren kopspijkers' kocht.

De volgende dag stonden we op de bergkam van Bruach na Frìthe in de Black Cuillin Mountains. De eerste dag van duizenden dagen. Wolken stegen op uit het dal erachter. Verschenen uit het niets om zich over de kam te storten in een rivier van stromende nattigheid, die eerst tegen de rotsige, steile kant van de heuvel bleef kleven en dan wegsnelde en zich in de warmte beneden verspreidde. Ons leven strekte zich voor ons uit, een stromende rivier van dagen terwijl de zon boven ons hoofd scheen in een wolkeloze blauwe lucht.

Daarna gingen we terug naar ons kleine huisje, zonder stuc op de muren of bed om in te slapen, maar overlopend van hoop en enthousiasme.

We moesten nog aan onze ouders vertellen wat we hadden gedaan. Voordat we naar het huis liepen en de trouwakte op de keukentafel uitspreidden, waren we op de uitpuilende wortels van de eiken in het Park gaan zitten, terwijl mijn maag samentrok en ik moeizaam ademhaalde. Als kind had ik daar eens op het gras gelegen in de lammertijd. Ik was op pad gestuurd om een ooi en haar lam terug te brengen naar de boerderij. Toen ik het pasgeboren lam optilde en met zachte blaatgeluidjes de kersverse moeder aanspoorde achter me aan te komen, besefte ik dat ze nog een lam ter wereld ging brengen, dus legde ik het lam weer neer en bleef wachten. Liggend op het gras, met onder me de koele, vochtige aarde, boven mijn hoofd de voorbijdrijvende witte wolken en naast me de ooi terwijl het tweede lam het leven binnengleed, ontdekte ik iets wat sterker, machtiger was dan alles wat ik ooit in mijn korte leven had gekend: één volledige cyclus. Ik was niet op de aarde, maar van de aarde. Het was een wezenlijk, diep moleculair inzicht dat me voor de rest van mijn kindertijd vormde en waardoor ik me afzonderde van andere kinderen, en dat me tot Moth aantrok; het zou me in staat stellen dakloos te overleven op de top van een klif, vol ontzag en inspiratie; en op die dag zag het me naar mijn ouderlijk huis lopen, om de streng tussen mijn ouders en mijzelf zo ruw door te gaan hakken dat hij nooit meer helemaal kon herstellen. Maar wat zij hadden gezegd, weergalmde nog in mijn oren: 'Jij zult nooit gelukkig zijn zonder land.'

Ik was bij mama in de sterfkamer getrokken, waar ik op de rechte stoel naast haar bed sliep. Verpleegkundigen liepen in en uit om haar te verzorgen; artsen kwamen, keken naar haar, gingen weer weg en zeiden: 'Niet lang meer nu'; de lucht in de kamer sloot zich in een stille, verstikkende, onontkoombare eindigheid. Door de zwakverlichte ziekenhuisgang kwam elke nacht vanuit de mannenafdeling een man aangeschuifeld in zijn gestreepte pyjama, ging de vrouwenzaal van de afdeling hersenbloedingen binnen, naar het bed van telkens hetzelfde broze oude dametje. Elke nacht pakte hij haar hand en praatte tegen haar: 'Mama, wakker worden, mama, neem me mee naar huis. Ik wil naar huis.' Elke nacht werd ze daar wakker van en schreeuwde dat ze werd aangevallen, en dan kwamen de verpleegkundigen en brachten hem terug. Zij was zijn moeder niet, maar ergens in de duisternis aan het eind van zijn leven zocht hij de weg terug naar het begin.

Vier dagen gingen voorbij, toen tien, en nog steeds kwamen de artsen, vinkten hun hokjes af en zeiden: 'Niet lang meer nu.' Mama's ogen gingen af en toe open en keken dan een lang moment naar mij en daarna naar het felle licht van het raam, maar ze bleven voornamelijk op het voeteneind gericht, voor ze weer dichtgingen. Haar ademhaling werd zwaarder en de longontsteking kwam terug, gaf haar een droge mond en kneep haar keel dicht. Dagen werden een reeks langgerekte seconden, die langzaam in minuten kropen. Ik luisterde voortdurend of er iets veranderde in haar ademhaling, een of ander teken dat er binnenkort een eind zou komen aan de pijn van het toekijken hoe zij ging, maar er veranderde niets en de dagen sleepten zich voort.

Ik begon te begrijpen dat verpleegkundigen je alleen maar praktische dingen mogen vertellen en dat zaalartsen geprogrammeerd zijn om je naar de specialist te verwijzen, dus de enige manier om een antwoord te krijgen was door er een van hen te vangen wanneer hij voorbijvloog. Ik stond een eindeloze tijd in de gang te wachten, bang dat hij als een sliertje rook voorbij zou zweven, zodra ik even de andere kant op keek, en zag hoe ernstig zieke mensen de afdeling op werden gereden en hoe er ook een werd overgebracht naar precies zo'n kamer tegenover die van mama, de familie erachteraan, met gebogen hoofd, huilend. Twee dagen later stond ik weer in de gang toen ze de deur dichtdeden voor een zwijgend, stil lichaam, de verpleegkundigen de hand schudden en vertrokken, voor het laatst. De gezichten op de afdeling veranderden, mensen gingen naar huis, hun leven op zijn kop gezet door de hersenbloeding, maar toch naar huis, en eindelijk, op de derde dag ving ik een van de specialisten. Hij keek heel even naar mama, vinkte een hokje af en wilde verdwijnen, toen ik hem tegenhield.

'U zei drie tot vier dagen, dus waarom is ze er nog? Als ik dat had geweten, als u dat had uitgelegd...'

'De meeste oude dames op deze afdeling zijn zwak, maar uw moeder, zij is sterk, ze heeft een wilskracht die haar gaande houdt. Maar het duurt nu niet lang meer, nu de longontsteking terug is.'

Om me heen rezen de muren van een donkere put vol zelfverwijt op. Als ze de wil had om nu door te leven, tegen alle verwachtingen in, misschien, wie weet, als ik de voedingssonde had laten inbrengen, had die haar misschien de tijd gegeven om te herstellen. Had ik ervoor gekozen haar te laten sterven, terwijl ze beter had kunnen worden? Ik ging terug naar haar kamer, trok een deken van verschrikking over me heen en luisterde naar haar raspende ademhaling.

'Je doet jezelf geen plezier hier, snoes. Zij gaat vandaag heus nergens naartoe. Ga even naar buiten, daar knap je van op.'

Dat woord 'snoes', zo'n familiair woord, het had de klank van kindertijd en thuis en van erbij horen. Ik keek de verpleegkundige aan terwijl ze me bij mijn arm naar de deur leidde. Ik had haar nog niet eerder gezien, maar iets in dat ene simpele woord maakte dat ik haar genoeg vertrouwde om mijn jas aan te trekken en weg te gaan.

Zonder nadenken of doel ging ik terug naar het bos. Het leek zo vanzelfsprekend; het was de enige plaats om te zijn. Ik moest daar zijn, veilig, omarmd. Uitgeput, maar waakzaam door een starre, holle angst, ging ik op het droge bed van dennennaalden liggen en keek tussen de donkere takken door hoe de zon langs de hemel bewoog.

Ik liep het bos uit, langs de zwarte stronk van de oude iep. Dat was een hoge, volwassen boom geweest, die in zijn eentje op de helling groeide, waaronder konijnen hun holen hadden gegraven en die op warme zomerdagen schaduw bood aan de koeien die onder zijn takken stonden en met hun staart de vliegen wegzwiepten. Hij zag eruit alsof hij genoeg kracht bezat om voor altijd door te leven en toch, op een nacht aan het eind van de zomer, toen ik net zeven was en bijna naar school zou gaan, had papa me wakker gemaakt; ik moest me aankleden en mee naar buiten komen.

'Waar is mama?'

'Nog in bed.'

Dit voelde als een belangrijk moment. Het was nooit eerder gebeurd dat hij me wakker had gemaakt om me mee te nemen in de volwassen wereld van de nacht.

'Dit moet je zien. Ik heb het nooit eerder gezien; jij zult het nooit meer zien.'

Ik hield papa's gebarsten, verweerde hand vast en liep met hem mee naar het weiland achter het huis.

'Waarom, papa? Waarom heb je de boom in brand gestoken?'

'Dat heb ik niet gedaan.'

De iep die misschien wel tweehonderd jaar in zijn eentje in het weiland had gestaan, stond in lichterlaaie. Enorme vlammen dansten rond de takken, sloegen een feloranje hitte uit naar de zwarte hemel. Zoveel kracht die vrijkwam uit één rustige, groene, schaduwrijke habitat.

'Maar waarom brandt hij dan?'

'Ik weet het niet. Het is alsof hij zichzelf heeft aangestoken, alsof hij ervoor gekozen heeft om te verbranden.'

In al die jaren die ik heb gedeeld met deze praktische man, die er trots op was dat hij 'het beestje bij de naam' noemde, was dit het moment dat hij het dichtst bij verwondering kwam. Dat was wat ik zag, terwijl het felle licht op zijn gezicht scheen: zo'n verwondering en zo'n diep ontzag voor dit schouwspel, dat het het in zijn geest werd gebrand. Toen de boom op de grond neerstortte en wij achteruitdeinsden voor de woest rondvliegende vonken en brandende takken, voelde ik in zijn harde werkhanden iets verzachten. De boom brandde op de grond door, maar niets anders eromheen vatte vlam; hij brandde in zijn eentje. De boom liet zijn eigen levenswarmte los en daaromheen bleef de nacht stil en rustig; de koeien graasden verder en de sterren doofden niet. Toen de vlammen uitgingen, liepen we terug naar het huis; hij zei niets, maar ik zag hoe zijn gezicht nog steeds werd verlicht door een natuurlijke magie.

Ik liep weg van de stronk, waar zoveel intense emoties samenkwamen die ik nauwelijks kon benoemen. Mijn verleden, mijn heden, mijn familie en daarin, tussen dat alles in, Moth, die over elke dag een schaduw wierp door de wetenschap dat dit niet de enige keuze was die ik zou moeten maken. Dat ik de keuze die ik voor mijn moeder had gemaakt, ook voor hem onder ogen zou moeten zien. Of zou hij zijn eigen tijd kiezen? Zijn eigen moment kiezen om zijn heldere, groene licht los te laten en te zeggen: 'Dit is de meest volmaakte dag die ik ooit zal zien,' en dat het dan genoeg was. Ik duwde de gedachte terug naar het duister. Niet nu, niet nu.

Op het kerkhof lag de waarheid van het leven in keurige rijen. De boeren van het dorp, mijn opa, de mensen uit de cottages, de oude landgoedeigenaar en zijn familie, mijn oom en tante. Iedereen die het dorp van mijn kindertijd had bevolkt, lag er, samen met mijn vader. Ik knielde neer bij zijn graf, trok handenvol hoog gras rond de grafsteen uit en zette verse bloemen in de houder. Ik vond hier geen vrede, alleen het gevoel dat zij allemaal weg waren, meegezogen in de draaikolk van het leven die hen allemaal in de koude grond van een winderige heuvel had getrokken. Onder het gewicht van de dood kreeg ik visioenen van Moth die bij het hek van de kerk op zijn beurt stond te wachten.

'Papa, alsjeblieft. Ik kan dit niet aan, ze kan zo niet doorgaan, alsjeblieft, kom haar halen, alsjeblieft.'

Ik voelde het ziekenhuis trekken, maar ging toch terug naar de cottage, waar ik voor het eerst in dagen een douche nam, daarna een wasje deed en een boek zocht om in de lange ziekenhuisnachten te lezen. Ze had nog steeds een doos met boeken die op de planken in mijn slaapkamer hadden gestaan. In de loop der jaren had ik er wel wat meegenomen, maar op de een of andere manier was deze doos niet opgehaald. Ik ging met mijn vingers door de vergeelde pagina's en omgevouwen hoekjes van boeken die ik als kind en in mijn tienerjaren mooi had gevonden, en zag er toen een dat ik niet zo goed kende. Het vervallen huis op het omslag kwam me bekend voor, maar waar het over ging, wist ik niet meer, was door de tijd vervaagd. Ik stopte mama's schone was in een tas en legde daarop het gehavende oude exemplaar van *Copsford*, door Walter J.C. Murray.

7

Adem

Haar ademhaling ging zwaarder, bleef aan onzichtbare obstakels hangen, waardoor haar mond droog werd en verstopt raakte met niet-doorgeslikt speeksel. Dat moest met wattenstaafjes verwijderd worden om de lucht door te laten. Om twee uur in de nacht was er geen tijd om te slapen. Alleen tijd om naar de adem te luisteren, die te bewaren, te verzamelen voor wanneer hij op zou zijn. Ik deed het gordijn open en liet de verlichting van de parkeerplaats de kamer in een donkergeel gewelf veranderen.

Ik legde mijn voeten op het bed en probeerde de slaap te laten komen, maar dat was hopeloos, dus zette ik *Copsford* tegen mijn benen omhoog, om het licht van buiten erop te laten vallen. Waarom kon ik me dit boek niet herinneren? Maar toen ik het opensloeg en door de beduimelde, kleurloze pagina's bladerde, begon er iets te dagen. Ik herinnerde het me wel. Het was een van de boeken die Glin had meegebracht, mama's artistieke vriendin die zo van boeken hield. Ik had het geprobeerd te lezen, maar het, te jong en teleurgesteld omdat er geen dieren in voorkwamen, op de boekenplank weggestopt. Te jong om te begrijpen wat de jonge Walter J.C. Murray ertoe had gebracht de stad te verlaten en een jaar lang te gaan wonen in het vervallen huis dat op het omslag stond. Een jaar zonder stromend water of elektriciteit, in een huis waar de regen door het dak sijpelde en de wind door de deuren gierde. Misschien zou ik het nu wel snappen. Terwijl de nacht zich voortsleepte en verpleegkundigen binnenkwamen om bij mama te kijken, te luisteren, las ik me de kamer uit naar een verborgen plek in landelijk, naoorlogs Engeland. Maar in de kalme stilte van de kamer raakte ik steeds meer geïrriteerd door Walter Murray en zijn onvermogen iets vol te houden. Hij groeide op in Sussex, waar hij op de velden en landweggetjes van zijn geboortedorp speelde. In de beginjaren van de Eerste Wereldoorlog was hij te jong om daarbij betrokken te raken, en toen hij eindelijk oud genoeg was om aan de oorlog deel te nemen, ging hij bij de koopvaardij, waar hij tot de ontdekking kwam dat hij een hekel had aan de misselijkmakende oneindigheid van de zee, dus vertrok hij en ging bij de RAF. Maar hij zou nooit piloot worden; de oorlog was afgelopen voordat hij had leren vliegen. Hij keerde terug naar het dorp Horam, maar kwam tot niets, een boze jongeman die het gevoel had dat hij de hoofdvoorstelling had gemist, dus pakte hij zijn koffer en vertrok naar de stad en een baan in de journalistiek. Maar het verslaan van alledaagse gebeurtenissen verveelde hem en hij werd weer ontevreden.

Walter verveelde mij al snel en ik legde het boek neer om bij de automaat in de gang een papieren bekertje thee te halen. De man, hij heette Harry, kwam in een nieuwe blauw geruite pyjama naar de vrouwenafdeling geschuifeld en ging op zijn plek naast het slapende oude dametje zitten. 'Mama, mama, laten we naar huis gaan.' Ik wachtte tot de verpleegkundigen hem weer de zaal uit zouden leiden, maar die kwamen niet. Hij pakte haar hand, streelde die zachtjes, bijna teder, terwijl zij onrustig werd. Eigenlijk verwachtte ik dat ze zou gaan roepen, maar dat deed ze niet, ze stak alleen haar hand uit en gaf hem een klopje op zijn arm. 'Morgen gaan we naar huis, ga nu maar terug naar je bed en rust een beetje uit.' Harry stond zonder protesteren op en verliet de zaal zoals hij gekomen was, een kromme, oude man, maar binnen in dat omhulsel een verdwaald, bang jongetje dat alleen maar wist dat hij terug moest naar een vage herinnering aan een vervlogen tijd. Ik ging terug naar de kamer en deed de deur zachtjes achter me dicht. Mama's ogen waren open, ze staarden weer naar het voeteneind van het bed. Ik probeerde in haar blikveld te gaan staan, maar ze zag me niet; iets anders hield haar aandacht vast.

'Probeer te slapen, mama. Ik heb dit boek...' Ik begon haar voor te lezen en binnen enkele seconden waren haar ogen dicht en klonk haar ademhaling zwaarder en raspend. Ik wist hoe ze zich voelde; weinig dingen zijn zo slaapverwekkend als een tiener die ergens maar niet mee door wil gaan. Maar ik hield vol, terwijl Walter genoeg kreeg van zijn saaie baan en zijn afschuwelijke woonruimte, en zelfs merkte dat hij geen inspiratie meer had om te schrijven, het enige wat hij had willen doen. Hij voelde zich verstikt door de stad en begon ervan te dromen terug te gaan naar huis, waar hij 'dicht bij de natuur' kon leven. De ene pagina na de andere, en hij hoefde zichzelf niet langer voor mij te verklaren, ik kende hem al, ik wist waar hij naar zocht: het was dezelfde kracht die mij ertoe had gedreven over de kliffen te gaan lopen of naar het bos te rennen. Diezelfde onverklaarbare, magnetische aantrekkingskracht. Gegrepen nu, verbonden, niet in staat op te houden met lezen, volgde ik Walter in het jaar dat hij in zijn eentje op het platteland woonde, ondergedompeld in de wilde, weelderige natuur van het Engelse landschap halverwege de twintigste eeuw.

Terwijl de nacht overging in de ochtend en de ziekenhuisdag begon, ging ik begrijpen wat er niet meer helemaal hetzelfde was aan de velden en bossen van het landgoed. Wat er was veranderd, zo stilletjes dat het amper merkbaar was. Er ontbrak iets, maar dat gemis was vrijwel onzichtbaar, tot ik de spiegel van *Copsford* ophield en daarin niet het landgoed van mijn kindertijd weerspiegeld zag. Ik keek op van het boek naar de bladerloze takken van de beuk buiten. Natuurlijk zaten de heggen niet vol wilde bloemen, en zoemde het gras niet van de bijen: het was eind januari. Maar het was iets minder zichtbaars, meer dan alleen de verbouwde zagerij en de forenzen die in de cottages van de landarbeiders woonden. Het was iets stils, een wilde stilte, meer dan de leegte van de dennenbomen. Een stilte die met de wind meekwam, het dood-zijn van iets wat verdwenen is. De boerderij was een andere, nettere, kalere plek geworden, de wilde dingen waren weg, die luchten waren kalmer en de aarde was leeg en donker. Een onzichtbare verandering, bijna niet te onderscheiden, tot ze duidelijk werd in het verblindende licht van *Copsford*.

Toen veranderde alles.

'Ik vind het zo'n naar idee dat jij daar alleen bent. Wil je niet dat ik bij je ben? Laat me ook komen.' Het was moeilijk voor Moth om niet bij me te zijn; hij begreep het niet. 'Ik weet dat ze de pest aan me heeft, maar daar is het nu te laat voor.'

'Ik weet het, maar alsjeblieft, kom maar niet.' Ik voelde al de moeilijkheid van wat er die dag zou gebeuren en kon hem er niet bij hebben. Het was voor mijzelf al bijna te afschuwelijk om mee te maken, maar als hij in de kamer was, zou hij weten wat het was om op deze manier te sterven en ik kon hem dat niet laten zien, ik kon mama's dood nu al nauwelijks los zien van de zijne. Als hij in dezelfde kamer was, zouden die twee in mijn hoofd onontwarbaar door elkaar raken, en ik verdronk nu al haast in de draaikolk van mijn eigen gedachten. 'Alsjeblieft.'

De raspende, stokkende ademhaling was een diep hijgen geworden. Elke inademing was een zwaardere strijd en het werd met het uur erger. Ik riep de verpleegkundigen erbij.

'Ze stikt. Kunnen jullie niet iets doen?'

'Ze staat op niet-ingrijpen. We moeten toestemming van de specialist krijgen. Hij heeft u verteld dat ze zou aspireren.'

'Wel verdorie, hoe kon ik weten dat aspireren dit betekende? Jullie mogen haar niet laten lijden.'

Het hijgen werd een trekkend opzuigen van lucht, terwijl haar lichaam het overnam in een instinctief oergevecht om zuurstof, en haar gezicht en keel verwrongen werden door de kracht van elke diepe, wanhopige poging om te ademen. Haar longen produceerden grote hoeveelheden slijm, maar haar keel kon niet slikken.

Uren vol pijn om haar te zien lijden gingen voorbij. Uren van twijfel aan de beslissing en van haat tegenover mezelf omdat ik die genomen had. Uren van verpletterende, ziekmakende wanhoop, terwijl ik met haar meevocht om elke ademhaling, telkens weer denkend dat dit toch wel de laatste moest zijn, dat ze deze onmogelijk kon overleven. Uitgeput, gepijnigd, hield ik haar hand vast en keek in zinloze afschuw toe. In de loop van de middag, toen ik dacht dat we geen van beiden nog méér konden hebben, verscheen de hoofdzuster.

'We gaan haar hyoscine geven. Dat is een medicijn dat de slijmproductie stopt en de benauwdheid verlicht.'

Langzaam verliet het wondermiddel de injectiespuit en haar keel ontspande, de ademhaling werd rustiger en de stilte keerde terug. Ik wankelde naar mijn stoel, kroop in elkaar tot een bal en schudde van het snikken. Ik wilde alleen maar zwartheid, waar geen gedachte of geluid of angst kon doordringen.

'Ik zal een kop thee voor je halen, snoes. Het ergste is voorbij nu.'

Voorbij nu, het was bijna voorbij nu. Maar dat was het niet. Ik huilde door één dood heen, terwijl het gewicht van een andere op me drukte. Ik moest hem bellen.

'Het was een verschrikkelijke dag, maar vertel me over de jouwe.'

'Waarom wil je niet dat ik kom?'

'Vertel me nou maar hoe je dag was.'

'Vreemd, weer, en bepaald niet best. Ik had echt een blanco moment, alsof ik mezelf zonder het te weten had uitgeschakeld, en daarna was ik zo stijf dat ik nauwelijks kon bewegen. De docent schudde me heen en weer en zei dat ik een eeuwigheid uit het raam had zitten staren; toen kon ik niet opstaan, het leek wel of niets meer werkte, dus heeft iemand me naar de kerk teruggereden. Vandaag vroeg ik me af of ik het eind van deze studie wel haal, laat staan of ik daarna kan lesgeven. Ik ga nu maar even liggen. Kan ik je straks bellen?'

Ik vouwde me weer op in de stoel, trok de katoenen deken over mijn hoofd en nam *Copsford* mee mijn grot in. Haal me hiervandaan, Walter. Neem me mee naar groene ruimtes en landweggetjes vol kruiden en wilde bloemen. Laat me leverkruid en smeerwortel met je gaan plukken. Neem me mee; geef me de groene veiligheid van mijn kindertijd. Bij het gefilterde tl-licht begon ik het boek te herlezen. De wereld, mama, Moth, alles buitengesloten, alleen met Walter, wadend door een beekje om bramen te plukken.

In de schemering van een ziekenhuisnacht kon ik me niet meer verstoppen. Moth was vol hoop aan de universiteit begonnen. Niet met de hoop die gewone studenten hebben, dat hun diploma hun een lange en succesvolle toekomst zal bezorgen. Zijn hoop was dat hij tot het eind van de studie in leven bleef en dat zijn hersens daarbij alert genoeg bleven om hem naar de volgende fase van zijn leven te brengen. Maar dat hoefde hij mij niet te vertellen; ik wist dat hij achteruit weggleed vanaf het hoogste punt aan het eind van het pad. Dat gelukzalige punt waarop hij zijn rugzak afdeed en zijn lichaam de stijfheid en spanning van de CBD kwijt was en deed wat hij wilde. Of gleed hij juist vóóruit, naar de toekomst die voorspeld was?

We waren zonder hoop of perspectief aan onze epische wandeltocht over het kustpad begonnen. Moth had te horen gekregen dat hij niet kon blijven leven, dat het tau-eiwit in zijn hersens niet meer normaal functioneerde en nu samenklonterde in 'kluwen', zoals de arts het noemde. Een sluipend proces van taufosforylering dat geleidelijk die delen van zijn hersens zou uitschakelen die zijn lichaam instrueerden wat het moest doen. Ik stelde me de tau-vorming voor als een soort tandplaque, maar dan op een plek waar de borstel niet bij kon. Dus kon ze zich verspreiden en aangroeien, tot ze al die prachtige hersencellen had verstikt die Moth vertelden hoe hij moest bewegen, voelen, herinneren, slikken, ademen. En toch, terwijl wij uitgeput en hongerig over die ongelooflijke strook wildernis wandelden, het bestaan van de normale wereld aan de ene kant van het pad vergaten en onze ogen altijd weer naar de eindeloze horizon van de zee aan de andere kant werden getrokken, was er iets veranderd. Hij was veranderd. Hij was sterker geworden, de mist in zijn hersens was opgetrokken, zijn bewegingen waren zekerder geworden, gemakkelijker te beheersen. Waarom, waarom, waaróm was dat gebeurd? Er moest een reden voor zijn, maar misschien was het nu tijd om te aanvaarden dat de artsen gelijk hadden, dat er niets aan te doen viel, behalve de onvermijdelijkheid van het einde onder ogen zien.

Ik kon het niet aanvaarden. Bij het eerste beetje licht door het raam pakte ik de telefoon.

'Het kan me niet schelen hoe moe je bent, sta op. Je moet lopen, je moet bewegen. Ga naar buiten en beweeg.'

'Maar dat kan ik niet. Ik voel me ellendig.'

'Dat kan me niet schelen. Sta op.' Ik legde de telefoon neer en ging de gang op voor nog een bekertje thee uit het apparaat, en pakte de telefoon weer.

'Je ligt nog in bed; ik weet het gewoon. Sta op, je moet gaan. Alsjeblieft, sta nou gewoon op.' Er moest een verband zijn, een lichamelijke, chemische, biologische oorzaak waardoor hij vooruit was gegaan toen we wandelden. Wat het ook was, we moesten een manier zoeken om dat effect opnieuw te bereiken. Als we geen manier vonden, moesten we weer onze rugzakken omdoen en gaan lopen, voor altijd. Hij gleed over de helling omlaag naar de bodem van de CBD, zonder kronkels of bochten om zijn vaart te vertragen; we moesten een manier vinden. 'Moth, trek je schoenen aan. Het kan me niet schelen hoe je je voelt; je moet blijven vechten. Sta op en probeer het. Probeer het alsjeblieft...'

We waren aan het wandelen toen we ons voor het eerst realiseerden dat er iets mis was met Moth. Onze vijfentwintigste trouwdag. Geen groot feest, geen drukte of gedoe, we hadden niet eens aan de kinderen verteld welke trouwdag het was. Het was een dag om alleen maar samen te zijn, maar we vonden dat we wel iets bijzonders moesten doen voor de gelegenheid.

'Heb je zin om naar Tryfan te wandelen? Dat wilden we altijd al eens doen, maar we hebben er nooit de tijd voor genomen. Laten we het vandaag doen.'

Tryfan is een scherpe graat van een berg in Snowdonia, uit alle richtingen lastig te bereiken, en de weg naar de top is meer een klauterpartij dan een wandeling. Maar hij stak boven de Glyderauheuvels uit, op een uitdrukkelijke, gedenkwaardige manier die ergens bij deze dag leek te passen.

'Oké, vandaag dus.'

We lieten het busje achter bij het gebouw van de YHA aan de voet van de berg waar we onze wandeling begonnen, en klommen soepel de stenige treden vanaf het theehuisje op. Het was onbewolkt, de warmte van de vroege zomer, leeuweriken zweefden hoog boven de heidevelden met hun heldere, onmiskenbare hemellied. Voor ons uit lag de hoge boog van de Cwm Idwalkliffen en het meer aan hun voet weerkaatste felle vonken zonlicht. We hadden geen zin het pad te volgen dat heen en weer slingert onder de rotsmuren, maar sloegen links af, en volgden een lijn over de rotsige flank van de heuvel, langs de snelstromende beek naar de bron daarvan op Llyn Bochlwyd. We hielden halt om iets te eten, dronken de thee uit de veldfles en voelden de pijn van benen die al te lang niet meer in de heuvels waren geweest. Moth stopte de veldfles weer in de dagrugzak en gaf die aan mij.

'Kun jij hem nu dragen? Ik weet niet wat ik met mijn schouder heb gedaan, maar hij doet echt pijn vandaag, ik kan mijn arm nauwelijks optillen.'

'Gaat het nog niet beter? Denk je dat het komt doordat je in april door het dak van de schuur bent gevallen?'

'Zou kunnen, ik weet het niet, maar mijn schouder deed toen geen pijn.'

'Geef mij de rugzak dan maar.'

We liepen verder, steil omhoog. We vermeden de duizelingwekkende, bloedstollende Bristly Ridge waar rotsklimmers zo gek op zijn, maar kozen ervoor onze eigen weg naar de top te zoeken en begonnen over een verzameling grote stenen en keien omhoog te klauteren.

'Ik moet even stoppen.'

Ik dacht dat ik hem verkeerd verstaan had: hij zei nooit stoppen; ik ben altijd degene die de rugzak moet neerzetten om het uitzicht te bewonderen. We gingen op een rots zitten, en in het westen strekte zich de Ogwen Valley uit, een diepe geul van donkere rotsen, vochtige veenmoerassen en hoge pieken waar alleen schapen zich thuis voelen. Grote hoeveelheden oranje en blauwe stippen kwamen uit de auto's die zich langs de kant van de weg verzamelden.

'We moeten verder. Het wordt straks druk hierboven.'

'Ik weet niet of ik dat wel haal. Ik voel me duizelig. Ik kan niet naar beneden kijken, ik geloof dat ik moet overgeven.'

'Wat is er? Heb je iets verkeerds gegeten? Het was alleen maar een boterham met kaas...'

'Nee, dat is het niet. Het is iets anders.'

'Wat dan? Wat is er dan?'

'Ik weet het niet. Ik zal het proberen, misschien gaat het wel over.'

Op de top van Tryfan staan Adam en Eva: twee zuilachtige keien op een onbeschutte richel. Je kunt pas echt zeggen dat je Tryfan hebt beklommen, als je over de anderhalve meter brede kloof tussen de twee keien bent gesprongen en daarmee heb je dan de 'vrijheid van Tryfan' verdiend, wat dat ook betekenen mag. Onze klimdagen waren in het vergeetboek geraakt na de geboorte van de kinderen, toen we er voor hen moesten zijn, wat betekende dat het leven te kostbaar was om het toe te vertrouwen aan de onzekere greep van een stuk klimuitrusting. We waren hier nu niet om iemand iets te bewijzen of om in de pub een verhaal te kunnen vertellen. Deze sprong vertegenwoordigde veel meer voor ons: we waren daar op die dag om ja te zeggen, ja, we zouden weer samen die levenssprong maken, net zoals we dat vijfentwintig jaar geleden hadden gedaan. Het moest onze wilde, onbeschermde, hernieuwde gelofte van trouw worden: aan elkaar, aan de natuur, aan het leven. Maar Moth braakte zijn brood met kaas uit en ging met zijn hoofd in zijn handen aan de voet van Adam zitten: het mocht niet zo zijn. Ik keek naar de loodrechte afgrond aan de andere kant van de kei, en het speet me niet.

'Het was toch een stom idee. Alsof wij elkaar na al die jaren nog iets te bewijzen hebben.' Ik probeerde luchtig te doen over een van de zeldzame keren in zijn leven dat zijn lichaam niet deed wat hij vroeg. 'Misschien heb je hoogtevrees. Je wordt gewoon een dagje ouder.'

'Maak er maar geen grapje over, volgens mij heb je gelijk. Ik weet echt niet of ik nog naar beneden kan.'

We zaten op de onbeschutte bergrug terwijl het licht afnam en de felgekleurde stippen naar hun auto teruggingen en wegreden. De maan kwam op boven de boog bergen in het oosten en baadde de toppen in bleke golven licht, zodat het dal beneden in duisternis werd gehuld, alleen doorbroken door de lichten van passerende auto's.

'Ik blijf altijd bij jou, Ray, want daar wil ik zijn. Blijf jij ook bij mij?'

'Natuurlijk. Waar zou ik anders moeten zijn? Voor altijd.'

'Maar misschien is dat niet zo heel lang. We moeten van Tryfan zien af te komen, in het donker, zonder hoofdlamp.'

'Voor altijd, al is dat dan maar een halfuur.'

8

Pijnloos

'We weten niet of ze pijn heeft, daarom moeten we een keuze maken: haar wel of geen pijnstilling geven.' De specialist stond in de gang bij de deur van de sterfkamer met zijn pen op het klembord te tikken. 'Ik zou ervan uitgaan dat ze waarschijnlijk wel lijdt, een lijden dat we moeten verlichten, en een morfinepomp aanleggen.'

Het was nu twee weken geleden dat de specialist had gezegd dat mama nog twee of drie dagen zou leven en eindelijk was er morfine. Dit was het. Papa had dit punt bereikt op zijn bed in de zitkamer van de boerderij, terwijl mama in de keuken scones bakte voor het bezoek. Ik wist wat het betekende: weer een keuze maken; weer een hokje afvinken om haar gemakkelijker over haar pad naar de dood te leiden. Ik koos voor haar; ik koos ervoor dat de dood zou komen aandrijven op een opiumwolk. Niet meer dat gevecht om lucht, niet meer die worsteling om een leven dat voorbij was vast te houden; deze dagen, uren, ogenblikken moesten zacht zijn. Een gemakkelijk afscheid op de warme zomerbries van morfine.

De gespecialiseerde verpleegkundige boog zich over het bed om mama over het middel in te lichten; er kwam geen reactie, behalve dat ze weer een lang moment naar het voeteneind staarde. Ik volgde haar blik, en een fractie van een seconde dacht ik dat ik hem daar zag, met zijn pet in een vreemde hoek op zijn achterhoofd geduwd, die grappige scheve grijns. Haar ogen gingen dicht en toen ik weer keek, was papa weg: een hoopvol verzinsel van mijn fantasie, die had gewenst dat hij haar zou komen halen zoals ik hem had gevraagd, zodat ze niet alleen was.

Met zijn tweeën in die lange, rustige nacht, terwijl de morfinepomp haar aderen vulde met rust, haar adem wegzakte tot een kalme, oppervlakkige beweging van lucht en mijn gedachten vol twijfel en angst waren. De keuze die ik had gemaakt om haar te laten sterven en niet te proberen haar leven te redden door de voedingssonde in te laten brengen, pijnigde me nu met een knagend zelfverwijt dat zich niet liet wegstoppen. En angst. Een toenemende, brandende paniek, die een gloeiend hete bal in mijn maag vormde. Op het kustpad dacht ik dat ik een manier had gevonden om in het reine te komen met de wetenschap dat Moth zou sterven, om dat te aanvaarden als het moeilijkste deel van leven. De dood was de altijd aanwezige schaduw in de hoek van ons leven geworden, maar nu maakte ik de dood mee die hem was voorspeld en ik besefte dat ik die nooit vredig zou kunnen aanvaarden, ook al dacht ik dan dat ik ermee in het reine was gekomen; ik zou hem dwingen te vechten, nog lang nadat hij ervoor had gekozen te gaan liggen en het te laten gebeuren. Mijn geest rende in paniek door een brandende kamer zonder nooduitgangen.

Die hele nacht doezelde ik onrustig, met mijn gezicht op haar koele, droge, bewegingloze hand, tot het zwakke, grauwe ochtendlicht me wekte. Ik ging overeind zitten in de stoel en strekte mijn stijve gewrichten, terwijl ik mijn voeten op het bed zette. De blauwe dekens, zilverig in het vroege licht, gingen bijna onmerkbaar op en neer met haar adem. Haar wasachtige gezicht had dezelfde doorschijnende kleur aangenomen, afgetekend in het licht van het raam achter haar. Toen een nevel. Een nevel als de damp die na een lange race van een warme, natte atleet afkomt. Als een zacht waas dat van haar lichaam opsteeg. Ik wilde mijn ogen niet afwenden, maar toen ik toch snel de kamer rondkeek, zag ik het nergens anders. Het was alleen daar, in de contouren van haar rustige stilheid: een langzame beweging van moleculen door tijd en lucht, energie van haar afkoelende lichaam die de ochtend in dreef, de vlakke, matte atmosfeer van de kamer in. Ik ademde diep, diep in en hield hem vast.

Voorbij nu, alles voorbij nu.

Langzaam liep ik aan het eind van de middag terug over het landgoed terwijl het al begon te schemeren, op weg naar de duisternis van de bomen, zoals ik had geweten dat ik zou doen. En nu pas, met mijn vingers diep in de gecomposteerde dennennaalden, wist ik waarom. Eindelijk wist ik wat me tot het voorstel had gebracht om samen over kliffen en stranden te gaan lopen, door bossen en valleien, buiten te slapen, buiten te leven. Ik voelde het nu, koud, zanderig, donker. Ik voelde het diep onder mijn vingernagels en stoffig in mijn haar. Het was wat ik mezelf had wijsgemaakt dat ik kon missen in mijn leven, dat ene deel van mij dat mijn ouders beter hadden begrepen dan ik. Ik had altijd geweten wat die stem in mijn hoofd zei. Het was het land, de aarde, de diep gonzende achtergrond van mijn bestaan. Ik rende erheen wanneer alles om me heen instortte. Ik kon niet zonder de veiligheid van een te zijn met het land; dat gevoel van totaal thuishoren was voor het diepst van mijn wezen even onmisbaar als de lucht die ik inademde. Zonder dat zou ik nooit heel zijn. Het was altijd het land.

Ik herschikte de kransen op het graf, terwijl er vanaf de boerderij beneden in de kom een koude wind omhoogkwam. Toen liep ik het kerkhof af, met de gladde ronde kiezeltjes knersend onder mijn voeten, en liet hen daar achter: mijn familie, mijn geschiedenis, alles wat me met mijn verleden verbond. Ik stapte in het busje, sloot het portier voor het landgoed en mijn kindertijd en verbrak zo de laatste band. Naar het zuiden, terug naar Moth, naar ons nieuwe, lege leven en de strook beton die naar de achterkant van de kerk leidde.

DEEL TWEE

Duwt tegen de zee

Lees nog een even, zie de woorden zweven.

‘Come, will you join me
in my precision?’
Anno Birkin

Ik hoor hem,
maar kan hem niet vasthouden,
voel hem, maar kan hem niet aanraken
Hij omvat me als een ademtocht,
sussend,
verkoelend
en de stem valt
en wordt een klank
en ik ben dichter bij zijn bron.
En in de adem een geur:
rijk, diep, zuur door de wind over dichte hitte geblazen,
door hoge zaadbollen van rijp gras.
En de klank stijgt, stijgt, tot hij helder is, zuiver,
leeuwerikscherp tegen voortsnellende cirruswolken
en ik kan de stem aanraken,
zijn woorden voelen
en die zijn vol en totaal
en brengen de waarheid
in een bijtend koude regen
gedroogd door warme zon.

9

Materie

Kwantumfysici zouden de mogelijkheid dat er iets ontstaat uit niets verklaren met de theorie dat wanneer materie- en antimateriedeeltjes samenkomen in een vacuüm, ze elkaar opheffen; ze worden vernietigd. Maar verander je de energie binnen dat vacuüm in een elektromagnetisch veld, dan produceert dat vernietigingsproces energie, een heel stel nieuwe deeltjes die massa hebben. Ik ben geen natuurkundige, tijdens de natuurkundelessen zat ik meestal een boek te lezen onder de laboratoriumtafel of uit het raam te staren. Maar nadat we zo'n beetje alles wat we bezaten kwijt waren geraakt en een leven waren binnengegaan dat voelde als een holle ruimte waarin ik alleen maar bestond, zat ik misschien in dat vacuüm. En toch kan zelfs in een vacuüm de energie veranderen, bijna zonder waarschuwing vooraf.

De dood was niet nieuw voor mij, ik had hem eerder gekend, maar nu kwam de tirannie van het definitieve ervan terug, en het was alsof ik een volkomen vreemde ontmoette. Weer stond ik schrijlings over de leegte tussen leven en dood, waarin dagen hun betekenis verloren, overschaduwd door de duisternis van de oneindigheid. Twijfel over keuzes die ik had gemaakt en angst voor de keuzes die ik nog moest maken, in een eindeloze lus van spijt en angst. Dag na week na maand, alleen in een zeepbel van stilte terwijl Moth studeerde en de wereld om me heen doorging. Het enige geluid was die stem in mijn hoofd, die nooit zweeg, mijn gedachten uitholde tot echokamers waarin hij bleef weerklinken.

Op de keienstraatjes van het stadje Truro, de hoofdstad van Cornwall, had zich bij het bankgebouw een groep daklozen verzameld. Slaapzakken op karton, kleren versleten en vuil, gezichten waarop de barheid van een leven in weer en wind zichtbaar was. Zonder een moment te aarzelen bleef Moth staan om een praatje met hen te maken.

'Alles goed met jullie? Iets nodig?'

Ik keek toe hoe hij daar op zijn gemak met de groep stond te praten, alsof hij deze mensen altijd had gekend. Zijn vreemd scheve houding was nu zichtbaarder dan in de tijd dat we wandelden, maar verder was hij dezelfde persoon die zijn rugzak voor de eerste keer op de vloer van de kerk had laten vallen, zijn dakloze leven achter zich. Zeker van zichzelf, van wie hij was, zonder tegenzin om weer aan het leven te gaan deelnemen. Dat hij zijn medestudenten op de universiteit niet vertelde dat hij dakloos was geweest, was niet uit angst voor hun reactie, maar omdat hij zo opging in het werk voor de studie dat het hem alleen maar afleidde om over iets anders te praten, een afleiding die hij niet kon gebruiken. Niet zoals ik, die me in de schaduw verborg.

'Gewoon, zoals altijd, eten en een dak boven ons hoofd. Tv zou misschien fijn zijn, ik heb er schoon genoeg van met dit stel te moeten praten.'

'Kan je wel aan wat te eten helpen, aan de rest kan ik niet veel doen. Ray?'

Ik dacht aan de inhoud van onze koelkast en het kleine bedrag dat we nog van de studielening overhadden. Erwtenrisotto maar weer.

'Ja hoor, geen probleem, we gaan wel even wat voor jullie bij de Co-op halen.'

We liepen terug naar de groep met een tas vol voedsel dat we zelf zouden hebben gewild toen we een week lang niets anders dan pakjes noedels van twintig pence hadden gegeten: brood, fruit, kaas en een paar pasty's. Een cadeau om samen te delen. Ik vouwde de lege tas op en kon het niet laten een vraag te stellen die al een tijdlang door mijn hoofd speelde wanneer ik in de kerk zat, buiten het zicht van de wereld.

'Als een van jullie een huis zou vinden en je ging er wonen en begon weer een gewoon leven, hoe denk je dan dat je je zou voelen? Zou dat moeilijk zijn? Ik bedoel niet de rekeningen betalen en werk vinden, niet die praktische dingen. Maar zou het moeilijk zijn om binnen te zijn nadat je zo lang buiten hebt geleefd? En de andere mensen, denken jullie dat je het gemakkelijk zou vinden om weer het normale leven op te vatten, dat je gewoon met mensen zou kunnen omgaan zoals je dat deed voordat je dakloos werd?'

Moth keek naar mij, half begrijpend, half geërgerd.

'Ik ben al een tijdje nu eens dakloos en dan weer niet.' Een oudere man met een deukhoed op en een bruine hond die mijn enkels likte, had er blijkbaar niets tegen om over zijn gevoelens te praten. 'Niet met een eigen huis, maar ik couch surf als ik de kans krijg. Ik hou van het comfort binnenshuis; ik vind het helemaal niet erg om de regen uit te kunnen. Maar buiten heb je vrijheid en wanneer ik in het bos slaap, voelt dat goed. Alsof ik daar hoor. Maar andere mensen – verdomd, dat is een heel ander verhaal.'

De jongere mannen lachten hem uit, deden alsof ze huilden, de tranen uit hun ogen veegden.

'Hou je kop, jullie. Jullie durven het gewoon niet te zeggen. Jullie zijn de eersten die het bos in trekken en naar de kust, omdat je je daar goed voelt. Mens voelt. Maar andere mensen...'

Een van de jongeren lachte niet meer en keek op.

'We maken maar een geintje, man, we weten het allemaal. Maar mensen, tja, je kunt ze niet vertrouwen, toch? Zelfs als het lijkt of ze willen helpen, kun je hun motieven niet vertrouwen. Het lijkt wel of iemand altijd iets meer te weten wil komen, zodat ze gemakkelijker een stok kunnen vinden om je mee te slaan, om je weg te sturen. En hier, met al die toeristen, nou, hier verpesten wij toch alleen maar het uitzicht? Iedereen wil ons weg hebben. Hoe zou je dat gevoel kwijt kunnen raken? Zou toch verdomd moeilijk zijn? Daarom houden we ons verborgen. Het is anders dan in de grote steden; op het platteland kun je niet op straat slapen, je moet uit het zicht blijven.'

We liepen weg, Moths hand hield de mijne wat steviger vast. Hij wist waar mijn gevoel vandaan kwam, maar voelde zich gewoon niet bij machte me eroverheen te helpen. Vertrouwen. Zo'n glibberig, ongrijpbaar begrip. Als een paling in je handen aan de oever van de rivier: laat een seconde je greep verslappen en hij is al stroomafwaarts, uit het zicht. Wie weet vang je hem nooit meer.

We kochten de straatkrant *The Big Issue* bij de verkoper op de hoek en liepen terug naar het busje met een zak diepvrieserwten en een pak rijst in onze tas.

De winter ging voorbij, het voorjaar kwam en warmde op tot zomer, terwijl ik me op onbeschutte kliffen verborg. Ik verborg me voor andere mensen, verborg me voor mezelf waar de zee altijd in beweging was en de roep van de zilvermeeuwen in de wind nooit ophield. Midzomer: de zonsondergang was het westen voorbij en op weg naar het noorden terwijl ik tussen de rotsen bij het klif hurkte en zag hoe de dassen hun hol uit geschuifeld kwamen en de bosjes in gingen. De nachten waren nu zo kort dat de dassen buiten moesten zijn voordat de duisternis echt inviel, anders zou de zon terugkomen voordat ze genoeg tijd hadden gehad om voedsel te vinden. Het was te vroeg in het jaar voor rijp fruit, te laat voor vogeleieren; ze hadden alle tijd nodig die de korte nachten hun toestonden om de honderden wormen en larven naar binnen te werken die ze elke dag moesten eten. De zon was eindelijk onder de horizon achter me gezakt en de lucht in het zuiden was alleen nog een spiegel voor het wegstervende licht. Licht turquoise blauw dat met de seconde donkerder werd, strekte zich uit van Bolt Head in het oosten naar

Lizard Point in het westen, bespikkeld met dunne wolkjes die daarnet nog laag en wit waren geweest, maar nu helder verlicht werden in reflecties van roze. Kleurige linten fladderden langs de avondhemel, een meiboomdans van licht.

Ik volgde de kleuren die zich achter het land terugtrokken, omlaag naar het dorp, naar het donker van de kerk waar Moth met een huiswerkopdracht bezig was, en naar weer een slapeloze nacht.

'Je weet waar je mee bezig bent, hè?'

'Nee, nee, dat weet ik helemaal niet, dat probeer ik je juist uit te leggen. Waar ben ik dan mee bezig?'

'Zie je dat dan niet? Je bent teruggegaan naar hoe je als kind was, hoe je was toen wij elkaar leerden kennen. Je verbergt je voor de wereld; je zit weer achter de bank. Als je met iets nieuws of een nieuw persoon wordt geconfronteerd verstop je je daarvoor. Bang om de wereld onder ogen te zien. Dat is wat je nu doet.' Moth kwam met deze achteloze psychoanalyse terwijl hij zijn boterhammen met kaas en een schrijfblok in zijn tas voor de universiteit stopte. Maar hij had gelijk. Ik was een verlegen, introvert kind geweest. Altijd op de vlucht om me te verstoppen als er iemand aan de deur kwam; blij en vol zelfvertrouwen buiten, maar afwerend en angstig tegenover mensen. Tot ik hem ontmoette. Toen ik hem beter leerde kennen, was alleen al de blik op zijn gezicht wanneer ik hem in een ruimte vol mensen heen aankeek als een hand die naar de duisternis van mijn schuilplaats reikte en me eruit leidde. Eén blik van hem en ik kon door een kamer vol vreemden lopen alsof ik daar hoorde. Maar hier alleen in de kerk was ik die kracht kwijtgeraakt. Hij had gelijk; ik was weer dat teruggetrokken kind geworden.

'Ik kan niet achter de bank gaan zitten. Die is te klein.'

'Idioot. Je verstopt je achter mij of hier achter in de kerk. Je moet er iets aan doen, voordat het de overhand krijgt. Hoe ben je er vroeger overheen gekomen?'

'Ik leerde jou kennen.'

'Maar er kwam meer bij kijken. Waar ben jij gebleven? Waar is de vrouw die het hele South West Coast Path liep, sterk, vastberaden, die mij terug het leven in dwong, die zorgde dat ik elke dag weer opstond en doorging? Ga haar zoeken, ik weet dat ze er nog is.' Hij zette de tas neer en omhelsde me en ik wilde hem niet laten gaan. Blijf hier en hou me vast, ik voel me veilig als jij er bent. Ik schoof mijn armen onder de zijne en drukte hem tegen me aan. Er was minder van hem; het leek wel of de sterke spieren die me vroeger hadden omvat, bezig waren te krimpen. Ik pakte zijn armen vast en ze voelden veel dunner. Hoe kon het dat ik dit niet eerder had opgemerkt? Te veel met mezelf en met het verlies van mijn moeder bezig om erop te letten? Of hadden de winter en lagen kleding het gemaskeerd?

'Val je af?'

'Ja, dat moet wel, mijn spijkerbroek zit wijder. Ik weet niet hoe het komt, als je ziet hoeveel erwtenrisotto jij me te eten geeft. Maar goed, ik moet weg, ik ben al te laat.'

Ik bleef voor de kerk staan en keek hem na terwijl hij de weg af liep. Hij kwam langzaam vooruit, met een onvast, scheef loopje, en zijn spijkerbroek zat echt slobberig. Hij verdween als zeemist in de warmte van de zon. Onopgemerkt, gewoon stil vervliegend in de ochtendlucht. Ik deed de deur achter in de kerk dicht en ging met opgetrokken benen op de bank zitten. Hoe had ik zo blind kunnen zijn? Zo door mijn eigen zelfmedelijden in beslag genomen dat ik niet had gezien hoe snel hij achteruitging?

Ik moest meer over CBD weten om het voor mezelf te begrijpen, geen genoegen nemen met de brokjes informatie die de artsen gaven. Veroorzaakte de ziekte werkelijk spierafname, of moest Moth meer eten? Of misschien verteerde zijn lichaam het voedsel niet goed. Hij had niets willen weten over de ziekte, nam liever elke dag zoals die kwam. Maar ik kon dat niet meer, ik moest alles weten. Ik had tot nu toe een beetje tijd aan Google besteed, een uur misschien.

Een uur werd een ochtend, en ondertussen spreidde zich op informatiesites en chatfora een levenvretende, lichaamverwringende ziekte voor me uit. De stemmen van mantelzorgers die vertelden hoe het leven van hun dierbaren onherkenbaar veranderde: levens veroordeeld tot rolstoelen, tilliften en rietjes. Totale treurigheid. Niet één keer, tussen al die regels, al die levens, was er een sprankje licht, een woord van hoop. De dag sleepte zich voort. Ik deed de lampen aan en zette nog wat thee; het was nog zomer, maar de zon had zijn korte traject over het kerkraam al afgelegd en verdween uit het zicht. Verhalen van pijn, controleverlies, van dementie. Ik wilde terug, verwijderen wat ik had gezien, niet hebben gekeken. Maar er was geen weg terug. Ik zag de ziekte nu in al haar levensveranderende verschrikking.

Ik klapte de laptop dicht, deed de deur open en zag hoe de regen neerviel in zware druppels die op de bladeren van de klimopmuur stuiterden. Zoveel regen, je zou denken dat de plant zou verdrinken in al dat water. Maar ik wist dat dat niet zou gebeuren: Moth had voor de studie duurzame tuinbouw die hij volgde, gelezen over het verbazingwekkende vermogen van planten om hun eigen reactie op hun omgeving te beheersen, en niet meer water op te nemen dan ze nodig hadden. Uit wetenschappelijk onderzoek was gebleken dat er meer nodig was dan een paar dagen blank staan voordat het inwendige regelsysteem van de plant het niet meer aankon en de plant toch verdronk. Onderzoek. Er moest wetenschappelijk onderzoek naar CBD bestaan.

Uren werden een dag, en vervolgens dagen. Ik hielp Moth in de vroege ochtend met opstaan, moedigde hem aan bij zijn eerste moeilijke bewegingen. Maakte brood met kaas klaar en zwaaide hem uit als hij de straat af liep. Deed de deur open wanneer hij terugkwam, maakte nu eens puree, dan weer pasta, daarna gebakken aardappels, fantastische gerechten van een zak diepvrieserwten en een ei. Studentenvoer, betaald met een studentenlening. En ik studeerde. Zocht mijn weg in een zeldzame ziekte waarover blijkbaar zo weinig bekend is. Terwijl de dagen een week werden, en nog één, volgde ik het onderzoek naar CBD vanaf pogingen manieren te vinden om de diagnose te stellen en vervolgens het verloop van de ziekte te analyseren, via mislukte proeven met medicijnen, naar doodlopende stegen en eindeloze omwegen. Verdwaald in een doolhof van onderzoek, en nog steeds regende het.

Paddy Dillon stond op de plank, zijn boek nog steeds stevig bijeengehouden met het haarelastiek. Daarin, ergens daarin, hadden we een manier gevonden om de ziekte op afstand te houden, maar welke? Er moest een wetenschappelijke reden zijn voor de verbeteringen in zijn gezondheid toen we wandelden; als we konden begrijpen waarom dat was gebeurd, wie weet zouden we dat dan, heel misschien, zo kunnen herhalen dat we onder een dak konden leven én ons goed voelen tegelijkertijd. Ik ging terug naar het begin, om het allereerste ontstaan van de ziekte te begrijpen, om er van onderaf een beeld van op te bouwen. Zo weinig informatie; zo weinig kennis. En ik zat weer in die spelonken te lezen over ziekten die ermee samenhangen, andere levens die zijn veranderd door tau-eiwitten die hun vorm en functie verloren hebben. En daar, weggestopt in een onderzoek naar een bekendere, vaker voorkomende ziekte, vond ik iets, een goudklompje, klein, maar toch iets. Kleine datasets in een of twee willekeurige studies. Ze bewezen heel weinig, maar ik tastte naar dunne, bijna onvoelbare strohalmen, dus ik greep me vast aan de mogelijkheid die deze resultaten vertegenwoordigden en danste de kerk rond.

Ik deed de deur open om een beetje lucht op te snuiven. De klimop drupte, maar het regende niet meer. Daarbuiten in de lege straat kon ik bijna de titelsong van een spaghettiwestern horen spelen en ik verwachtte een bol tuimelkruid langs te zien rollen. Mijn hoofd tolde van het urenlang naar het scherm staren en in kringetjes rondlezen, en de lege, stille najaarsstraten van een dorp in Cornwall werkten bijna kalmerend. Op een normale dag zou ik het aanplakbiljet op de telegraafpaal niet hebben gelezen, en zeker niet hebben overwogen in te gaan op de uitnodiging die daarop stond. Ik zou het opschrift 'WI' hebben gezien en gedacht hebben: nee, ik pieker er niet over om naar het Women's Institute te gaan, en ik zou er zo aan voorbijgelopen zijn. Ik zou zeker niet hebben doorgelezen tot het woord 'bloemschikmiddag' en geen haar op mijn hoofd zou erover hebben gedacht daaraan mee te doen. Maar deze dag was allesbehalve normaal. Op de vleugels van het succes dat ik een snippertje hoop had geggoogeld, was ik de deur van het buurtcentrum al door voordat ik de kans had gehad na te denken over wat ik deed.

In de vierkante, klinische ruimte met magnoliakleurige muren en een klein podium gonsde het van de rondtrippelende oude dames. De tafels die door de ruimte verspreid stonden, lagen vol bloemen, groene oase en ondiepe schalen.

'Hallo, jij bent nieuw.'

'Ja, ik eh...'

'Kom erbij. We maken een bloemstuk voor een zijtafel, na afloop mag je het mee naar huis nemen. Het kost een pond. Ga hier maar zitten.'

Het efficiënte oude dametje was alweer weg en begon oase op maat te snijden voor een schaal; ik ging aan een tafel midden in de ruimte zitten en keek naar de georganiseerde chaos om me heen. Hoe had ik het in hemelsnaam in mijn hoofd gehaald om dit te doen? En een pond, hoe kwam ik erbij?

'Nou, ik weet hier niks van, ik kan niet bloemschikken. Ik geloof ik niet dat ik dat hóéf te kunnen, maar nou ja, ik doe maar gewoon mee! Hallo, jou heb ik nog niet eerder gezien, ben je nieuw?' Een kleine vrouw van mijn leeftijd met rode krullen, kwam bij me aan tafel zitten.

'Nou ja, ik kwam langs en ik dacht...'

'Zo begint het! Nu is er geen ontsnappen meer aan; de dames laten je niet meer gaan. Ik ben hier altijd de jongste, leuk om eens iemand van onder de zeventig te zien. Ik kom en ga hier in het dorp, twee maanden hier, twee maanden in Londen, maar als ik hier ben, vind ik dit heerlijk. Ze nemen me gewoon over. Ze hebben elke dag een programma voor me: lunches, etentjes, WI, kaarten, noem maar op. Maar ze zijn zo ontspannen, ze zetten je niet onder druk. Dankzij hen heb ik echt het gevoel dat ik erbij hoor. Ik vind het heerlijk. Maar jou heb ik nog niet eerder gezien, ben je hier net komen wonen?'

'Nee, ik woon hier al een tijdje, maar ik ken niemand...'

'Of heb ik je op het kustpad gezien? In elk geval, ik ben Gillian, noem me maar Gill. Ben jij goed met bloemen?'

'Nee, niet echt.'

Later, onderweg terug naar de kerk, terwijl ik gegeneerd mijn verfomfaaide bloemstuk over straat zeulde, probeerde ik voor mezelf uit te maken waarom ik het een goed idee had gevonden om een WI-bijeenkomst binnen te lopen. Daar was geen antwoord op, dus ging ik maar weer googelen naar research.

'Moth, dit moet ik je vertellen, dit is zo belangrijk.'

'Wat is dat? Het ziet eruit alsof je onkruid in een schaal hebt gesmeten. Wat is daar belangrijk aan?'

'Niet dat, maar het is geen onkruid, het is inheemse Britse flora.'

'Waar heb je het over?'

'Laat die bloemen nou maar. Ik heb research gedaan naar wetenschappelijk onderzoek over CBD, om een antwoord te vinden op de vraag waarom het zo goed met je ging toen we wandelden, en waarom je nu zo snel achteruitgaat.'

'Ik dacht dat je dat niet had gemerkt. Ik heb geprobeerd het voor je te verbergen.'

'Hoe kun je je voor mij verbergen? Dat heb je nooit gedaan. Ik ben degene die zich verbergt.'

'Dat weet ik, maar ik weet ook dat jij het moeilijk hebt met wonen in het dorp en met je moeder en alles.'

'Nou, vergeet dat even, dit is belangrijker.' Ik zette thee, ging aan de tafel zitten en vertelde over een onbekend en klein onderzoek dat bij alzheimerpatiënten gedaan was.

'Maar dat is geen CBD, dus waarom is het relevant?'

'Omdat alzheimer een tauopathie is, anders dan CBD, ja, maar het gaat ook over tau-eiwit dus er zou best een overeenkomst kunnen zijn.' Ik toonde hem het onderzoek en liet hem lezen over patiënten met alzheimer die conditietraining hadden gevolgd en op wonderbaarlijke wijze bepaalde cognitieve vermogens terug hadden gekregen waarvan artsen hadden gedacht dat ze voorgoed verloren waren.

'Snap je het niet, dat was het pad voor ons: extreme conditietraining. We liepen kilometers per dag. Met een zware rugzak en op een heel beperkt dieet. Het is hetzelfde.'

'Nou, misschien...'

'Denk er eens over na, denk er eens goed over na.'

'Maar ik doe al elke dag fysio-oefeningen en ik loop de meeste dagen wel een aantal kilometers. Wat stel je voor? Dat ik mijn studie opgeef, een ander pad zoek en blijf lopen? Dat ik gewoon voorgoed blijf lopen? Ik weet niet of ik dat kan.'

'Ik weet het, ik weet het. Maar dat is niet alles, er is meer.'

'O...'

'Ik heb pagina's en pagina's wetenschappelijke verhandelingen gelezen waaruit blijkt hoe belangrijk het voor onze lichamelijke en geestelijke gezondheid is om in de natuur te zijn.'

'Dat weet iedereen.'

'Ja, maar het heeft me aan het denken gezet waarom dat zo is. Wat is er dan precies goed voor ons? Niet alleen dat het ontspannend is. Dat ook, maar er is meer. Kijk hier eens naar, lees dit ene onderzoeksverslag. Het is het enige dat ik kan vinden, maar...' Ik draaide het scherm van de laptop naar hem toe; daarop stond de samenvatting van een onbekend onderzoek. 'Is dit niet wat jij net op de universiteit hebt gehad? De chemicaliën die planten uit hun bladeren uitscheiden, ik weet niet meer hoe je ze noemt?'

‘Secundaire metabolieten. Planten scheiden ze uit om zichzelf tegen hun omgeving en schadelijke dieren en zo te beschermen.’

‘O, oké, maar wat je als ontbijt hebt gegeten, kun je je niet herinneren.’

‘Weetabix.’

‘Dat is te makkelijk. Je eet altijd Weetabix. Hoe dan ook, uit dit verslag blijkt dat mensen ook interacteren met die chemicaliën van planten. Volgens de onderzoekers is er echt een chemische reactie tussen ons lichaam en plantenemissies. Ik bedoel, lees het gewoon even.’

‘Ik wilde eigenlijk gaan eten, maar oké.’

Ik zette nog een keer water op en keek naar Moth terwijl hij zich op het computerscherm concentreerde en er een glans van inzicht over zijn gezicht kwam. Ik schonk het water in de koppen. Ja. Misschien was dit niet alleen maar mijn eigen wensdenken.

‘Het is maar een kleinschalig onderzoek. Mijn natuurkundedocent zou zeggen dat er veel meer onderzoek nodig is om te kunnen zeggen dat dit sluitend bewijs was, maar je kunt niet aan zijn uitkomsten twijfelen. Hij heeft echt een chemische verandering geregistreerd bij de patiënten, wanneer ze hun oefeningen in een natuurlijke omgeving deden.’

‘Precies. Dit bewijst het toch zeker, het bewijst wat ik altijd heb gedacht. We hebben de planten nodig, het land, de natuurlijke wereld; we hebben dat echt, fysiek nódig. Ik ben ervan overtuigd dat dit een deel van het antwoord is op de vraag waarom jouw gezondheid zoveel beter was toen we wandelden. Dat moet wel.’

‘Ging het echt goed met me? Ik weet het bijna niet meer. Er zijn stukken van de wandeltocht die ik me helemaal niet voor de geest kan halen.’

‘Dat meen je toch niet? Ik herinner het me alsof het vorige maand was. Hoe kan het dat jij wel dingen van je studie kunt onthouden, maar niet van onze wandeltocht?’

'Nou, ik meen het echt en ik heb geen idee waarom ik het ene wel kan onthouden, maar iets anders niet.'

Al die nachten van wind en sterren, de pijn, de honger, de levensveranderende schoonheid: hoe kon hij dat zijn vergeten? Hij was het centrale punt, de as waarom de kompasnaald van mijn leven draaide. Zonder zijn bewuste, wetende aanwezigheid zou mijn leven geen richting hebben; dan zou ik verdwalen in een duisternis waaruit ik nooit een uitweg zou vinden. Zijn vervagende geheugen opende een bodemloze put van verlies waarin geleidelijk alle herinneringen van ons lange leven samen gezogen zouden worden. Snel deed ik het deksel dicht. Niet vandaag, geen enkele dag.

'Je moet meer bewegen, je moet veel meer doen dan je nu doet, en je moet vaker buiten zijn. We hebben planten nodig, we hebben groen nodig.'

'Dus daarom hebben we dat onkruid in een schaal op tafel staan?'

'Nee, dat is een heel ander verhaal; ik geneer me bijna te erg om je dat te vertellen. Zullen we maar liever gaan eten?'

De maan trok een boog over de slaapkamermuur en koos een voor een de kleuren van het glas-in-loodraam, terwijl ze langzaam door de nacht schoof. Ik voelde bijna de diepe, lage toon van een schip dat de haven uit voer en koers zette naar zee, de dreun van de motoren die tegen de kliffen vibreerde. Het moest vloed zijn, de donkere, onzichtbare dieptes van het water die een schip met duizenden tonnen porseleinklei naar de monding van de rivier droegen en aan de weidse oceaan overgaven. De Fowey River is een diepzeehaven waar enorme vrachtschepen tussen de pittoreske plaatsjes Fowey en Polruan door kunnen varen, een korte route landinwaarts naar de kleioverslag van Bodinnick. Per jaar wordt er vanuit de porseleinkleigroeven van Centraal-Cornwall wel 750.000 ton klei met vrachtwagens naar de overslag gebracht en vervolgens overgeladen in grote metalen tankers die onder het gewicht van hun enorme lading diep in het water liggen wanneer ze op weg gaan naar havens in Europa en verder.

De stoot op een scheepstoeter seinde dat het schip veilig de rivier af was gevaren. Maar ik hoorde hem nauwelijks. De stem klonk luid in mijn oren, hield de slaap buiten en maskeerde elk ander geluid. Snel, ongrijpbaar, luid in zijn stilte, vloog een sperwer voorbij op het vroege morgenlicht, meer een uiteengaan van lucht dan een zichtbare beweging, een sensatie van geluid zonder volume. De stem van een gevoeld antwoord, van een emotie waarvoor geen woorden waren.

10

Antimaterie

'Hé, alweer hier, dit is de enige plek waar ik je ooit zie.' Gill had gelijk. Sinds de dag dat we elkaar aan de bloemschiktafel hadden leren kennen, had ik haar maar twee keer gezien, en beide keren had ik op deze bank aan de rand van het klif gezeten.

'Ik weet het. Het is zo open hierboven, zoveel ruimte, ik kom hier bijna elke dag.'

'Dit is jouw plek, jouw dunne plek.'

'Dun?' Ik had daar een keer eerder van gehoord in een abdij op het Schotse eiland Iona, maar dat zei ik niet: het gesprek zou te lang worden en het zou me mijn tijd alleen op de bank kosten.

'Ja, dat is een begrip uit de Keltische spiritualiteit, het idee van een plek waar de grens tussen het nu en wat daarna komt dunner is, waar je dichter bij God bent.'

'Nee, het spijt me, maar ik geloof niet in God, of in het hiernamaals. Alleen in de koolstofcyclus: we leven, we sterven, de moleculen gaan in een andere vorm verder.'

'Nou, noem het wat je wilt, maar volgens mij is deze plek behoorlijk dun voor jou.'

We waren halverwege de twintig, ons leven samen was nog nieuw en de mogelijkheden waren eindeloos toen we van de veerboot vanaf het vasteland van Schotland liepen en voor het eerst voet op het eiland Mull zetten. De oude rode rugzak, die ik later in de voorbereidingen voor onze wandeltocht over het South West Coast Path zou afdanken voor een kleinere lichtgewicht, was toen nog vrijwel nieuw, de vakken waren nog waterdicht en de gespen glommen nog. We waren twee jaar getrouwd en hadden eindeloze avonden na het werk besteed aan het afwegen van gedroogd voedsel in kleine porties en het verpakken van alle andere spullen in plastic zakken, als voorbereiding op een voettocht met rugzak over het eiland Mull naar Iona in het westen. In die twee jaar samen hadden we tochten gemaakt door het Lake District, waar we op campings overnachtten en bergen beklommen. We waren van de Midlands naar een natte en moerassige berg in Midden-Wales gefietst, blij met de B&B's die we elke avond vonden. Talloze wandel-, fiets- en kampeertripjes daartussenin hadden ons ervan overtuigd dat we iets anders moesten doen, iets spannenders, iets wilds. We hadden een keer een wildkampeertripje naar de afgelegen, onbewoonde uitgestrektheid van Knoydart in de westelijke Schotse Hooglanden geprobeerd, maar helaas hadden we ervoor gekozen om in augustus te gaan. Onvermijdelijk hadden we de aftocht moeten blazen, achtervolgd door een meedogenloos leger muggen en bloeddorstige teken en we hadden ons wilde avontuur opgegeven om weer in hotels te logeren waar de stekende zwermen buitengesloten werden. Maar deze reis zou het anders gaan. We waren overal op voorbereid en het was later in het jaar, dus donkerdere avonden en minder insecten.

Na een paar dagen werd het wildkamperen minder onwennig. We zetten de tent op de verlaten, stenige oever van Louchbuie, stil en donker in de schemering. We waren volkomen alleen in de afgelegen wildernis, keken naar de sterren terwijl een insectenwerende spiraal smeulde in de vilten hoed van Moth, waar de rook doorheen filterde, zodat wij muggenvrij bleven en zijn hoed tegelijkertijd insectenwerend werd. Bij het vallen van de avond kwamen de scholeksters die, eerst samen in lawaaiige groepen, maar dan stil terwijl het laatste licht verdween, in rijen langs de kust renden, allemaal tegelijk hun kopjes in het water doopten terwijl hun oranje poten flitsten, tot de totale duisternis een stilheid naar de rand van het water bracht. De donkere, imposante ruïne van de toren van Moy Castle die op de landtong stilletjes bezweek onder de eeuwenlange bestorming door weersystemen, werd een silhouet in het maanlicht.

De volgende morgen, toen een zweempje ochtendlicht over het door de wind gerimpelde loch viel, werden wij wakker van een gebrul diep uit een keel, een geluid van aarde en heide, de roep van veenmoerassen en rotspunten. Voor de tent, iets beneden ons aan de oever, schudde een edelhert zijn brede, vertakte gewei en burlde het uit in de vroege morgen, als aankondiging van het begin van de bronstijd, een hees samengaan van zijn leven met de wilde vrijheid van de bergen.

Dagen later, tussen de rotsen op de top van Ben More, het hoogste punt op Mull, keken we uit over het landschap onder ons, met zijn golvende heuvels en glinsterende lochs. Een laken van weelderig groen lag uitgespreid over oeroud vulkanisch land en viel zacht omlaag naar de zee. En daar rees, op een golf van opgaande lucht, zonder een vleugel of veer te bewegen, de grote, angstaanjagende, schitterende vorm van een steenarend. Roestbruin glanzend in de middagzon vulde zijn silhouet het landschap terwijl hij op ooghoogte voorbijvloog, zonder onze aanwezigheid in zijn ruimte zelfs maar te erkennen.

We bereikten Iona nadat we ons door de tassen voedsel heen hadden gegeten, kristalhelder water uit de beekjes hadden gedronken en in de stilte van de heuvels een kracht hadden gevoeld die ons van top tot teen vervulde. Verzadigd door de lege omgeving waar we doorheen gekomen waren, hadden we geen woorden om dat gevoel vast te houden, maar die hadden we ook niet nodig. Het gevoel van heelheid was genoeg. We liepen in de richting van de abdij, zoals elke bezoeker dat doet, maar in ons geval was het uit nieuwsgierigheid en niet uit religieuze overtuiging. Dit centrum van het christendom, dat al bestaat sinds de heilige Columba de religie in de zesde eeuw naar het eiland bracht, is een geliefde plek voor gebeden en bezinning. We hadden er niet heen moeten gaan. Het was geen plek voor ons.

'Zijn jullie hier om te bidden?' Een bewoner van de abdij sprak ons aan toen we het klooster binnengingen.

'Nee, alleen om te kijken.'

'Dit is niet zomaar een toeristische bezienswaardigheid, het is een centrum van religie, geloof en christelijke gemeenschapszin.'

'Ik weet het, maar we komen net van Mull, we hebben een ongelooflijke ervaring beleefd in de wildernis, bijna iets spiritueels. En we waren op weg hierheen; Iona was ons doel. Over een paar dagen zijn we weer in het zuiden.' Moth, die zoals altijd zonder aarzelen openhartig zei wat hij dacht. Ik hield me op de achtergrond; ik voelde al waar het gesprek naartoe ging.

'Er is geen spiritualiteit zonder God. Je zult daarbuiten geen dunne plek vinden; die is hier, in dit gebouw, waar mensen al eeuwenlang God vereren. Hier zul je vinden wat je zoekt.'

'Ik geloof niet dat ik iets zoek, eigenlijk. Ik sta gewoon open voor wat zich aandient. Wat is een dunne plek? Is dat iets geologisch?'

Ik legde mijn hand op Moths arm. Dit gesprek hoefden we niet te hebben.

'Een dunne plek is waar de mens dicht bij de andere wereld kan zijn, bij het rijk van God. Dat is hier.'

'Voor u misschien.'

Ik trok hem mee. Het was niet nodig de discussie aan te gaan met het geloof van iemand anders, alleen maar omdat het niet het onze was. Er was geen goed of fout, alleen geloven of niet.

Voorbij de abdij leidde de weg ons over het eiland heen, door het boerenland van weelderig gras en gedroogde bloemen naar een weidse uitgestrektheid van zand en kiezels: de Bay at de Back of the Ocean. Daarna is er geen land meer, alleen de ritmische deining van de Atlantische Oceaan. We gingen aan het water zitten, de zon ving de brekende golven op zee die zich een weg zochten door de stenen om ons heen. Tussen de gladde, veelkleurige kiezels die we in onze handen omdraaiden, zaten kleine, volmaakt groene stukjes millennia oude steen. In een folder die we ergens hadden meegenomen, stond dat deze kiezeltjes 'St. Columba's tranen' werden genoemd.

'Deze zijn het land zelf, ouder dan Columba, ouder dan de mensheid. Dit is wat wij zijn, dit land, hier komen we vandaan. De dunne plek is hier, hij is altijd hier. Deze plek tussen de steen en mijn vingers, dit is de plek waar ons bewustzijn en de aarde niet te scheiden zijn.' Moth hield de groene steen omhoog naar het zonlicht.

Ik keek naar hem, zoals hij daar op het strand lag, met zijn diep nadenkende gezicht, de versleten, stinkende kleren die hij al twee weken aanhad, een slordige, half uitgegroeide flossige baard die overging in warrig haar. Hij was mijn dunne plek, al zou hij nooit de diepte daarvan kennen: de plek waar alles duidelijk werd en waar geen scheiding bestond tussen werelden of tijd.

We verlieten Iona zonder te beseffen dat er niet meer van dit soort tochten zouden komen, of dat we binnenkort een babyzitje op onze rug zouden hijsen, of dat de volgende keer dat we onze rugzakken inpakten vijfentwintig jaar later zou zijn, onder heel andere omstandigheden.

Ik liep terug naar de kerk waar Moth zat te studeren en wij weer erwtenrisotto zouden eten. Het idee van de dunne plek was tientallen jaren niet in mijn hoofd opgekomen, maar opeens stond de tijd die we op het kustpad hadden doorgebracht me weer helder voor de geest. Ik voelde ze nu, de weken van landtongen en luchten, de nachten van sterren en regen, de geur van het weer dat vanuit zee geblazen kwam. Ik had toen iets gevoeld, een dunheid tussen de wilde wereld en de menselijke, tussen vrijheid en beperking. Wij hadden over de barrière tussen die werelden gelopen en iets gevoeld van onze natuurlijke staat van zijn. Een wilde band met het land aangeraakt en die vastgehouden in het stof op onze handen. We waren niet meer dezelfde mensen die aan die wandeltocht begonnen; we waren in allerlei opzichten onmeetbaar veranderd. De echo van dat gevoel was de kern van de problemen die ik had met het leven in het dorp, hij zat in de koude, donkere aarde onder de dennenbomen op het landgoed toen mijn moeder stierf, hij zat in het kleine meisje in de wilg dat toekeek hoe de wilde wereld voorbijkwam. Ik had een dunne plek aangeraakt en kon niet meer terug.

Moth lag op bed toen ik de kerk binnenkwam, wat vreemd was, midden op de dag.

'Wat is er aan de hand? Ik dacht dat je die opdracht moest afmaken?' Ik probeerde mezelf te bedwingen; het leek wel of ik het tegen een van de kinderen had, die geen huiswerk wilde maken.

'Ik ben zo duizelig; elke keer als ik naar het computerscherm kijk, is het of ik wagenziek ben. Ik moest gewoon gaan liggen.'

'Dat kun je niet doen! Je moet opstaan en oefeningen doen, dat helpt, ik weet het zeker.

'Snap je het dan niet? Dat kan ik niet. Ik heb het gevoel dat ik ga omvallen.'

Nee, dit gebeurt niet, sta op, laat dit niet gebeuren, sta gewoon op. De dokter had uitgelegd dat Moths onregelmatige laterale oogbewegingen ook een symptoom van CBD waren, maar we hadden ons niet gerealiseerd hoe snel dat symptoom zou verergeren of wat het zou betekenen. Als Moth de regels op het scherm probeerde te lezen, gingen zijn ogen hevig heen en weer, waardoor hij zich wagenziek ging voelen.

'Nee, ik zet een kop thee voor je en je moet opstaan; we gaan een wandeling maken, het dorp uit, het zonlicht in. Ga nou maar rechtop zitten.' Mijn eigen woorden sneden dwars door me heen. Ik wilde zo wanhopig graag die deken over hem heen trekken. Ik had de gordijnen dicht willen doen, als we die hadden gehad, het hem gemakkelijk willen maken, hem willen laten rusten, willen aanvaarden wat er gebeurde. Dat deed ik niet; ik zette water op. 'Ga zitten, drink dit op, we gaan vanmiddag wandelen, kom overeind.'

We rusttten even uit op een bank halverwege de heuvel. Moth liet zich zwaar op de met korstmos bedekte houten latten zakken. Een eindje van de landtong cirkelden jan-van-genten rond, ze gleden soepel door de lucht. Cirkelend, cirkelend, dan, in één machtige beheerste beweging, trokken ze hun wijde vleugels strak tegen hun zij, strekten hun lange snavel en geel gevlekte kop tot één lijn zo strak als een ijssplinter en lanceerden zichzelf het water in. Direct, onmiddellijk, een gedachte, een actie, een vis.

'Hoe voel je je?'

'Iets beter.'

'Laten we doorlopen dan.'

'Ik denk dat ik het computerwerk in gedeelten moet doen. Niet langer dan een halfuur achter elkaar, dan een pauze en dan weer verder.'

'Alles wat werkt. En wandelen, je moet wandelen. Denk er eens aan hoeveel beter je je voelde op Golden Cap. Toen we het zuidelijke deel van het pad begonnen te lopen, dachten we dat alles voorbij was en dat jouw dagen geteld waren, maar al na twee weken sprong je op dat monument en dansten we samen. Weet je nog?'

'Ik kan me Golden Cap niet echt herinneren.'

'Natuurlijk wel.' Vergeet het niet, je mag het niet vergeten. Ik zag hoe die wilde, door wind gevormde zomers van hem af gleden als een ijslolly van een stokje op een zonnige middag. Als we die herinneringen niet bijeenhielden, zou dan al het leven daarin uit het zicht glijden, tot alleen de vage contouren overbleven?

'Deze bank doet me een beetje denken aan de bank waar we die oude mannen met de bramen tegenkwamen.'

'Welke oude mannen?'

'Die mannen kun je niet vergeten zijn. In mijn herinnering is onze ontmoeting met hen een van de meest ontroerende momenten van de hele wandeltocht. Ik ben altijd vast blijven houden aan wat een van hen zei. Zelfs nu nog voel ik dat dat onze wandeltocht wás, het omvatte alles.'

‘Ik kan het me niet voor de geest halen. Waar was het?’

‘Vlak na Zennor, na die dag vol water, toen we dachten dat we zouden verdrinken door alleen maar adem te halen. Toen de hemel zo laag hing dat we bijna in de wolken liepen, je kon voor je of achter je niets zien, alleen natte lucht. De dag daarna, toen het nog mistig was maar voelde alsof de regen elk moment terug kon komen.’

‘Ik herinner me de regen, maar toch... die mannen... nee... het komt niet terug.’

‘We zaten op een bank, het was vroeg in de ochtend en we hadden net gekampeerd op Zennor Head, in die wei met koeien. Twee oude mannetjes kwamen omhoog uit de inham beneden en een van hen had een tupperware bakje met bramen.’ Alsjeblieft, vergeet dit niet. Hoe kun je dit uit je geheugen laten glippen? Het zou voor altijd een diamant in je zak moeten zijn. Iets om vast te houden op donkere dagen, een fortuin op de bank van het leven. ‘Hij bood ons een braam uit het bakje aan, en wij wilden die eigenlijk niet, want de bramen die we al hadden gegeten waren wrang en scherp. Maar deze braam was totaal anders dan we ooit eerder hadden geproefd. Hij was rijk en paars, een hapje rijpe herfst, volmaakt van smaak. Toen zei hij het.’ Ik leunde achterover en wachtte tot hij het zich herinnerde.

‘Zei hij wat? Laat me nou niet bungelen.’

Mijn keel was dik door tranen van verlies en door angst voor verlies dat nog moest komen. Hij had een moment laten glippen dat zo helder in mijn boom van herinnering hing te stralen dat ik de gloed ervan op elke donkere plek kon vinden. Maar voor hem was het licht gedoofd en verdwenen.

‘Hij legde uit hoe die bramen zo anders waren geworden, hoe ze aan hun fantastische smaak kwamen.’

Ik slikte moeizaam. Dit kon niet waar zijn. Als dit al weg was, wat dan nog meer?

‘Hij zei: “Je moet wachten tot het laatste moment, dat moment tussen volmaakt en overrijp. En als precies dan de mist komt, die de zoute lucht zachtjes om de vruchten legt, heb je iets wat voor geen geld te koop is en geen chef kan creëren. Een volmaakte, licht gezouten braam. Je kunt ze niet maken; de tijd en de natuur moeten ze meebrengen. Ze zijn een geschenk wanneer je denkt dat deze zomer voorbij is en al het goede is verdwenen. Ze zijn een geschenk."' Ons pad, onze grootse wandeltocht, gleed van hem weg. Hou het vast, Moth, hou het stevig vast; het is van ons, ons heldere licht in de chaos van ons leven. Laat het niet los; het was van ons, ons geschenk van de tijd en de natuur.

'Dat is een prachtig verhaal.'

'Het is geen verhaal.' Ik keek naar de jan-van-genten, snel en scherp, en mijn geest zweefde langs het pad over de dagen tussen Zennor Head en Land's End. We hadden op die blokkerige granietrotsen voorbij Land's End gestaan met nog maar een paar pond en een Marsreep op zak. Alleen wij tweeën, alleen aan de rand van de Atlantische Oceaan, met alleen die twee natte lapjes nylon tent om ons te beschutten tegen wat het weer op ons af stuurde. We hadden het toen kunnen opgeven, op de bus kunnen stappen en de ontberingen van het pad de rug kunnen toekeren, om te gaan couch surfen bij vrienden en familie en te wachten tot er een sociale huurwoning vrijkwam. Maar dat deden we niet. Moths gezondheid was verbeterd op een manier die, naar ons was verteld, onmogelijk was, en het pad had ons iets gegeven waarvan we hadden gedacht dat we het nooit meer zouden voelen. Hoop. Daaraan hadden we ons vastgeklampt en we waren verder gewandeld, op weg naar een toekomst die we niet konden zien.

'Zullen we doorlopen?'

'Ja, waarom niet, zolang de zon nog schijnt.'

Hoop. Ik hield hem warm tegen mijn hand, een gladde, ronde, door de zee afgeslepen kiezel van mogelijkheid.

Aan het begin van de avond ging ik de kerk uit, alleen van plan naar het Block House aan het eind van de straat te wandelen, een oude uitkijktoren op een rotsplateau dat uitsteekt in de monding van de rivier. Maar toen ik het ijzeren hek achter me dichtdeed, kwam Gill net voorbij.

'Hallo! Wat heb ik jou lang niet gezien. Moet vlug door, maar ik heb een soort feestje bij mij thuis morgen. Heb je zin om te komen?'

'Ik, eh, ik bedoel, nou… ja oké.'

Ik stond met een fles wijn in mijn hand voor de deur van iemand die ik nauwelijks kende, en dat veroorzaakte een onregelmatig gebonk in mijn borst. Het was of ik niet normaal kon ademhalen en alles danste voor mijn ogen. Wat deed ik hier? Ik keek de straat af naar de opening tussen de huizen waar de veerboot langzaam de aanlegplaats binnentufte om plaatselijke bewoners terug te brengen van de apotheek en de kapper in Fowley en toeristen naar en van hun *cream tea* te brengen en te halen. Ik zou op die veerboot kunnen zitten; als ik me nu omdraaide, kon ik de straat af rennen en op de boot zijn voordat iemand wist dat ik op de deur had geklopt. Te laat: de deur was al open.

'Hallo, kom binnen, ik moet zeggen, ik had niet verwacht je te zien.' Had ik weer eens een of andere sociale code verkeerd begrepen, en was de uitnodiging alleen maar een beleefd gebaar geweest, geen echte invitatie en hoefde ik hier eigenlijk niet te zijn? 'Laat me je aan iedereen voorstellen.' Te laat: ik was binnen.

Een kamer vol mensen. Donkere, zware gordijnen voor hoge ramen op het noorden, opengetrokken maar nog steeds donkere hoeken. Mensen op banken en in leunstoelen. Mensen die in groepjes bij elkaar stonden, met een wijnglas in de hand, lachend. Mensen op hun gemak in het gezelschap. Ik bleef aan de rand terwijl Gill me rond de kamer probeerde te leiden.

'Sarah en Marion, dit is Ray, maar ze woont een eindje verderop in jullie straat, dus jullie kennen elkaar vast al.'

Een van hen had ik al eens eerder gezien, Marion, een broze

oudere dame met spierwit haar, maar niet Sarah, de beweeglijke, levendige vrouw van in de vijftig die bij haar was.

'O, hallo, ben je nieuw? Ik heb je niet eerder gezien.' Marion bleef in haar stoel zitten, maar stak haar hand uit, niet om de mijne te schudden, maar om hem in haar koele, zachte greep te houden.

'Eh, niet echt, ik ben al een tijdje hier.' Ik had het witte haar van de oude dame wel eens op zonnige dagen in haar tuin gezien, maar was dan haastig doorgelopen, in de hoop dat ze me niet zou aanspreken.

'En dit is Simon.' Een rustige, glimlachende man van in de zestig. Er was iets aan de manier waarop hij bewoog, iets in de manier waarop Gills gezicht oplichtte, toen ze hem voorstelde...

'Hallo. Dus Simon is je partner?'

Even leek ze te schrikken en ze keek snel om zich heen.

'Nee, nee, nee.'

'Gill is een heel goede vriendin. Wij zijn al heel wat jaren bevriend, hè Gill?' Simon liep glimlachend weg. Er was iets in die ontkenning...

Sarah gleed tussen de anderen door met de zelfverzekerde, soepele beweging van iemand die haar positie in het gezelschap kent, en begon meteen een gesprek.

'Dus wie ben je, waarom heb ik je niet eerder gezien, waar kom je vandaan, wat doe je de hele dag dat je zo onzichtbaar blijft?'

In één zin alle vragen die ik vreesde.

Deze mensen konden al die mensen zijn geweest die ik op het kustpad was tegengekomen, ieder van hen kon de persoon zijn geweest die zijn hond aan een rollijn naar zich terug had getrokken toen ik vertelde dat ik dakloos was, of die me een schop had gegeven toen ik munten had laten vallen en neerknielde om ze op te rapen. Zelfverzekerde, zelfbewuste mensen van middelbare leeftijd, zeker van hun positie in de maatschappij, in het dorp, in hun eigen leven. Hoe kon ik ook maar op een van hun vragen antwoord geven zonder bang te zijn dat wat we hadden meegemaakt toen we liepen, weer zou gebeuren? En van deze mensen kon ik niet weglopen, zoals we dat op het pad deden; ik zou ze in het dorp blijven tegenkomen, zolang we hier woonden.

'Ik ben... We...' Ik kreeg de woorden niet op een rij. Ik kon niet zeggen: 'Ik had een huis, een plek waar ik van hield en waar ik mijn hele leven in had gestopt, mijn hele zelf, maar ik ben het kwijtgeraakt, en je hebt me niet eerder gezien omdat ik juist heb geprobeerd dit moment te vermijden. Het moment dat iemand me vraagt om mezelf te verklaren.' Er zaten drie mensen op de groene velours bank die bijna helemaal tegen de muur aan geschoven was. Ik had een meisje gekend dat zich daarachter zou hebben gewurmd en zich in het donker zou hebben verstopt om niet te hoeven praten, geen vragen te hoeven beantwoorden. De kamer schemerde voor mijn ogen en ik wilde niets liever dan bij haar kruipen. Moth had gelijk gehad, zoals altijd: ik was weer dat kind geworden. 'Ik ben met mijn man hierheen gekomen vanuit Wales. Hij studeert aan de universiteit.'

'En jij? Je hebt het vast heel druk, anders was ik je wel tegengekomen.'

Druk met me verstoppen. Druk met mijn worsteling tussen baksteen, leisteen en beton, terwijl alles wat ik nodig had groenheid was en wind en kraaien die opvliegen uit hoge bomen en mussen die kwetteren in een haag vol verschuivend zonlicht. Ontmoet me op het pad en ik kan je vertellen wie ik ben, waarom ik ben. Maar niet hier, niet in een kamer vol mensen waar ik mezelf heb gedwongen binnen te gaan om los te komen uit dit vreemde niet-verbonden-zijn. Wat ik deed? Wat dacht ik eigenlijk dat ik deed? De stapel afwijzingen voor banen was zo hoog geworden dat er nog maar weinig vacatures in de regio waren waarop ik niet had gesolliciteerd, en ik wist dat ik al bijna opgehouden was met zoeken. Maar terwijl ik over haar vraag nadacht, besefte ik dat ik heel voorzichtig, bijna alsof ik het voor mezelf probeerde te verbergen, wél wist wat ik deed. Ik zag mezelf in de donkere keuken van de kerk zitten, met de toetsen van de laptop glad onder mijn vingers, terwijl ik onderzoeksverslagen las, patronen over het toetsenbord trok, levens natrok. Dit inzicht ving me in een opstijgen van lucht, een warme thermiek onder de uitgestrekte vleugels van een meeuw, tot die zich op de wind omdraaide, van de kliffen wegboog en vooruit naar de open zee dook. En toen ik mijn mond opendeed om te antwoorden, kwamen de woorden er zomaar, onverwacht en onaangekondigd uit:

'Ik heb wat research gedaan, maar nu denk ik erover om te gaan schrijven.'

'O, wauw. Gill...' Haar stem klonk nu luider. 'Gill, je hebt me niet verteld dat Ray schrijfster was.'

Alle hoofden in de kamer keerden zich nu naar mijn donkere hoek bij het gordijn. O shit. O shit, shit, shit.

Weg van het dorp en het feest en de mensen, op een pad tussen hoge meidoornhagen, zwaar van de trossen rijpe bessen, leunde ik tegen de berm van gras en varens die zich naar de herfst begonnen te krullen. Alleen de zijkanten van de haag waren dat jaar gesnoeid, en de bovenkanten waren hoog over het pad heen uitgegroeid en ontmoetten elkaar bijna, als een groene tunnel van takken die naar de weg leidde. Ik voelde me klein daarbinnen, veilig en verborgen. Hetzelfde kleine kind dat de afwateringsgeul midden in het natte weiland binnen was gegaan, een donkere, geheime plek.

Het was het begin van de middag in de herfstvakantie. Mama zat in de stoel te dutten en papa stond op het erf met een verkoper te praten, terwijl hij naar flessen en blikken achter in diens busje keek. Daar wilde ik ook gaan kijken. Ik had al die felgekleurde vaten met plaatjes van een schedel en gekruiste botten erop niet eerder gezien; die waren nieuw. Maar papa stuurde me weg en ik liep het weiland in. Beneden het huis en de schuren, voorbij de varkensstallen waar de Large White-zeugen op hun achterpoten stonden en met hun voorpoten over de muren hingen te wachten tot ze gevoerd werden, als rijen oude dames die over het tuinhek heen stonden te kletsen. Een veld dat een groot deel van de winter onder water stond, als zware regenbuien ervoor zorgden dat de beek buiten haar oevers trad en het lagergelegen land overstroomde. De schapen werden hier maar af en toe in gelaten; het was te nat voor ze, hun poten gingen ervan rotten: een soort stinkende, slijmerige versie van voetschimmel. Het was meestal leeg en stond vol hoge grassen en wilde bloemen. Tapijten van moerasspirea, knoopkruid en weegbree, terwijl de heggen uitpuilden van lievevrouwebedstro. En dwars erdoorheen: de afwateringsgeul.

Daar klom ik in, langs een stenig stukje dat treden vormde in de bijna verticale zijkanten. De bodem van de geul was breed genoeg om over te lopen, maar de zijkanten reikten tot een heel eind boven mijn hoofd. Als volwassene besefte ik dat de geul niet veel meer dan één meter tachtig diep was, maar voor mij als kind was het een donkere tunnel. Op zomerdagen kwam het water op de bodem tot net boven mijn enkels, maar in de winter stond hij tot de rand toe vol en stroomde hij zelfs over. Overal in de zijwanden zaten gaatjes en ik bleef altijd staan wachten tot ik een bruin, buisvormige lijfje uit een gat zag floepen en in het water zag vallen. Even waren het ronde kopje en de korte staart van een woelmuis in het water zichtbaar, voor het beestje in de begroeiing op de zijkant verdween. Ik had mijn broekzak volgestopt met gerst uit de zakken bij de graanmolen, waar de korrels tot poeder werden vermalen om aan de varkens te voeren; nu haalde ik er wat uit, legde in de opening van elk tunneltje een stapeltje korrels en wachtte tot de woelmuizen terugkwamen. Dit had ik al vaak gedaan, maar uit angst voor een standje omdat ik in de geul was geweest, had ik nooit iemand iets over de woelmuizen verteld. Die dag kwam er niet één woelmuis terug, maar vijf. Ze zwommen door het water, klauterden tegen de zijkant omhoog en keken argwanend om zich heen voordat ze een hapje graankorrels weggristen en in de gaten verdwenen. Ik was opgetogen. Vijf woelmuizen.

'Mama, papa, jullie raden nooit wat ik heb gezien. Vijf woelmuizen; en ze zijn zo dik en ze hebben een kort zwart staartje.'

'Het zullen wel ratten geweest zijn.'

'Nee, ik weet dat het woelmuizen waren, ze staan in mijn boek over de Britse fauna. Het zijn net kleine bevertjes.'

'Waar zijn die ratten?'

'In de afwateringsgeul.' Ik zei het zonder nadenken, maar wist meteen dat het een vergissing was.

'Wat? Ben je in die geul geweest? Je weet dat je daar niet in mag. Ga naar je kamer en blijf daar.' Terwijl ik naar boven ging, hoorde ik mama nog. 'Ruim ze uit de weg. Ik wed dat daar al die smerige ratten vandaan komen, uit het water.'

Vanuit het slaapkamerraam zag ik papa over het erf lopen met een van de blikken uit het busje van de verkoper; toen ging ik op het bed zitten met het boek over de Britse fauna, en aaide met mijn vinger over de foto van een woelmuis. Het waren geen ratten. Maar ik heb de woelmuizen niet meer gezien.

Ik ging op een steen zitten die uit een heg stak, tussen het gras en de varens. Waarom waren die woorden uit mijn mond gekomen? Het verlies van de woelmuizen had me geleerd dat sommige dingen beter ongezegd konden blijven. Maar ik had onnadenkend een nauwelijks geformuleerde gedachte uitgesproken. Ik denk erover te gaan schrijven: hoe had ik die woorden hardop kunnen zeggen? Tegen mensen die ik amper of waarschijnlijk niet eens kende? Woorden die ik nauwelijks tegen mezelf durfde te zeggen, of tegenover Moth durfde te formuleren. Ik liep over de kliffen terug naar het dorp, terwijl een vrachtschip, zwaar in het water, de riviermonding uit voer. Weer een les geleerd. Ik zou het niet meer over schrijven hebben. Ik kon die gedachte niet van haar glans ontdoen door haar meer te laten zijn dan een droom, een geheim om voor mezelf te houden.

11

Elektromagnetisch

Ik streek met mijn handen over het bruine plastic omslag van de oude wandelgids en volgde met mijn vingers doelloos de golfjes van de bladzijden. Ik kon hem niet laten verliezen wat er binnen in dit omslag zat; als die herinneringen weggleden, zou al het andere erachteraan tuimelen. Zijn leven, alles wat hij had gedaan, en wij, alle herinneringen aan ons leven, het zou hem ontglippen, verloren gaan in een brij van vaagheid. Ik moest het tegenhouden, een manier vinden om de gaten in zijn gedachten dicht te stoppen. Ik kon niet rustig aan de kant blijven staan en toezien hoe alles wat hem maakte tot wat hij was, gestaag wegsijpelde.

Ik sloeg het boek weer open bij het beginpunt van het pad. Minehead. De vervaagde potloodaantekeningen in de kantlijn waren nauwelijks leesbaar door de schade die de regen had aangericht. 'Dag 1: als de rest van het pad ook zo is, maken we geen enkele kans.' 'Mieren, overal.' O, die mieren, de vliegende mieren, die zich ophoopten op het droge pad, miljoenen in ons haar, overal. Ik volgde met mijn vinger een lijn op de Ordnance Survey-kaart die door het hele boek liep. De mieren waren op het vlakke stukje, na het erg steile begin, waar het pad verder liep door heidevelden. Na de pony's. Mijn vinger volgde de oranje lijn, over de golvingen van hoogtelijnen en een film van herinneringen ontrolde zich in mijn hoofd. Het schemerde al toen we de landtong onder mijn vinger bereikten, er kwam een wolk aanwaaien: ik voelde een zuchtje zeewind op mijn gezicht en daarin rook ik warm stof en droge heide. Ik was op het pad; het was zo echt dat ik mijn hand ophief om mieren van mijn gezicht te vegen. Ik deed het boek dicht en leunde achterover. Ik was daar geweest: dat boek kon me weer op het pad zetten alsof ik zojuist de veters van mijn wandelschoenen had vastgemaakt en mijn rugzak op mijn rug had gehesen.

Als de wandelgids mij op het pad kon zetten, kon hij dat dan ook voor Moth doen? Niet lang meer: de potloodaantekeningen vervaagden. Misschien kon ik een manier vinden om ze te bewaren, om de aantekeningen te behouden voordat ze verloren gingen. Een manier om vast te houden aan de kracht van wat we hadden gedaan, zodat ik, elke keer wanneer hij het leven probeerde los te laten, achterover te leunen en het tij over zich heen te laten komen, nee kon zeggen. Nee, nee, niet gaan liggen. Lees dit, herinner je dit, herinner je wat we hebben gedaan, hoe we het niet opgaven, sta op. Blijf het proberen. Blijf het alsjeblieft proberen.

Ik opende het Word-programma op de laptop, zette boven aan een pagina: 'Het South West Coast Path, Dag 1', en typte ijverig de aantekeningen in dagboekvorm over. Uren later leunde ik achterover en las door wat ik had getypt. De woorden waren er, maar het pad niet. Ik hoorde wel wat de aantekeningen zeiden, maar zonder de gids kon ik ze niet voelen; ze hadden geen kracht. Dit had geen zin, het zou hem helemaal niet helpen. Ik klapte de laptop dicht, gefrustreerd om de verspilde dag. Maar er ontkiemde een gedachte, het zaadje van een mogelijkheid.

De klimop begon te dansen in de eerste herfstbuitjes. De wisseling van het seizoen, het donker kwam terug. Ik had kunnen aarzelen, me kunnen inhouden, het mezelf uit mijn hoofd kunnen praten. Maar binnenkort werd het winter; er waren nu nauwelijks banen in de omgeving: alle werkgevers krompen hun personeelsbestand in voor het laagseizoen. In de zomer had ik geen succes gehad, dus nu zou ik zeker niets meer vinden. Als ik het nu niet deed, zou ik het nooit doen. Ik zette theewater op. Zou ik het kunnen? Ik had geen idee, maar ik kon het proberen.

Ik kon de aantekeningen nemen en ze in een verhalende vorm gieten, alles erbij halen wat we hadden gezien en gevoeld en gehoord, leven blazen in die potloodwoorden. Ik kon mezelf op het kustpad schrijven en ook Moth daar neerzetten, naast me, zodat hij, wanneer hij het las, de wind niet alleen zou horen maar ook voelen.

Ik opende een lege pagina op de laptop. Maar waar moest ik beginnen? Wilde het iets voor hem betekenen, dan moest hij ook weten waarom hij was gaan lopen. Ik moest bij het begin beginnen. Ik begon te typen: 'Ik zat onder de trap toen ik besloot te gaan wandelen.'

'Hoe was het op de universiteit?'

'Ging wel, ik heb de dag overleefd. Echt interessant college over ledverlichting vanmorgen. En jij, heb je gewandeld?'

'Nee, het was te nat. Ik heb zitten schrijven.'

'O ja? Wat dan, een brief?'

'Nee.' Het hoog oplaaiende enthousiasme van die middag verdween, zodra ik mezelf moest verklaren. 'Weet je nog toen we elkaar pas kenden en ik vertelde dat ik als kind wilde gaan schrijven, maar dat ik het nooit had gedaan? Nou, misschien probeer ik het nu wel, gewoon kijken of ik het kan. Het is iets wat ik voor jou wil schrijven, niet om het aan anderen te laten lezen, alleen iets voor jou.'

'Je maakt me nieuwsgierig! Nou, vertel eens wat meer, wat is het?'

Al mijn zelfvertrouwen van die dag zakte weg.

'Ik kan het je nog niet vertellen. Ik moet het eerst doen.'

Dagen kwamen en gingen, vroege ochtenden, natte middagen, stille dagen achter in de kerk, terwijl de regen viel. Woord na woord, pagina na pagina. Elke pijnlijke dag: hoe we ons huis kwijtraakten, hoe ik onder de beuken lag, overspoeld door verdriet omdat ons laatst overgebleven schaap was doodgegaan, hoe we voor de laatste keer over de drempel van ons huis stapten. Weer voelde ik die peilloze leegte van het besef dat ik nooit terug zou komen. Toen was ik de oorzaak voorbij en kwam terecht in het gevolg: vrij op het kustpad, wandelend.

Ik haalde de rugzak onder het bed vandaan en pakte hem uit, hield de bekende versleten spullen in mijn hand, de gedeukte pan en de gammele kampeerbrander, de niet-waterdichte jas waar de regen dwars doorheen stroomde. Toen pakte ik alles weer in en merkte dat elk voorwerp bijna automatisch zijn plek terugvond.

Er was geen houden meer aan: woorden vielen op woorden, woorden stroomden vrij over de toppen van kliffen. Regen, wind, groepen meeuwen in onstuimige luchten op thermiek van ozon. Ik liep weer, voelde de rugzak in mijn schouders snijden, het knellen van de heupband, de pijn van de blaren op mijn duimen waar ik de schouderbanden weghield van rauwe stukken huid. Het branden, looien van lichamen die zonder beschutting of bescherming aan het weer zijn blootgesteld en het verkoelende gevoel van regendruppels die over warme armen rollen.

Ik dronk thee, at geroosterd brood, keek naar de rat die steeds dapperder werd en op droge middagen op de muur zat en door het raam naar mij keek, zoals ik door het raam naar hem keek. Allebei werden we steeds iets zelfverzekerder in onze wereld, konden we telkens een stapje verder zetten.

De bladeren vielen van de magnoliaboom, de horizon van de zon werd lager en ik zag hem niet meer, alleen nog een zwak licht dat halverwege de dag kwam en ging. Het gaf niet, ik zat aan de tafel, maar ik was niet in de kerk, ik liep te zweten in zinderende hitte, uitgedroogd en hunkerend naar regen, behandelde blaren in de vroege ochtend en zwom in zeeën zo kalm als stroop. De keuken vulde zich met lieveheersbeestjes die vroeg in de morgen uitkwamen en vanuit het bedauwde gras opvlogen, en met het geroep van zeehonden in de middag, terwijl dassen aan de deurpost snuffelden. Ik stond in het zwakke avondlicht tegenover de muur, spreidde mijn armen wijd uit en de regen kwam bijtend mee op een wind van orkaankracht, geselde mijn gezicht, ranselde de rugzak. Wind loeide door granieten kliffen, kraaien buitelden door wilde grijze luchten.

En altijd was Moth er, die mij op het pad hield, ons gezicht naar de zon, op weg naar het westen. Zijn potloodaantekeningen die me meenamen van inham naar landtong, door bossen en onder duistere nachthemels. Ik volgde hem op de voet terwijl het stof opvloog rond zijn schoenen en de regen van zijn rugzak droop. We waren daar, tussen Paddy's beschrijvingen van het pad, en herleefden elke pijnlijke stap, deelden elke overwinning. Woorden op woorden op woorden, alles verdringende herinneringen vielen op de pagina neer.

Kerstbomen, duisternis, zes mensen op elkaar geperst in de kerk, een kleine kip klaargemaakt in een slowcooker, aardappels op de kampeerbrander. Op een dag zullen we ons een fatsoenlijk fornuis kunnen veroorloven, maar ook zonder dat hadden we gelach, wijn en lichamen die op de keukenvloer sliepen. Toen waren de kinderen en hun partners weer weg, en Moth en ik zaten op het klif en zagen nog net een zonsondergang halverwege de middag. Afnemend licht schilderde de hemel, de zee, het land in één uitbundige penseelstreek van kleur. Vuurwerk en studieopdrachten die af moesten. Het begin van het trimester en stilte. Damp die omhoogkringelde uit een theekop. De terugkeer van Rat 's middags.

En daar waren de woorden weer. Nu lieten ze zich niet meer tegenhouden. Door elke getrokken knalbonbon en elk gegeten kerstkoekje heen had iets in mij steeds gepopeld om terug te gaan naar de tent, naar het klif. Rat maakte het zich gemakkelijk tussen de dode varens, en ik ging achter de laptop zitten en liet de woorden binnenkomen. En het pad riep me vooruit, langs fossielen en landverschuivingen, over witte en rode kliffen, naar een rustiger plek, een zachtere plek. Ik stond in de wind, niet meer een beukende Atlantische orkaan, nu een rustiger wind uit het zuiden, die me niet langer jachtig vooruit duwde, maar nu een vriendelijke arm was, een rustige gids. Moth liep naast me op het pad, sterker, fitter, hij kon zonder hulp zijn rugzak omdoen, kon vooruitkijken en niet terug. Hand in hand liepen we Polruan binnen. 'We waren licht gezouten bramen in de laatste zon van de zomer, en dit volmaakte moment was het enige wat we nodig hadden.' Ik drukte op 'save' en klapte de laptop dicht.

Achter het raam van de kerk kreeg de magnolia bloemknoppen en hadden sneeuwklokjes zich door de koude grond gedrongen. Rat rekte zich uit in de middagzon, draaide zich om en verdween in de klimop.

Ik schudde aan de inktcartridge en stopte hem terug in de printer. Misschien zat er nog genoeg inkt in. Ik haalde diep adem en drukte op 'print'. Een uur later lag er een manuscript voor me op tafel. Het pikzwart van de titel op de eerste pagina verbleekte tot een heel licht roze bij de laatste punt. Ik pakte een stukje touw en strikte dat eromheen met een uit een stukje bruin karton geknipt cadeaulabel eraan.

Voor Moth
GEFELICITEERD MET JE VERJAARDAG
laat ons Pad niet los
Ray xx

'*Happy birthday to you...*' Ik zette het theeblad voorzichtig op het bed, terwijl Moth, nog slaperig onder de dekens, overeind ging zitten. Onze dochter Rowan kwam achter me aan met cadeautjes en kaarten. Ze was er een paar dagen, even weg van het leven in Londen, een wereld verwijderd van de heuvels en beken van haar kindertijd. Al waren wij vieren door het verlies van ons huis verspreid geraakt, op een of andere manier hadden we onze hechte band weten te behouden: we waren nog steeds verbonden, nog steeds een team.

'Wakker worden, pap, en maak de kaarten open.'

Ik was een beetje misselijk van de zenuwen en at snel het

brood op dat we voor hem geroosterd hadden, zodat ik terug naar de keuken moest om nog wat te roosteren. Toen ik terugkwam, waren de cadeautjes uitgepakt en stonden de kaarten op het bed. Nog één pakje, verpakt in bruin papier, lag op zijn schoot te wachten.

'Ik kon het niet openmaken zonder dat je erbij was. Wat is dit? Ik had nog gezegd dat je geen moeite moest doen: we hebben geen geld voor cadeaus.'

'Ik heb het niet gekocht, ik heb het gemaakt.'

'Fantastisch, zelfgemaakte cadeautjes, dat zijn de leukste.'

Angst, zenuwen, opwinding, dat allemaal en meer: ik kon nauwelijks kijken. En toen was het uit het papier, het daglicht in. Het manuscript met het touwtje eromheen lag in zijn handen, niet in de mijne. Hij schoof het cadeaulabel opzij en de titel sprong van de pagina af: *Licht gezouten bramen*. Niet langer een geheim. Niet langer van mij.

'Wat is dit? Is dat waar je mee bezig was?'

'Ja, ik was het voor je aan het schrijven.' Ik voelde me verlegen en nerveus, alsof dit het eerste cadeau was dat ik hem ooit had gegeven.

'Al die tijd, voor mij.'

'Het is het pad, het boek van ons pad. Zodat je de herinnering altijd kunt bewaren.'

'Al die tijd... jij gek, kom hier.'

Mijn hartslag vertraagde. Onmetelijke opluchting. Ik stapte weer in bed en at nog een stukje geroosterd brood.

'Mam, wat is dit? Heb je een boek geschreven? Wauw, dit is volgens mij een heel pak printpapier.' Rowan flapperde de hoeken van de bladzijden om. 'En ze zijn allemaal volgetypt. Pap, ga je dit nu meteen lezen?'

'Nee, ik ben jarig, we gaan naar het strand. Maar ik ga het wel lezen.'

'Geweldig. Ik ga het ook lezen, voor ik wegga.' Voordat ik nee kon zeggen, was ze al de kamer uit.

‘Maak je geen zorgen, ze mag het lezen. En dat kan ze het best doen nu ze hier toch is. Maar wat prestatie. Wat een enorme prestatie.’

‘Ik heb het voor jou gedaan. Het was helemaal niet enorm.’

Rowans tassen waren gepakt, weer een verdrietig afscheid, in de wetenschap dat het maanden kon duren voordat we haar weer zagen. Ik had niet durven vragen wat ze van het boek vond. Ik had om haar heen gescharreld terwijl ze twee dagen lang aandachtig zat te lezen, wilde dat ze ophield met lezen en van haar tijd met ons genoot, en wilde niet dat ze ophield met lezen, want dat kon een teken zijn dat ze het niet goed vond. Maar nu lag het op tafel, met het touwtje er weer omheen. Zou ze het huis verlaten zonder er iets over te zeggen?

‘Ik weet niet wat ik moet zeggen.’

O nee, ze vond het afschuwelijk, te veel realiteit, te veel herinneringen aan thuis en – o nee, dat was ik vergeten: dat tafereel op het strand.

‘Het is fantastisch, het is briljant. Ik wist niet eens dat je kon schrijven.’

‘Dus je vindt het wel oké?’

‘Het is veel meer dan oké! Weet je, je zou er eigenlijk iets mee moeten doen.’

‘Wat bedoel je? Het inbinden of zo?’

‘Nee, idioot, het laten uitgeven.’

Een groot deel van het afgelopen jaar was ik alleen geweest. Mijn sterke, complete zelf, de persoon die het pad had afgemaakt en in staat was de toekomst onder ogen te zien, en mijn verdwaalde, verwarde, angstige zelf, die zich achter in de kerk voor de wereld verstopte. Materie en antimaterie, samengebracht in een vacuüm. Toen ik die laatste woorden schreef en de laptop dichtdeed, was ik terug op het pad, met de wind in mijn haar en met een gevoel van hoop dat bijna tastbaar in de lucht hing. In mijn leegte was duidelijk een verandering van energie opgetreden, en uit die energie was een boek ontstaan. Het was er, tastbaar, echt, het lag op tafel met een touwtje eromheen. In mijn vacuüm was massa gecreëerd. Iets uit niets. Maar als de deeltjes van die massa hun aanwezigheid kenbaar wilden maken, zouden ze ergens een interactie mee moeten aangaan; er moest een licht schijnen, zodat ze gezien konden worden.

12

Licht

'Deze DaT-scan laat heel duidelijk zien waar we al bang voor waren. Als je hiernaar kijkt, hier en hier, zie je de problemen waarmee we te maken hebben.' De arts was naar een andere spreekkamer verhuisd, niet langer met uitzicht op het parkeerterrein, we keken nu in een wilg waarvan de bladeren zacht bewogen en het licht dat over de tafel viel in beroering brachten. We gingen nog steeds naar het noorden om dezelfde specialist te bezoeken, een reis die ons om de zes maanden terugbracht naar Wales: de band was nog niet helemaal doorgesneden. 'Zien jullie dit hier, deze twee op kikkervisjes lijkende vormen midden in het brein?' Hij wees met een potlood op twee donkere vormen midden in het beeld op het scherm, het putamen en de nucleus caudatus, gebieden in de hersenen die allerlei motorische en cognitieve functies regelen. 'Het radioactieve materiaal dat je ingespoten hebt gekregen, moet in de scan als lichtjes zichtbaar worden in die gebieden van de kikkervisjes die functioneren. Alsof je 's nachts over een stad vliegt: een hele hoop kleine lichtjes.'

Ik staarde naar het scherm en wachtte tot de lichten aan zouden gaan. Ze gingen niet aan. Ik zag alleen een zwakke lijn kerstlampjes rond de kop van een van de kikkervisjes, als een feestkostuum. Moth leunde achterover, weg van het beeld.

'Maar er zijn nauwelijks lichten te zien.'

'Dat is het probleem.'

'Die scan doet het toch zeker niet goed? Dat ziet eruit alsof ik nauwelijks controle over mijn bewegingen heb.'

'Het menselijk brein is iets fantastisch en we weten er niet alles over. Dat van u vindt kennelijk een weg rondom het afgesloten gebied. Het neemt andere routes.'

Weer zaten we verdoofd op de parkeerplaats van het ziekenhuis. Het was niet de schok die we hadden ervaren bij de eerste diagnose van CBD, maar een gevoel van desoriëntatie nu we wisten dat die CBD, hoe hard we er ook tegen vochten, nog steeds een onvermijdelijke toekomst inhield. We drukten ons tegen elkaar aan en staarden naar de grindstenen muur van het ziekenhuis. Achter ons trokken mannen caddies over de green van de golfbaan en namen met wisselend succes hun slagen. Door de open autoramen hoorden we het gefluit van ballen door de lucht. Ballen die wegvlogen met meer hoop dan doel.

'Ik trek dit niet langer.'

Nee, nee, alsjeblieft, geef het niet op. Ik pakte zijn hand, dezelfde hand die de mijne voor de eerste keer had vastgehouden toen we in een schoolpauze door het park wandelden. De hand die onze kinderen veilig en beschermd had gehouden en die de muren van ons huis had gepleisterd. De hand die in het donker van de tent op een winderige landtong de mijne had gezocht. De hand met een tremor waardoor zijn pen schudde als hij aantekeningen voor zijn studie probeerde te maken en de erwten onderweg naar zijn mond van zijn vork rolden. Ik hield hem stevig en stil vast. *We hebben hoop*. Op het pad hadden we hoop gevonden en die bewaard. Veilig in onze binnenzak gehouden voor dagen als deze, voor een leven als dit.

'Je kunt het niet opgeven, dat kan gewoon niet.'

'Nee, ik bedoelde dat ik niet langer op deze parkeerplaats naar die muur kan zitten staren. Laten we de stad in gaan en de nieuwe *The Big Issue* kopen. Die is toch deze week verschenen?'

'Vind je dat de moeite waard? Het is maar een klein stukje achterin. Ze zeiden trouwens dat ze me er een zouden sturen.'

'Wat? Niet het tijdschrift gaan kopen met daarin het allereerste artikel dat jij ooit hebt geschreven, je allereerste stuk? Natuurlijk gaan we de stad in.'

De *Big Issue*-verkoper stopte net zijn tas weg en stond op het punt zijn vaste plek te verlaten.

'Heb je er nog eentje? We moeten er echt een hebben van deze week.'

'Sorry, ze zijn op. Waarom hebben jullie er een nodig?'

'Mijn vrouw heeft een stuk geschreven, het staat in het nummer van deze week, over de tijd dat wij dakloos waren en een wandeling gingen maken.'

'Dat staat er deze week niet in; wel in het nummer van vorige week. Wat, heb jij dat geschreven? Ik heb een exemplaar bewaard, want ik lees dat stuk telkens opnieuw. Dat was een verdomd lange wandeling, maar wat goed van jullie twee, wat een prestatie. Hier, neem 'm maar.' Hij voelde in zijn tas en viste er een opgerold nummer uit met een foto van groene bomen op de voorkant.

Onder de klokkentoren in het centrum van een Welsh' stadje bladerden we door het voorste en achterste deel van het tijdschrift, waar normaal de kleinere artikelen stonden. We vonden niets. Ik kon mijn manuscript niet loslaten, kon er niet op vertrouwen dat iemand die het las er niet de spot mee zou drijven. Maar Moth, Rowan en onze zoon Tom hadden me ervan overtuigd dat ik wel iets te zeggen had over dakloosheid. Ik had *The Big Issue* een artikel aangeboden over de verborgen daklozen op het platteland en verwachtte geen moment dat ik antwoord zou krijgen. Maar binnen een paar dagen had de hoofdredacteur gezegd: 'Stuur ons maar iets, dan zie we wel.'

'Zoek jij eens. Ik zie het niet; het moet echt een heel klein stukje zijn ergens. Ik dacht al dat het te mooi was om waar te zijn.'

Moth nam het blad van me over en begon systematisch vanaf het begin pagina's om te slaan.

'Dat heeft geen zin. Het staat achterin.'

'Wacht nou maar even.'

Ik keek toe hoe een straatmuzikant zijn plek inrichtte – een kampeerstoel en een pet – en vervolgens een tinnen fluitje uit een koker haalde.

'O, wauw.'

'Wat is er?'

'Kijk eens. Kijk, Ray. Jouw woorden. Het is je gelukt.'

Geen kolommetje achterin, maar vier pagina's in het hart van het blad, met foto's van ons die ik met het artikel mee had gestuurd. Een selfie, genomen op een landtong in de buurt van de vuurtoren van Godrevy. Foto's van de tent op Chesil Beach. En woorden, mijn woorden. We waren uit Wales vertrokken, op weg naar het zuiden om een onbekend pad te gaan lopen en nu lag het verhaal van die wandeling en van de daklozen die we waren tegengekomen, zwart op wit in onze handen, net nu we terug waren in Wales. Een vreemde en onverwachte cirkel. Maar terwijl ik naar de pagina's keek, voelde ik alleen ongeloof. Ik kon niet lachen of huilen; ik zat onder die klok te luisteren naar de straatmuzikant die Ierse volksmuziek speelde. Wat een afschuwelijke ironie. Mijn woorden waren gedrukt, de droom die ik als kind had gekoesterd, was uitgekomen op de dag dat we Moths lichten op het computerscherm zagen doven.

'Dit moeten we ergens gaan vieren.'

'Ik ben niet in de stemming om iets te vieren.' Ik voelde me nog steeds verdoofd, lamgeslagen door de naderende duisternis, en het was moeilijk blij te zijn met wat daar op die pagina's stond.

'Wat? Sta nou gewoon op, en kijk eens wat je hebt gedaan. Iets waarvan je dacht dat het buiten je bereik lag. En die man, die redacteur, hij heeft jouw tekst genomen en geloofde er genoeg in om die te publiceren. Hij had tegen je gezegd dat hij dat zou doen, en hij heeft het gedaan. Dit zeg ik aldoor al tegen je: niet iedereen is slecht, je hoeft niet iedereen te wantrouwen. We hebben een klotetijd gehad, maar dit is het begin van iets nieuws, een nieuw pad, ik voel het gewoon. Dus sta verdomme op en kom mee. We hebben iets te vieren.'

'Maar waar...'

'Cnicht, denk ik. Dat lijkt me echt iets voor vandaag.'

Cnicht is een kleine berg in Snowdonia, die vanaf het zuiden gezien een klassieke conische vormt heeft, als een berg uit een strip, maar op de top wordt hij een rug die in een moerassige lijn naar Snowdon loopt. De eerste keer dat we op die top stonden, waren onze kinderen nog klein en droegen ze hun eigen rugzakjes met boterhammen en Pokémonkaarten. Met moeite klauterden ze omhoog over het stenige stuk naar de top, ze waren uitgeput, konden geen stap meer zetten, tot we de vlakke rug bereikten en zij wegholden om in de hei te gaan spelen. Nu parkeerden we het busje in Croesor, een dorpje aan de voet van de berg. Het was tientallen jaren geleden dat onze kinderen voor ons uit het weggetje vanaf de parkeerplaats af waren gerend, door een bos en dan de open heuvelhelling op. Nu liepen we over hetzelfde pad, de lucht was vergeven van herinneringen en muggen die op deze warme, windstille julimiddag met miljoenen tegelijk van de moerassige grond opvlogen en een stekende plaag vormden. Maar naarmate het pad verder steeg, stak er een briesje op dat hen weggeblazen had tegen de tijd dat we het stenige klauterpad naar de top bereikten. In mijn hoofd hoorde ik nog steeds het geklaag van de kinderen en eindelijk was ik het nu met hen eens: het was behoorlijk steil. Op de top was het precies zoals ik het me herinnerde: het land dat naar het zuiden toe wegglooide als een lappendeken van velden en beboste valleien, helemaal naar de blauwe uitgestrektheid van Cardigan Bay. En onzichtbaar in het noorden, ergens achter een strook luie, witte wolken, de top van Snowdon. We streken het tijdschrift glad op een steen en herlazen het artikel alsof het door iemand anders was geschreven, over iemand anders. Moth trok zijn benen op de steen en sloeg zijn armen om zijn knieën.

'Ik zie dit niet echt, ik kan alleen maar dat beeld op het computerscherm zien. Die lichten die uitgaan.'

'Doe dan niet langer alsof ik de enige ben, alsof ik alleen maar medelijden met mezelf heb.'

'Al die research die je hebt gelezen: daarin moet ergens een antwoord zitten. Misschien heb je gelijk en is het hierbuiten, in het milieu, in onze natuurlijke, wilde staat. Zoals we op het kustpad waren. Misschien hebben we gewoon wat land nodig, wat ruimte waar we altijd buiten kunnen zijn maar toch een dak boven ons hoofd hebben.'

'Natuurlijk hebben we dat nodig, maar kan dat ooit gebeuren? O, ik weet het al: een wonder.'

Ik ging op mijn rug op het platte droge gras tussen de heide liggen, terwijl de wolken aan de hemel het blauw bedekten, zodat er alleen nog vluchtige lapjes heldere mogelijkheid overbleven tussen het wit. Een warme wind blies door droge, harde heideplanten en borstelige brem. Paarse knoppen stonden op openbarsten om hun honinggeur te verspreiden over de berghelling met zijn spaarzame gras dat kort werd gehouden door schapen en snijdende wind. Ik legde mijn handen met wijd gespreide vingers op het gras en voelde de aarde, warm en aanwezig. Een ademende entiteit onder mijn handpalmen. En daar was de stem weer, die ik al een tijdlang niet had gehoord: helder in mijn oren, scherp in de lucht die tussen de rotsen door kwam, zacht in de bewolkte hemel. Een glad lint van geluid, als een hartslag die vertraagt tot het zachte geroep van vogels als ze in de schemering terugkeren.

'We moeten gaan, het wordt laat. Zullen we dezelfde weg terug nemen of om de kom lopen, langs de oude mijn en dan over het pad aan de andere kant van de vallei naar beneden?'

'Om de kom.'

We liepen de droge moerasgrond van de rug over en daarna omlaag in de richting van de ruïnes van de Rhosydd-groeve. Iets meer dan een eeuw geleden was dit een bloeiende leisteenmijn geweest met loodsen en groeven, waar het een drukte van jewelste was van mannen en werktuigen. De daken van de loodsen zijn al lang geleden verdwenen en de muren raken steeds verder in verval, maar het gevoel van levens die hier zijn geleefd en verloren is sterk. De groeve is ook een magneet voor grotklimmers:

zij komen hierheen om zich in de ondergrondse tunnels te wagen die nog steeds open zijn. Uit de richting van de brokkelige muren kwam een machtig, onaards geluid, bijna als muziek.

'Wat is dat? Is het de wind in de muren?'

'Nee... ik weet het niet zeker, maar het klinkt als Linkin Park.'

Beschut achter een hogere muur brandde een vuurtje waarvan vonken opvlogen in de schemerig wordende lucht. Eromheen zat een groep mensen te praten, terwijl uit een kleine box de klanken van de metalrockband tegen de kale muren dreunden.

'Zo, mensen, goeie plek voor een feestje.'

'Ja, niet slecht.'

Ik zag dat Moth een manier zocht om het gesprek voort te zetten.

'Is dit de vrijdagavondplek? Perfect voor een bijeenkomst.'

'We zijn hier voor Chester.'

'Oké, een verjaardag?' Moth keek even naar mij en haalde zijn schouders op.

De mannen keken elkaar aan en daarna naar de grond, terwijl iemand een ander nummer opzette, dat ik uit de slaapkamers van de kinderen had horen komen toen zij tieners waren. Natuurlijk. Moth herinnerde het zich duidelijk ook.

'Toch niet Chester Bennington?'

'Jawel, hij is gisteren overleden. Hij was een legende. Niets zal nu meer hetzelfde zijn.' Het getroebleerde, getatoeëerde grote talent van de metalband Linkin Park, die zo'n grote rol had gespeeld in het leven van onze kinderen, en dus onvermijdelijk ook in het onze.

'We zijn hier om hem op weg te sturen, hem in rook en in zijn teksten te laten opstijgen, zoals hij hoort te gaan.'

We gingen bij hen op de stenen zitten, een groep jonge mensen in zwarte T-shirts en met piercings en tatoeages, net zoals hun idool, en hielden een wake bij een vervallen mijn op een heuvel in Wales.

De hemel werd donker terwijl de mensen rondliepen, praatten en zongen, hun gezichten verlicht door de vuurgloed van het hout dat ze mee de berg op hadden gedragen. Onze levens, de dood, moleculen die van hout overgingen naar lucht, het was allemaal één geheel geworden. Moths lichten doofden uit, dat viel niet te ontkennen, maar de elektrische ladingen in zijn brein vonden nu hun eigen route, baanden nieuwe paden. Voor nu bevatten zijn cellen nog genoeg energie om te blijven zoeken en we konden ze alleen op weg helpen. Wij zijn niets meer dan elektrische lading, niet meer dan een massa deeltjes, materie, antimaterie, massa en energie. Niet anders dan een grasspriet of een vonk uit de vlammen, gewoon energie die zich voortbeweegt in een eeuwigdurende stroom. Zolang Moths lichten nog aan waren, zouden we die stuk voor stuk vieren en ze allemaal brandend houden in zijn nachthemel, zolang als we konden.

We stonden op om te gaan, terwijl het laatste nummer uit de speaker klonk, de laatste vlammen in het donker oplaaiden, voor het vuur doofde.

13

Massa

Eind augustus en het dorp krioelde van de toeristen, de stille winterstraten waren een bijna vergeten herinnering. Maar als je op de bank in de brem zat, kwam er zelden iemand voorbij. In het licht van de late middagzon kwamen de enige menselijke geluiden van het strand van Lantic Bay ver beneden. Mensen waren spikkels op het zand, en waterscooters trokken achtjes door de baai en tussen de boten die in het heldere water afgemeerd lagen. Ik kon niet blijven zitten, ik moest terug naar de kerk waar ik Moth slapend had achtergelaten. Hij werd al dagenlang bevangen door een vreemde duizeligheid, alsof hij een beetje dronken op een schommelende boot zat. Een gevoel dat kennelijk alleen ophield als hij ging liggen, met zijn ogen dicht.

Ik stond op van de bank en nam het doorsteekje door de velden. Het land in deze strook langs het klif werd gehuurd door de National Trust, die dan ook bepaalde hoe het werd begraasd. Het gras deed denken aan de velden van mijn kindertijd: niet glad afgegraasd en kort, maar verschillend in hoogte waar de schapen het gras hadden gegeten maar niet gemaaid. Door deze lichtere vorm van begrazing blijven er verspreid wilde bloemen staan en vinden leeuweriken er de dekking waar ze van houden. Toen ik hier in het voorjaar en aan het begin van de zomer doorheen wandelde, stegen de kleine bruine vogels hoog op in de lucht, terwijl ze hun heldere loflied op de hemel zongen, om een partner aan te trekken en mijn aandacht van hun nesten af te leiden. Maar aan het eind van de zomer waren de velden rustig, de vogels weg op zoek naar voedsel. Verder het binnenland in werd het land zoals je dat in een groot deel van het zuidwesten ziet: akkers met tarwe en gerst. Monoculturen waar weinig wilde dieren kunnen bestaan in gebieden die zijn besproeid met pesticiden en onkruidverdelger, zodat dieren en planten naar de heggen en bossen zijn verdreven. Geen habitat voor veel van onze in het gras levende vogels, die zich in steeds kleinere aantallen naar de uiterste randen terugtrekken.

Over het kustpad omlaag vanaf de leeuwerikvelden, door de brem, naar de steile kloof in het land waar winterstormen de hoge wind doorheen persen tot razende luchtstoten waarin je nauwelijks overeind kunt blijven. Langs de door de wind belaagde meidoorn waarvan de wortels zich stevig vastklampen terwijl de takken door de kracht van de wind landinwaarts worden gebogen. Voor me uit verscheen een backpacker vanaf de steile treden naar het dorp; hij kwam omhoog door de spleet in de rots en de struiken en bleef even staan om op adem te komen en over de zee uit te kijken. Tussen ons in stond een houten hekje en terwijl we dat naderden, zag ik dat hij niet de gebruikelijke backpacker was met de nieuwste uitrusting en een vastberaden blik. Hij bleef een tijdje over het Kanaal staan staren, tot hij zich langzaam omdraaide en zonder haast verder liep. Een felgeel reflecterend vest stak af tegen de donkere bremstruiken en daarboven een ouderwetse rugzak met een uitwendig frame. Vreemd te zien bij een man die hooguit halverwege de twintig kon zijn. Ik was eerder bij het hek dan hij en hield het voor hem open en toen hij opkeek, was zijn gezicht een en al piercings: een open blik gevat in zilver.

'Hallo, je bent aan het backpacken. Waar ga je naartoe?' De onvermijdelijke vraag die ons zo vaak was gesteld toen we het pad liepen, maar nu was ik degene die 'm stelde.

'Voor vanavond weet ik het nog niet. Ik doe nog een paar landtongen en dan stop ik, denk ik. Maar ik ben onderweg naar Plymouth.' Hij klonk bijna nerveus terwijl hij antwoordde.

'O, een paar dagen dus nog. Waar ben je vertrokken?'

'In Penzance. Ik ben nu een week of twee onderweg.' Zo te zien ontspande hij een beetje toen hij het hek door ging en had hij geen haast om door te lopen. Hij leek me niet iemand die vaak wandelde, al had hij na twee weken aan de kust wel de gebruinde lijnen van iemand die zijn ogen vaak had dichtgeknepen tegen de zon en de wind.

'Dat is een geweldig stuk. De Lizard was vast fantastisch bij deze warmte. Wat heeft je dan naar het South West Coast Path gebracht? Heb je hiervoor al veel gelopen?'

'Nee, al ben ik als kind wel vaak naar de winkel gelopen! Nee, ik heb niet het leven geleid van iemand die veel wandelt. Afgelopen jaar heb ik buiten geslapen in Exeter, u weet wel, op straat. Maar toen las ik een artikel over een stel dat dakloos was geworden en het kustpad had gelopen, en ik dacht: dat kan ik ook. Dus heb ik alles wat ik nodig had geleend van de mensen van een liefdadigheidsorganisatie en die gaven me ook geld voor een treinkaartje naar Penzance. Maar het is wel heel zwaar geweest; ik had nooit eerder een tent opgezet, en die schoenen...'

'Dat is ongelooflijk. Heb je al gegeten? Kom met mij mee naar huis om iets te eten of op zijn minst een kop thee te drinken.'

'Nee, dat gaat niet. Ik moet door. Deze wandeltocht. Dit, dit allemaal.' Hij gebaarde met zijn arm naar de zee. 'Het heeft alles veranderd. Ik moet doorlopen. Ik heb nu een vaste routine; ik ken mijn dagen. Kan me niet herinneren wanneer ik me voor het laatst zo heb gevoeld, als ik me al ooit zo heb gevoeld. Ik moet een plek vinden om de tent op te zetten, dan maak ik soep. Dat is mijn dag.'

Ik kende deze jongen: niet zijn leven, maar het gevoel dat hij uitdrukte.

'Heb je enig idee hoe het zal gaan als je in Plymouth bent?'

'Ik weet het niet precies, maar ik word niet meer zoals ik hiervoor was. Dat deel van mijn leven is nu voorbij. Alles is veranderd. Ik ben veranderd.'

Ik keek hem na terwijl hij omhoogliep en over de rand ging. Ik kon hem niet vertellen dat het mijn artikel was. Dit was zijn moment, zijn leven, zijn ontdekking; daar mocht ik me niet mee bemoeien.

Ik stelde me voor hoe de jonge man doorliep, voorbij de rand, hoe de meidoorntunnel hem omhulde als een groene, transformerende mantel. Zoals hij dat ook met ons had gedaan. Nog een leven dat was gered door de onmetelijke kracht van de elementen op deze wilde strook land. Ik spreidde mijn armen en ving de opstijgende ozonwind in mijn kleren. Ik was zonder nadenken of aarzeling blijven staan om met hem te praten. Had ik me bij hem op mijn gemak gevoeld, een band gevoeld? Of was het iets anders? In al die donkere maanden in de kerk had ik mezelf terug op het pad geschreven, terug op dit stoffige, dertig centimeter brede stukje spoor. Terug naar de zon, de wind en de groene, nooit eindigende horizonnen. Zonder het te weten, zonder het te verwachten had ik mezelf teruggeschreven naar de plek waar ik me veilig voelde, zeker en heel: ons wilde huis. Ik sloeg mijn armen om de zoute kracht heen en droeg hem over het vertrouwde pad naar het dorp. Maar dat pad was veranderd; het was niet langer het winderige domein van zeegras en torenvalken, maar een nieuwe weg, verlicht door een aarzelend schijnsel uit een onverkende bron.

Het is moeilijk een tweesprong in de weg van het leven te herkennen, en moeilijker nog weloverwogen te beslissen welke kant je op zult gaan. Maar soms vang je er een vluchtige glimp van op terwijl hij in de achteruitkijkspiegel verdwijnt. De uitkomst verandert niet, maar vele kilometers verderop, met de kaart opengevouwen op schoot, is het mogelijk de tweesprong aan te wijzen en te zeggen: ja, daar hebben we een andere route genomen.

Op je hurken achter in een busje op de toegangsweg naar de M6, terwijl je een bokkige peuter op een potje vasthoudt, in een file die al twee uur duurt, is niet bepaald zo'n moment waarvan je zou verwachten dat je leven voorgoed verandert.

'Als het op de autoweg al zo is, wat voor hel moet het op de snelweg dan wel niet zijn?'

'Precies wat je zegt: een hel.' Moth zat achter het stuur in de hoop ons vieren naar Schotland te rijden voor een vakantie van twee weken die we al maanden daarvoor hadden gepland. Misschien zou dit de reis worden waarop we ons droomhuis vonden, de bouwval in de bergen waar we al tien jaar aan dachten. We wisten niet waar we hem zouden vinden, maar we waren er volkomen van overtuigd dat het in het noorden zou zijn. Tom zat in zijn autostoeltje, met een chocoladekoekje over zijn gezicht, zijn haar, zijn kleren en nu ook over mij uitgesmeerd. Rowan weerspannig en boos op het potje. De kampeerspullen op een gevaarlijk wankelende stapel in de ruimte achter me.

'Ik geloof niet dat ik dit veel langer volhoud: wie weet, gaat het de hele dag zo door. Wat gebeurt er als we nu gewoon van de weg af gaan, gewoon afslaan, waar gaat dat naartoe?'

'Naar het westen, als we doorrijden, Wales in.'

'Doen?'

'Ja, ik vind alles best, zolang we maar van deze weg af komen.'

De zon ging onder boven Cardigan Bay toen we op de helling van een heuvel stonden, in een kille wind die opkwam uit het dal beneden. De zee vertoonde alle kleuren van wegstervend licht, en Moths gezicht kreeg een roze en oranje tint. Tom zat stil in zijn rugzitje, zijn gezicht een chocoladevlek op Moths schouder, zijn mollige lippen ontspanden zich tot een zachte pruil, dikke, kleverige peuterhandjes hingen slap langs zijn zijden: een diepe en vredige slaap. Rowan, niet wakker maar ook niet in slaap, zat dicht tegen me aan op mijn heup, stevig in een deken gewikkeld, haar warrige blonde haar ving het laatste licht van de dag.

'Ik wist niet dat Wales zo mooi was.' Moth had zich altijd aangetrokken gevoeld door het noorden, tot de hoge bergen en de open ruimtes, maar iets in deze zonsondergang had hem betoverd.

Hand in hand keken we uit over de zee, terwijl het verkeer op de snelweg vooruit kroop. Toen wisten we nog niet dat de volgende twintig jaar van ons leven wenkten, op een plek die we nooit zouden hebben ontdekt als we niet zomaar zonder plan een afslag hadden genomen.

Toen ik de hoek omsloeg om terug te gaan naar de kerk, stapte Sarah net haar hek uit. Ik bedwong de neiging weg te rennen, haalde diep adem en bleef staan.

'Hé, hallo, hoe is het, tijd niet gezien. Hoe gaat het met schrijven?'

'Het gaat goed.' Ik kon dit. Ik trok mijn met ozon gevulde kleren iets strakker om me heen, zonder te merken dat de huivering die ik voelde van de tweesprong in de weg kwam, die ik niet kon zien, uit een richting waarvan ik niet besefte dat hij bestond, van een keuze waarvan ik niet wist dat ik haar maakte. 'Er is pas een artikel van me gepubliceerd in *The Big Issue*.'

'O, wauw, wat goed. Waar gaat het over?'

Ik zuchtte diep. Een zucht vol twijfel over gemaakte keuzes, geleden of toekomstige verliezen. Een zucht vol nachten op wilde landtongen en kiezels van het strand.

'Het gaat over de tijd dat we ons huis in Wales kwijtraakten en dakloos werden. Toen we besloten om het South West Coast Path te gaan lopen en niet te wachten op een sociale huurwoning, en over de vele dakloze mensen van het platteland die we onderweg tegenkwamen, de verborgen plattelandsdaklozen.'

'Zijn jullie je huis kwijtgeraakt, je thuis, alles?'

'Ja. Ik kon het eerder niet vertellen, omdat ik weet dat mensen zich er vaak nogal ongemakkelijk bij voelen. Op die reactie ben ik zo vaak gestuit dat ik het gevoel had dat ik het maar voor me moest houden. Maar vandaag heb ik me gerealiseerd dat dat nergens op slaat.'

'Dat hoef je hier niet te verbergen. Er zijn wel mensen die zo zouden reageren, maar er zijn hier nog veel meer mensen wier leven op een bepaald moment ondersteboven is gegooid, die weer bij hun ouders zijn gaan wonen, of die hier opnieuw wilden beginnen.'

'Echt?'

'Ja. Volgens mij is het een beetje een midlifethema. Velen van ons moeten terug naar het begin van ons leven om een nieuwe start te maken. Terug naar waar we zijn opgegroeid, of waar we het gelukkigst waren. Naar een tijd voordat alles misging. Ik zie het als op de resetknop drukken.'

Ik keek haar na terwijl ze wegliep, leunde toen over de muur die het smalle straatje afschermde van de steile afgrond naar de rivier. Op het water veel boten die je hier altijd in de zomer zag: zeiljachten, motorschepen, het blauwe bootje met toeristen dat tochtjes op de rivier maakte, de zwarte houten romp van een tallship, met de zeilen aangebonden, de bemanning op weg naar de oever. Kinderen sprongen van de kademuur onder het bord 'Verboden te zwemmen'; oude mensen in korte broek maakten hun roeibootje vast aan de steiger. Leven. Leven dat doorging. Levens die werden geleefd.

Het was allemaal zo eenvoudig en zo duidelijk. Soms had je gewoon iemand anders nodig om in jouw donkere ruimte het licht aan te doen. De sterke, onbevreesde persoon die het hele pad had gelopen was verdwaald geraakt, ergens in de ziekenhuisgangen, verdwaald in een keuze die me had achtervolgd. Moth had gelijk; ik was teruggegaan naar het begin. Bang voor mensen, me verstoppend: het kind achter de bank. Maar Sarah had ook gelijk; dit was mijn moment om opnieuw te beginnen. De maanden dat ik weer dat kind was geweest, waren geen verspilde tijd. Ze was bang en geïsoleerd, maar ze had een band met de wildernis die haar niet had verlaten. Ze had ook nog iets anders gehad, een droom die onderweg stuk was gegaan en verloren geraakt. Ik had bij haar in haar kamer gestaan terwijl ze de boeken op haar planken streelde, met haar kleine vingers over de plaatjes van pinguïns op de ruggen ging en fantaseerde. De kinderen schreeuwden en spetterden wanneer ze van de muur sprongen en wegzwommen voor de veerboot die tussen de voor anker liggende schepen heen zigzagde en de aanleghaven binnenvoer. Ik ademde nog één keer diep de ozonlucht in en ging naar binnen.

Google kan zo'n beetje alles voor je vinden wat je nodig hebt, als je maar de juiste vraag stelt. Na twee uur zoeken kreeg precies wat ik zocht. Een literair agent voor non-fictie, niet zo groot dat ze me zouden negeren, niet zo klein dat ze niets zouden kunnen uitrichten. Ik uploadde mijn aanmeldingsdocumenten en leunde achterover, terwijl Rat opstond en zich uitrekte na een middag op de muur. Ik zag hoe de zon begon onder te gaan op de allerlaatste dag van onze wandeltocht over het South West Coast Path. Ik voelde Moths hand in de mijne, rook de geur van bramen in de lucht en ervoer het overweldigende gevoel dat dit moment het enige is wat we hebben, het enige wat we nodig hebben.

Ik drukte op de resetknop.

14

Water

Eind van de middag, eind augustus. De lucht was onbeweeglijk en stil, een stilte die alleen werd verbroken door het gezoem van insecten en af en toe een kreet van de weinige kinderen die nog door Lantic Bay renden: de laatste vakantiegangers, die nog even van de laatste paar dagen profiteerden, voordat ze mee naar huis werden genomen voor een nieuw schooluniform, nieuwe schoolboeken en binnenblijven. Er kwamen nu minder mensen langs de bank bij de rotsen op de landtong, dus ging ik er met opgetrokken knieën op liggen luisteren naar de geluiden van niets en zoog het laatste beetje licht en warmte in mijn huid op, voordat ik naar het dorp terug moest. Met een stijve rug van het liggen op de smalle houten zitting kwam ik overeind en kneep mijn ogen samen tegen de felle baan licht op de zee. Twee gestalten liepen over het veld achter me, diep in gesprek met hun hoofden dicht bij elkaar. Ik stond op om weg te gaan, toen mijn mobiele telefoon het geluidje van een binnenkomende e-mail liet horen. De literair agent. De kans dat een agent zo snel antwoord gaf, was heel klein; dit was natuurlijk een automatisch gegenereerde afwijzing.

Mijn vingers gingen over het koperen plaatje op de bank terwijl ik weer ging zitten. De laatste waterscooter van de zomer zette koers naar de haven, met een straal water en lawaai in zijn kielzog. Het plaatje meldde dat dit de lievelingsplek van Peter was geweest en dat zijn dierbaren hier een bank hadden laten neerzetten waar elke vermoeide wandelaar kon gaan zitten om hem te gedenken. Het paar stak het veld over en zwaaide, maar ik kon me niet op hen concentreren. Ik keek nog eens naar het scherm, in de verwachting dat de boodschap veranderd was, maar het stond er nog.

Gill en Simon klommen over het hek.

'Ik ben er weer. Hoe gaat het met je? Ik heb Sarah gesproken: ze vertelde me hoe jullie je huis zijn kwijtgeraakt, wat treurig.'

Ze wist het en ze praatte toch met me.

'Hoelang ben je al terug?'

'Sinds gisteren pas.'

Eén dag maar, en ze wist het nu al. De smalle straatjes: nieuws ging natuurlijk als een lopend vuurtje. Maar ze stond hier toch met me te praten. Het was bijna onmogelijk te verwerken wat ze zei, mijn hand klemde zich nog steeds om mijn telefoon, de e-mail lichtte nog steeds op in het donker van mijn zak.

'Het maakt niets uit hier. Zoveel mensen hier hebben een geschiedenis, hè Simon?' Simon glimlachte en knikte alleen maar. 'Ga je wel eens de rivier op? Iemand heeft me een kano aangeboden die ik mag gebruiken als ik hier ben. Wil je die een keer lenen?'

'Eh... ja, graag.' Ze liepen weg en mijn hoofd tolde. Ik ademde diep de zoute lucht in en tastte naar iets echts om vast te pakken. Een munt van twee pond in mijn zak. Alles wat ik nog had tot morgen, wanneer we onszelf zouden toestaan ons wekelijkse deel van de studentenlening op te nemen. Die munt was echt: net genoeg voor twee grote aardappels en een blikje bonen uit de dorpswinkel. Gebakken aardappels, dat was echt. Ik keek nog een keer naar het scherm: 'Ik heb de eerste drie hoofdstukken gelezen. Wilt u de rest van het manuscript opsturen?' Een agent die belangstelling voor het manuscript toonde, dat kon niet echt zijn, dat moest een illusie zijn.

De rivier de Fowey ontspringt op Bodmin Moor, waar ze uit de veengrond sijpelt als hoopvol beekje water dat diep vanuit de aarde opborrelt. De beek valt langzaam omlaag naar het zuiden en wordt een rivier gevoed door zijriviertjes, tot ze genoeg kracht heeft verzameld om op weg te gaan naar zee. Voordat ze daar is, wordt ze opgevangen en door pijpen en leidingen geleid om een groot deel van Cornwall van drinkwater te voorzien. Maar er stroomt genoeg water verder om het zoute, opkomende tij te verdunnen waar de rivier zich verbreedt en uiteindelijk een getijdemonding vormt. Met afgaand tij komen diepe, brede moddervlaktes bloot te liggen tussen steile beboste hellingen, een laatste overblijfsel van de oerbossen die hier moeten hebben bestaan tot ze voor de landbouw werden gekapt. Als je met de autoveerpont van Bodinnick oversteekt naar Fowey, is het moeilijk je de diepte van de rivier voor te stellen, die door de havendienst wordt uitgebaggerd om te voorkomen dat de vaargeul dichtslibt. Maar drijvend op een stuk piepschuim in het kielzog van een motorboot, was het of we een afgrond van water overstaken.

'Dus toen Gill het over een kano had, stelde ik me zoiets voor als die Canadese kano's die we huurden toen de kinderen klein waren, herinner je je die nog? In het Lake District? Dit voelt meer alsof je alleen maar op het water zit zonder te zinken.' De gaten in de bodem van de tweepersoons foam-kajak moesten zorgen voor evenwicht en extra drijfvermogen, maar nog geen twee minuten op het water en ik was al tot mijn middel drijfnat. Het schuim wiebelde op het kielzog van een passerende boot terwijl water door de gaten heen drong en over de bovenkant spoelde. Onzinkbaar, op een soort half ondergedompelde manier.

'Ja, ik herinner me die kano's. Ze waren groen, toch?'

'Nee, rood met oranje.'

Slingerend en met ongecoördineerde slagen peddelden we langzaam stroomopwaarts, weg van de plezierboten en de drukte. We ontweken de veerboot en passeerden het dreigende stalen gevaarte van de klei-overslag dat hoog boven ons uittorende terwijl we, half in en half boven water, langs peddelden. Voorbij de olie- en dieseldampen die naar de zee werden gespoeld en langs de kreek waar jachten lagen afgemeerd. Langs de oude man die op zijn antieke houten boot aan het roer stond, met verwaaide haren en baard, oude wollen trui en laarzen, hond: een levend beeld uit een ander tijdperk. Verder naar waar de rivier rustiger wordt, de modderbanken dichter onder het oppervlak liggen en boten alleen in een vaargeul in het midden mogen varen. Dicht bij de rivieroever scheerden wij op het opkomend tij over de modder, uit de buurt van een enkele passerende boot maar buiten het bereik van laaghangende bomen, in ons eigen stukje water; bijna geluidloos dreven we langs de stenige oever vol aangekoekte modder onder de donkerte van het bos. Op de stenen zaten groepjes witte vogels, een felle schittering tegen de donkere achtergrond, hun zwarte poten en snavels nauwelijks zichtbaar nu een lichte motregen het licht in het bos dempte, waardoor we nog sterker het gevoel kregen dat de paar voorste stammen die nog zichtbaar waren, een geheim afschermden, net buiten het zicht.

'Wat zijn dat? Witte reigers? Die komen hier normaal toch niet voor.'

'Het zijn kleine zilverreigers, ja. Ze zijn prachtig, maar ik weet niet zeker of ze wel een goed teken zijn.'

Bijna bewegingloos stonden ze op de stenen, en hun witheid vormde een volmaakt, monochroom stilleven. Deze elegante vogels waren altijd zeldzame passanten geweest, onderweg naar het noorden vanuit het Middellandse Zeegebied en Afrika. Maar tegen het eind van de twintigste eeuw begonnen zich langs de zuidkust van Engeland permanente kolonies te vormen. Volgens de Wildlife Trust kan dat een gevolg zijn van de klimaatverandering, omdat de vogels naar het noorden en westen worden gedreven met het stijgen van de temperaturen waardoor hun voedselbronnen verdwijnen. Niet iedereen is het met die opvatting eens. Misschien zijn de twijfelaars overtuigd tegen de tijd dat de zilverreiger naar de Buiten-Hebriden is getrokken, maar dan zou het wel eens te laat kunnen zijn om te zeggen: zie je nou wel. De miezer verdikte zich tot een gestage, zachte regen, toen we de peddels weer oppakten en ons ritme hervonden, en de vogels werden alleen nog stipjes wit op de rotsige uitsteeksels achter ons.

De zachte regendruppels werden verticale verbindingsstaven tussen land en lucht, druppels stuiterden op van de rivier met de kracht van een kiezelsteen die uitdijende, spiegelende kringen maakt.

'Zullen we onder de bomen blijven of teruggaan?' Ik wilde het niet opgeven, maar de nattigheid maakte me aan het rillen.

'We zijn toch al tot onze oksels nat, dus het maakt niet echt iets uit. We zouden dit kreekje kunnen verkennen nu we hier toch zijn, en dan teruggaan. Dit is misschien wel de enige dag dat we de kano mogen gebruiken en we kunnen ons absoluut niet permitteren om er een te huren, toch?' Hij had wel een punt, maar waarom had hij het niet koud?

We peddelden de regen weer in en draaiden een kreek binnen. Die was aan één kant dicht bebost: oude eiken, beuken en berken bedekten de steile heuvel. Op de tegenoverliggende oever stond een onregelmatige rij bomen langs een steile helling met gras en distels, waar koeien als geiten langs klauterden om te grazen. Hoge vogelnesten dicht opeen tussen de takken van wilg en eik, waar een reiger met zijn kop omlaag tussen de bladeren zat te schommelen, terwijl de regendruppels van zijn rug rolden. Twee andere stonden bewegingloos bij een kapotte steiger vol korstmossen.

'Het gaat nog harder regenen. Zullen we de kano gewoon onder de bomen trekken tot het minder wordt? En ik moet even rusten, mijn schouder doet erg pijn. Misschien zou ik dit niet moeten doen.'

'Of misschien moet je het vaker doen.'

We sleurden de kano onder de dichte bomen aan de overkant, hurkten tussen de wortels en wachtten.

'Jezus, wat heb ik het nu koud.' Eindelijk.

We zaten te rillen onder het afdak van de bomen tot de regen afnam, net als het tij. Terwijl we onze stijve knieën strekten om weg te gaan, viel er een appel bij Moths voeten neer.

'Waar komt die vandaan?'

'Gek, ik zie nergens een appelboom.'

Van onder water kwamen weer diepe, slijmerige modderbanken tevoorschijn, die zelfs bij hoogtij nauwelijks bedekt waren. Zodra de modder zichtbaar werd, landde er binnen een paar seconden een kleine vlucht wulpen, die onmiddellijk voedsel begonnen te zoeken, met hun lange, kromme snavel diep in de modder, waar ze elk mogelijk brokje eiwit dat zich onder het oppervlak verborg, omhooghaalden. Deze grote bruine vogels kwamen vroeger in grote delen van Groot-Brittannië veel voor. Thuis in Wales was de murmelende roep van de wulpen het geluid van de lente geweest, als zij terugkwamen van hun overwinteringsgebied om in de natte wei te nestelen en zich tegoed te doen aan de glasaaltjes die stroomopwaarts zwommen. Maar in de laatste paar jaar voordat we daar weggingen, waren de wulpen niet gekomen, hun roep was verstomd. Hun aantal is de afgelopen twintig jaar in Wales met 80 procent afgenomen en in Engeland met 30 procent. Een grote vermindering in aantal die hun voortbestaan aan onze kusten bedreigt.

'Kijk eens, het zijn er wel twintig of nog meer.'

'Dit moet wel een echt ongestoord gebied zijn. Zilverreigers, blauwe reigers, wulpen, wie zou hebben gedacht dat er zo'n speciale plek was, zo dicht bij al die drukte in de riviermonding? What the fuck...?' Moth dook weg toen een half opgegeten appel op de kano terechtkwam.

'Zijn er kinderen in het bos?'

'Ik zie ze niet. Die zou je toch ook wel horen, denk je niet? Vogels misschien.'

'Wat zei je ook al weer over ongestoord?'

We volgden het terugtrekkende tij naar een smal kanaal tussen de modderbanken en peddelden rustig weg. Geen geluiden van mensen of boten, alleen de druk van de peddel tegen water en het geklop tegen de zijkant van de kano van half opgegeten appels die met het tij mee stroomafwaarts dreven.

We lieten onze natte kleren bij de deur van de kerk liggen, terwijl het ophield met regenen en de zon doorbrak. Gewikkeld in handdoeken wachtten we tot het theewater kookte en ik keek op mijn mobiel: een voicemail van een nummer in Londen.

'Hallo, ik heb het hele manuscript gelezen en ik zou graag een gesprek met u hebben. Wanneer komt het uit dat ik u bel?'

15

Lucht

Ik stond bij de deur van de kerk en tekende voor het pakje, een zware doos die ik mee naar binnen nam en op de tafel zette. Ik ging zitten en keek ernaar, streek met mijn handen over het vierkante karton, over het etiket met bovenin het adres van de afzender en in de hoek het logo. Het water kookte en ik zette thee; daarna ging ik met opgetrokken knieën op de houten stoel zitten. Ik zou hem nu kunnen openmaken, de inhoud eruit kunnen halen, ze stuk voor stuk betasten, oppakken, ruiken. Of ik kon gewoon blijven zitten wachten tot Moth thuiskwam en het moment met hem delen. Achter het raam waren de sneeuwklokjes in de tuin van de buurman weer opgekomen en de magnoliaknoppen waren gezwollen en stonden op het punt open te gaan. Hij had in het weekend zijn schuurtje afgebroken en als ik op het aanrecht bij het raam ging zitten, kon ik nu tussen de daken door een glimp van bomen in de verte zien. Ik at een biscuitje en wachtte, terwijl het leek of de doos steeds groter werd, hoe langer ik ernaar keek. Ik ging op het aanrecht zitten, met mijn voeten op de stoel. De doos en de bomen tegelijkertijd in zicht, daartussen de dampende thee.

Maanden waren voorbij gegaan sinds ik in Covent Garden in Londen het metrostation uit was gekomen. Het korte wandelingetje naar The Strand had gemaakt, zo nerveus dat het me moeite had gekost de ene voet voor de andere te zetten, of in een rechte lijn te denken. Ik had voor een stenen poort gestaan die toegang gaf tot een glanzend gebouw van glas en staal. Zoveel mensen, zo weinig lucht, ik kreeg nauwelijks adem. Ons pad had ons door de pijn en wanhoop van het verlies heen geleid naar natte nachten en mistige landtongen, en nu naar deze glazen deur waarvoor ik naar adem stond te snakken. De literair agent duwde hem open en wachtte tot ik erdoorheen liep naar de grote foto van een pinguïn boven de receptiebalie.

'Maak je geen zorgen, het wordt gewoon een informeel praatje met de redacteur.' Naast de kleine, elegante vrouw met de mooie blouse en hoge hakken voelde ik me enorm, slonzig en misplaatst. Tegen mij zal niemand ooit zeggen: 'Wat zie jij er mooi uit!' Ik bracht mijn hand naar mijn haar, en verwachtte daar twijgjes en grasprieten tegen te komen – nee, gewoon de normale, pluizige, ontembare ragebol die zich nooit echt had hersteld van die maanden in de buitenlucht. Ik ademde diep een teug muffe kantoorlucht in, een diepe ademtocht van leven, van dood en alle complexe emoties die daarbij hoorden. Terwijl wij op de bank zaten te wachten tot de redacteur naar beneden kwam om ons te begroeten, plukte ik stilletjes aan de blauwe stof van de bankbekleding en schrok op door de herinnering aan Moth die aan een witte plek op de tafel plukte toen de rechter zijn oordeel uitsprak en het bevel tot uitzetting gaf. Er was niets te verliezen, dus niets om bang voor te zijn. Waarom was ik dan zo zenuwachtig? We waren zo'n beetje al onze materiële bezittingen kwijtgeraakt en hadden dat toch overleefd. Als ik deze afspraak verknalde, zoals ik verwachtte dat ik zou doen, en Penguin besloot mijn boek niet te publiceren, wat had ik dan verloren? Niets. Het leven zou hetzelfde blijven, de dood zou nog steeds in de coulissen wachten en er zou niets veranderd zijn. Boeken van beroemde schrijvers stonden naast elkaar op de boekenplanken, schrijvers die ook op mijn eigen boekenplanken hadden gestaan, toen ik nog boekenplanken had. Een felle flits van herinnering aan een leven voordat ik dozen vol boeken moest weggeven en de planken moest achterlaten. Verlies bevrijdt je. In de lege ruimte die achterblijft kan alles gebeuren. Iets uit niets.

We volgden de jonge redacteur de trap op naar de deur van een kleine kamer. Ze bleef even staan, met haar hand tegen de deur.

'Het leek ons wel zo handig om vandaag allemaal kennis met je te maken.'

Te laat om te vluchten nu, de deur ging open en daarachter zaten vier mensen aan een ronde tafel, met een levensgrote poster van Jamie Oliver ingelijst aan de muur achter hen. Er moet een heldere hemel zijn geweest buiten het raam van het kantoor, maar ik zag hem niet. Ik stond bij de vuurtoren van Lizard Point waar zich honderden zwaluwen verzamelden, klaar om af te zetten van het land en de lucht in te gaan. Instinctief aangetrokken tot de hemel, op weg naar het zuiden, naar warmte en voedsel. Mijn hoofd tolde bij de duizelingwekkende zekerheid van hun vlucht. Geen twijfel of aarzeling, ze wisten wat hun te doen stond. Vertrouwen zonder vraag of geloof, vertrouwen, even basaal en complex als gewoon bestaan. Wij hadden bij die vuurtoren gestaan, op het zuidelijkste puntje van het land, terwijl de wind ons verleden met zich meenam en ons zonder het gewicht van onze geschiedenis achterliet. We hadden ons naar het noorden gewend en ik was Moth gevolgd over het stoffige spoor, weg van het verleden, de toekomst in, terwijl we alleen op elkaar vertrouwden en op een instinct dat ons vertelde dat het pad ons vooruit zou leiden.

Een kleine, mooie vrouw nam het initiatief in de kamer, met een gemakkelijke elegantie.

'Bent u wel eens eerder bij een uitgeverij binnen geweest? Nou, om u op uw gemak te stellen: voordat we beginnen, wil ik alleen maar zeggen dat we uw boek heel goed vinden en dat we het graag willen uitgeven. Maar u moet wel die titel veranderen.'

Duizend zwaluwen stegen op in de warme wind, in de herfstzon die weerkaatste op hun gespreide vleugels met de kleur van middernachtshemels. Als de lucht koeler werd en het aantal insecten afnam, wendden de vogels zich simpelweg naar het zuiden en lieten het land los. Verdwenen in het witte licht van de verte. Voorbij hoop of geloof. Instinct is ons woord, niet het hunne: zij spreiden gewoon hun vleugels en vertrouwen op de lucht.

Dat moment was maanden geleden, maanden van wachten tot de doos kwam. Eindelijk hoorde ik het ijzeren hek piepen en een paar seconden later was Moth er weer.

'Ha, daar ben je. Hoe was je dag?'

'Niet zo best. Ik had een raar gevoel in mijn hoofd en nek, alsof er een enorm gewicht op me drukte.'

Moth worstelde zich door de laatste paar maanden van de studie heen. Een enorm en prachtig afstudeerwerkstuk groeide op de tafel op het overloopje boven aan de trap die hij als bureau gebruikte. Dikke mappen vol werk stapelden zich om hem heen op en hij kromp langzaam onder hun gewicht. Hij ging steeds minder wandelen, naarmate de tijd om het af te krijgen opraakte. De tijd die in zoveel opzichten opraakte.

'O, wauw, wat is dat? O, is het dat?'

'Dat moet wel. Ik heb er alleen nog maar naast gezeten. Ik wilde het niet openmaken voor jij er was.'

'Nou, pak de schaar dan! Hoe kon je zo lang wachten? Ik zou me niet hebben kunnen bedwingen.'

'Maak jij hem maar open. Ik weet niet of ik het wel kan.'

'Doe niet zo belachelijk. Pak de schaar, dan doen we het samen.'

De doos ging open en vogels vlogen op in heldere luchten, een slechtvalk scheerde over de landtong. Dolfijnen zwommen in woeste golven, twee figuren stonden alleen boven op een klif, met de wind in hun haar, en hoopten.

Terwijl ik langzaam het eerste exemplaar opensloeg van het boek met zijn nieuwe titel, *Het zoutpad*, vlogen zwaluwen over de eerste blanco pagina's en zout water rolde langs mijn gezicht omlaag.

'Kijk.' Moth hield een boek open op de titelpagina. 'Kijk, het is je gelukt.' Ik liet mijn hand boven het plaatje van een pinguïn zweven en het was de hand van een klein meisje dat droomde. Een heel leven nog te leven voordat die droom kon uitkomen.

'Het is ons gelukt.'

'Nee, jou, het zijn jouw woorden.'

'Maar het was ons pad.'

Exemplaren van *Het zoutpad* vonden hun weg naar de planken van boekwinkels in het hele land, terwijl Moth zijn laatste werkstukken afmaakte en voor de laatste keer het universiteitsgebouw uit liep. Een paar weken later begon zijn telefoon te zoemen met berichten van andere studenten van zijn jaar, die hun diploma hadden gehaald. Ze vierden hun eindcijfers, maar de brief voor Moth kwam niet.

'Misschien is hij zoekgeraakt in de post. Misschien moet je je tutor eens bellen?'

'Nee, het is omdat ik gezakt ben.'

'Als je gezakt was, zou je ook een brief krijgen.'

'Als ik gezakt ben, kan ik niet gaan lesgeven. Ik denk trouwens toch dat ik niet langer aan een scherm kan werken. Het zijn mijn ogen: het is onmogelijk in periodes van tien minuten het computerwerk te doen. Ik weet dat we vanaf de dag dat ik me voor de studie opgaf, hebben gezegd dat ik les zou gaan geven, maar ik denk dat de CBD nu te ver gevorderd is.'

We zaten in de schaduw van oude eikenbomen bedekt met korstmossen die gedijden in de heldere zoute wind vanuit de riviermonding. Elke week liepen we de Hall Walk die zich vanaf Polruan door de bomen slingerde, via de houten voetbrug over de rivier bij Pont Hill waar grote vissen met de vloed mee gezwommen kwamen, naar de veerboot in Bodinnick. We hadden in regen en wind gelopen, tot over onze enkels in de modder, langs verspreide sneeuwklokjes, over bosgrond met een blauwe deken van boshyacinten, daarna tussen honderden vakantiegangers, tot vandaag, een rustiger dag van warme zon door schaduw gevende takken. Gevallen bladeren knisperden in mijn hand, kurkdroog, de bladeren van vorig jaar, die dood op de bosgrond lagen in de schaduw van de nieuwe aangroei. Met mijn rug tegen een boomstam kon ik alleen maar opluchting voelen. Het studeren had hem in alle opzichten uitgeput, maar hij had zich door alle moeilijkheden heen gevochten om het eind te halen. Misschien kon hij, nu dat voorbij was, meer dagen op deze manier doorbrengen: gewoon in een groene ruimte bewegen, alleen maar zijn. Ik klampte me vast aan elk sprankje hoop, terwijl zijn gedachten wegglipten en zijn lichaam wankelde. Langzaam, langzaam erodeerde hij, als aarde die bij zware regen uit de oever van de rivier spoelt, zodat alleen zijn wortels zich nog vastgrijpen op het glibberige stenen oppervlak. Zijn boom op het punt van omvallen.

'Ik weet het, je kunt niet meer al die druk op jezelf leggen. We zullen een andere weg vooruit moeten zoeken. Wie weet, misschien verkopen we wel wat boeken, genoeg om ons door het jaar heen te helpen en ons de tijd te geven om te bepalen hoe nu verder.'

Moths telefoon ging weer. Nog meer mensen die iets te vieren hadden?

'Het is mijn tutor.' Hij zette de telefoon op de luidspreker, bleek en stil. Jaren werk, die op een uitkomst wachtten.

'Moth, ik vroeg me af hoe het met je gaat? Je bent laatst niet gekomen voor de uitslagen, dus ik dacht dat ik maar even moest horen of het wel goed met je gaat. Wil je dat ik de brief op de post doe?'

'Dat wist ik niet, ik dacht dat ze sowieso met de post kwamen, dacht dat die uitslag niet kwam omdat ik gezakt was.'

'Nee, jij was veel te goed om te zakken, natuurlijk ben je geslaagd.'

Het gesprek liep ten einde en hij stopte beverig de telefoon weer in zijn zak.

'Ik ben geslaagd. Niet te geloven gewoon, dat ik geslaagd ben.'

'Geen seconde aan getwijfeld. We moeten het vieren.' Toen we het felle licht tussen de bomen in liepen, kreeg zijn gezicht weer kleur. 'Niet te geloven: Mothman, doctorandus. Zo, zó trots op je. We moeten het echt vieren.'

'O ja, als echte studenten. Thee in Fowey dan maar?'

'Met zo'n verrukkelijk Portugees pasteitje.'

'Tuurlijk, doe maar gek.'

Kennelijk is er geen slaap zo diep als de slaap van een neurodegeneratieve ziekte, tenminste in Moths vreemde en ongrijpbare versie van CBD. Hij had het eind van zijn studie gehaald, uitgeput, stijf, met pijn in zijn arm en been en een permanente hoofdpijn. Maar nu de druk van het werk weg was, wilde hij alleen maar slapen. Twaalf uur per nacht, en dan was hij nog moe. Dus waarom had ik gedacht dat een cursus mediteren zou helpen? Zet een vermoeid mens in een stoel, zeg dat hij zijn ogen dicht moet doen en stil moet blijven zitten, wat doet hij dan? Slapen, natuurlijk. Maar snurken... dat had hij beter niet kunnen doen, het verraadt je zo. Ik kuchte luid en het snurken hield op. Ik kon niet meer mediteren, het gesnurk was mijn ruimte binnengedrongen en ik was weer in de kamer. Ik had geprobeerd te mediteren over de vraag wat we nog meer zouden kunnen doen om de snelle achteruitgang van Moths gezondheid een halt toe te roepen, maar er kwam niets. De wetenschap wees op de noodzaak van stevige training en de natuurlijke omgeving. Allebei onmogelijk nu hij de helft van de dag sliep en wij aan een betonnen pad woonden. We moesten weer gaan wandelen, een lange, lange wandeling, maar hij had de kracht niet om zijn rugzak te dragen. Of we moesten ergens gaan wonen waar hij op het land kon zijn, verbonden met de aarde, ergens waar het groen was. Maar dat was onmogelijk; we stonden nog steeds geregistreerd als niet-kredietwaardig, omdat we ons huis waren kwijtgeraakt, en we leefden van het laatste restje van een studielening en een voorschot voor het boek. Niet bepaald wat een huisbaas zou willen horen. We waren zo blij met het dak dat we boven ons hoofd hadden na onze maanden zonder huis, en voelden ons meer dan dankbaar tegenover onze huisbazin omdat ze ons onderdak had geboden, maar we zaten gevangen in een onontkoombare situatie, terwijl Moth steeds verder buiten bereik gleed. Elke dag dreigde ik net zo lang tot hij mee ging wandelen, al haatte ik mezelf om wat ik zei, omdat ik met mijn pogingen hem vooruit te dwingen een wig tussen ons dreef. Ik vond het afschuwelijk, maar hoeveel pijn het ook kostte, drie kilometer was niet ver genoeg. Het maakte zijn hoofd helder, verminderde de stijfheid, maar hij had meer nodig. Veel meer. Mediteren hielp ook bepaald niet. Zijn nek werd alleen maar stijver terwijl hij in die stoel zat. Waar was ik mee bezig? Ik wilde huilen, en niet uit extase omdat ik een staat van zen bereikte.

Ik keek de kamer rond. Iedereen zat volmaakt stil, met gesloten ogen, het hoofd vrij van gedachten. Simon hief langzaam zijn hoofd op van zijn borst. Kalm en precies als altijd haalde hij zijn gevouwen handen uit elkaar.

'En laat jezelf langzaam in je eigen tempo terugkomen in deze kamer. Maar vergeet de spreuk van de grote Boeddha niet: kansen kloppen op je deur, maar karma komt achter je aan.'

Na een paar weken meditatielessen wist ik niet meer zo zeker of er iemand in de groep was die echt mediteerde. Ik worstelde. Moth doezelde, ik kon me niet voorstellen dat Gill haar geest een halfuur lang stil kon houden, en het was duidelijk dat Simon bezig was met het bedenken van Boeddha-grapjes. Alleen Marion vond blijkbaar rust: nog voordat wij allemaal zaten, viel zij al in een diepe slaap, en ze werd meestal net op tijd wakker voor de thee.

We waren nu allemaal terug in de kamer. Sarah kwam overeind uit haar stoel met een soepele gratie die me deed denken aan rijpe gerst die wuift in de wind. Ik keek hoe ze theewater opzette en vond het moeilijk te geloven dat zij al haar zestigste verjaardag naderde.

'Wanneer begin je aan de promotietournee?' Ze zette de thee

op tafel en alle ogen richtten zich op mij; ik schoof ongemakkelijk heen en weer op mijn stoel. Ik praatte nooit veel, maar had eindelijk een manier gevonden om een ruimte met mensen te delen en korte gesprekjes te voeren zonder bevangen te worden door paniek. Gill en Simon gingen op de bank tegenover me zitten, hun lichaamstaal sprak boekdelen. Twee singles, geen banden, geen gezin om rekening mee te houden. Waarom verstopten ze zich?

'Al gauw. Ik probeer er niet aan te denken.' Aan de steelse blikken die de anderen wisselden, zag ik dat zij even grote twijfels hadden over mijn vermogen op een podium te gaan zitten en mensen over mijn boek te vertellen als ikzelf.

'En sociale media? Hebben ze je gevraagd om dat ook te doen?'

'Ja, Twitter en andere dingen. Ik heb nooit op Twitter gekeken, ik snap niet echt wat je ermee moet.'

'Het gaat om verbinding, verbonden zijn met andere mensen. Het helpt je boek meer bekendheid te geven.'

'Maar dat zijn totale vreemden; ik weet niets van ze. Hoe kun je erop vertrouwen dat mensen niet heel negatief gaan doen en de kans dat je boeken verkoopt juist kleiner maken?'

'Nou, Moth kent ons nauwelijks, maar hij vertrouwt ons genoeg om in slaap te vallen als hij geacht wordt te mediteren. Soms moet je dat gewoon doen.'

'Zo gemakkelijk is het niet altijd, Sarah.' Gill ging rechtop zitten; haar manier van doen was veranderd. 'Als in het verleden je vertrouwen is beschaamd, kan dat traumatisch zijn. Dan is het vrijwel onmogelijk dat vertrouwen te herwinnen of het weer vrijelijk te geven.' Ze verschoof een beetje op de bank, iets dichter naar de deur toe. 'Trauma kan je veranderen, of het nu het verlies van je huis is, een echtscheiding of dat je door iemand wordt verraden. Het laat altijd een litteken achter.'

'Misschien is dat zo, maar soms moet je gewoon springen. Het verleden vergeten en springen. Iemand een koekje?' Sarah hield een schaal op.

'Zoals ik zei, het is niet altijd zo gemakkelijk, Sarah. Soms ben je zelf degene die het moeilijkst te vertrouwen is.' Gill was bezig haar schoenen weer aan te trekken om weg te gaan.

'O, Gill, het is wél gemakkelijk. Ray, je moet gewoon al je moed verzamelen en die sprong wagen. Stap dat podium op en geloof in je boek. Het gaat niet over jou, het gaat over het boek.'

'Ik geloof niet dat dat zal werken, het boek gaat over mij, over Moth. Het gaat juist wel over ons.'

'Wat maakt het uit, spring toch maar.'

DEEL DRIE

Voorbij de wilgen

'Wanneer we er één tussenuit proberen te halen, ontdekken we dat die verbonden is aan al het andere in het universum.'

My First Summer in the Sierra
John Muir

Luid,

in een gefluister zo duidelijk dat ik het altijd heb geweten,
in woorden die ik altijd heb kunnen horen.

Het antwoord
was er altijd al.

16

Spring dan

De angst verlamt me, ik durf gewoon niet. Ik kijk naar beneden naar mijn voeten in de zwarte gympies, zwaar op de voorste hooibaal. De paniek schroeft mijn keel dicht, mijn borst gaat snel op en neer. Vanuit de diepte waait koelere lucht tegen mijn bezwete lichaam en ik voel de leegte voor en onder me. Geluiden komen omhoog: roepende, joelende kinderen. Ze lachen me uit.

'Springen, springen, springen!'

Ik sleep mijn voeten weg bij de rand, maar blijf met mijn hiel haken in het touw waarmee het gedroogde gras bij elkaar wordt gehouden. De angst explodeert, ik sluit mijn ogen en val achterover. De spottende geluiden klinken verder weg, maar ik ben nog steeds in het hooi, met mijn rug op het harde oppervlak van de strak geperste balen zongedroogd gras, lievevrouwebedstro, distels en scherpe boterbloemen die in mijn huid prikken. De golf van angst ebt weg en mijn ademhaling komt tot rust in de drukkende, van citrusgeur doordesemde lucht. De vertrouwde boog in de nok van het schuurdak is dichtbij, dichterbij dan ooit. Ik ben acht, en zo hoog ben ik nog nooit geweest, tussen de steunbalken van het halfronde golfplaten dak, waar een spin net haar web aan het afmaken is. Rustig en gestructureerd. De warme lucht uit het hooi stijgt naar het door de zon verhitte dak en vervormt de stemmen van beneden. Ik blijf hier, alleen, veilig. Luidruchtig kwebbelend en kibbelend fladderen de mussen om hun nest. Het is alweer weken geleden dat ze uitvlogen, maar ze komen steeds terug op het nest om ruzie te maken. Ik weet dat hij er ook is, achter me, ik voel zijn aanwezigheid. Ik wist al dat hij hier woont, maar ik ben nog nooit zo hoog geweest, zo dicht bij zijn stek. Dit is verboden terrein, ik weet dat ik er niet mag komen, maar ik ben er. De kleine hooibalen zijn hoog opgestapeld en reiken bijna tot aan het dak hier aan de achterkant, maar ze zijn trapsgewijs gestapeld, zodat de mannen er makkelijk op kunnen klimmen om elke baal die met de elektrische lift omhoogkomt op te vangen. Tegen het einde van deze hete, droge zomer zal de schuur vol zitten en is alles krukdroog. Naast de balentrap is een steile muur van hooi – een val van wel twintig meter. Daar staan mijn neefjes en nichtjes op mij te wachten, naast het hooi dat we hebben losgetrokken om een dikke mat van te maken als zachte landingsplek. Zij zijn al gesprongen, ze lieten zich zonder twijfel of bijgedachte in de diepte vallen en staan nu in het felle zonlicht. Maar ik zit hier achter een onzichtbare muur, de barrière van mijn angst. Bang om te vallen, bang om neer te komen, bang voor de beschuldigende woorden die me wachten.

Als ik hem in de schemering geruisloos over de heggen zie zweven, is hij lichtgeel en wit, maar hierbinnen is hij grijs. Al zijn zijn ogen gesloten, ik voel dat hij oplet. Roerloos zit hij daar in de verste hoek van het dak, zijn veren glad om zich heen gevouwen. Overdag is dit zijn plek. Zodra de avond valt, verdwijnt hij naar de velden en de brede heggen. Zijn kop draait snel opzij, getrokken door de roep van een meerkoet in de poel, daarna weer terug, zijn ogen groot en rond op mij gericht. Ik ken de meerkoeten. Ik zat aan de waterkant tussen de wilgen en kon zo in hun nest kijken. Opgestapelde twijgen in het riet hielden het broedende vrouwtje net boven water totdat de eieren uitkwamen en de grijze balletjes uit het nest in het water vielen en verbaasd om al die nattigheid hun rode kopjes schudden. Eindeloze zomers lang heb ik uitgestrekt op wilgentakken naar ze liggen kijken en gezien hoe het roze van de kopjes langzaam overging in de kleur van de snavel, waarna ze hun volwassen witte bles kregen. Aan hun roep hoor ik dat ze geschrokken zijn en spetterend met hun stijve grijze poten vanuit het ondiepe de veiligheid van het diepere water opzoeken. Maar dan ontmoet mijn blik de zijne en ik besef dat ik hem helemaal niet ken. Hij is een vreemde voor me.

'Waar ben je nou? Schijterd, schijterd.'

'Ze doet het niet.'

Hun stemmen klinken gedempt en ik laat ze wegdrijven met de geluiden van de beek die na een watervalletje sneller gaat stromen voordat ze in de geul uitkomt. De diepe, donkere bakstenen afwateringsgeul neemt het water mee onder de varkenshokken door en stroomt steeds sneller totdat hij in de brede geul uitkomt die door het ligusterbosje stroomt. Ook al een verboden plek, maar een die ik goed ken.

'Doe het nou gewoon, spring dan, spring, spring!'

Ik maak me los van de kerkuil, sta op en schuifel terug naar de rand. De warme wind bolt onder mijn T-shirt en ik doe mijn armen omhoog om de koelte te voelen. Ik ben met mijn neefjes en nichtjes ook door de geul gerend en ze zijn er niet achter gekomen, dus misschien...

Nog voordat ik hemzelf zie, hoor ik mijn vaders laarzen aan komen lopen, zijn spijkerzolen op de klinkers van het erf, en ik zie meteen de rest van de lange zomervakantie voor me. Niet zozeer het korte nare moment dat hij me zal straffen als wel de dagen erna, de weken van mama's stille verwijt. Haar teleurstelling.

'Wat doen jullie daar, stelletje klootzhommels? Jij. Kom naar beneden. Nu.'

Ik heb niks te verliezen. Of ik spring of niet, het resultaat is hetzelfde.

Ik buig mijn knieën, strek mijn armen naar voren en voel de wind langs mijn lichaam. Dan komen mijn voeten los van het hooi en ik voel dat de vogel bij me is. Het puntje van zijn vleugel veegt over mijn arm terwijl hij onder de balken door de velden in vliegt. De lucht verplaatst zich, de tijd staat stil. De kerkuil maakt een glijvlucht onder de wilgenbomen en ik vlieg met hem mee.

Vrij van angst. Een vrije vlucht.

17

Land

'Moet je net aan mij vragen, mijn telefoon is alleen voor bellen en berichtjes. Ik heb geen idee. Vraag Tom, die weet het wel.' Moth zat rechtop in bed de thee te drinken die ik hem had gebracht toen hij er om halftwaalf nog steeds in bleek te liggen.

'Hai Tom, ik kom er niet uit, met dat Twittergedoe. Ik word er gek van. Help...'

'Het is niet moeilijk. Volg alleen iemand terug als je dat wilt, als die persoon iets te melden heeft wat jij wilt lezen.'

'Maar wie dan?'

'Weet ik het, maakt niet uit. Wie heb je daar?'

'Misschien deze man? Ik geloof dat hij verderop aan de rivier woont. Hij schijnt mijn boek gelezen te hebben.'

'Prima, waarom niet, volg hem maar.'

Ik volgde hem en een paar uur later kreeg ik een direct message: 'Ik las uw boek en vind het prachtig. Bent u nog in Cornwall? Ik heb een oude boerderij met koeien en schapen en een cidermakerij. Als u nog in Cornwall bent, zou ik graag eens met u praten, mag ik u bellen?'

'Mam, waar ben je mee bezig, je geeft mensen toch niet zomaar je telefoonnummer?'

'Ik weet het, stom van me, ik ben ook zo'n onnozele hals. Alleen, er was iets... ik weet niet meer. Denk je dat ik zijn nummer moet blokkeren?'

'Nee, dat heeft nu geen zin meer. Wacht maar even af wat hij wil.'

We stonden op een heuvelkam, op een kurkachtig stuk grond dat totaal uitgedroogd was in deze warmste zomer sinds mensenheugenis. Het terrein liep af naar de rivier, waar boten langsvoeren op het hoge tij die het licht zo weerkaatsten dat het leek alsof er een wit lint tussen de bomen op de oever was gespannen. Maar hier boven op de heuvel was geen water en was geen groen. De verschroeide aarde strekte zich uit over een brede helling, en in elk weiland was het gras tot de grond toe afgegraasd door koeien en schapen. Toen alles was verdroogd, waren de ingesloten dieren gedwongen geweest van de brede stroken heg te eten. De grond eronder hadden ze met hun hoeven weggekrabd in pogingen beschutting te vinden tegen de brandende zon. Waar weelderige groene heggen hadden kunnen staan, brede bosschages tussen velden en wegen waar wilde dieren zich schuil konden houden, was nu niet meer te zien dan grillige houtige stengels met hier en daar wat verschrompeld blad, terwijl de wortels blootgesteld werden aan de droge lucht. De aarde in onderwerping.

'De zomer is pas halverwege en ze moeten nu al bijvoederen met kuilvoer uit de wintervoorraad. En dat is niet alleen hier, hè. Tijdens normale vochtige zomers kunnen boeren de hoge veeteeltniveaus net bolwerken. Maar de temperatuur hoeft maar iets te stijgen en dan krijg je dit. Je ziet het overal in het zuiden dit jaar: te hoge veestand en dan kan het grasland het niet aan. Verschrikkelijk om te zien.' Sam gebaarde met zijn arm. Het was zo'n man met handen die nooit vies werden, die nooit de wolvette vacht van een ooi hadden opgevangen of een heg hadden aangelegd. De schone zachte handen van iemand die op kantoor werkt. 'Denk niet dat ik niets van het land weet. Mijn ouders zijn agrariërs, ik ben op een boerderij net over de grens in Devon opgegroeid. Maar wij boeren niet op deze manier. Wat ze hier doen, is landbouw bedrijven met winstoogmerk, zonder oog voor de toekomst. Ik werk in de Londense City, heb ik altijd gedaan, dus ik weet wat winst en verlies zijn. Als je je basiskapitaal opverbruikt, hou je niets over om op te bouwen, en vanuit milieuoogpunt is dat een funeste ontwikkeling. Ik kan het bijna niet aanzien.' Hij haalde zijn hand door zijn haar en schikte zijn design zonnebril.

Ik ving Moths blik. Wat staan we hier te doen, las ik in zijn ogen. Inderdaad, wat déden we hier? Het was flauw om te zeggen, maar ik had al verwacht dat Twitter me problemen zou opleveren, en dat was vrijwel direct uitgekomen. Daar stonden we dan, op een onbekende verdroogde heuvel, alleen maar omdat ik me had ingelaten met een app waar ik niets van snapte.

De verschroeide helling maakte een flauwe bocht en liep dan verder omhoog, en van de rivier af. Aan de andere kant van de brede heuvelkam daalde ze af naar een vredig glooiend dal met een smalle weg erdoorheen. Overal stonden schapen te grazen. Langs het weggetje lag een boerenhuis met aan de overkant een krakkemikkig golfplaten afdak dat steunde op telefoonpalen waar het met touwen aan vastgemaakt was.

'En daar ligt mijn grote passie. Dat is waarom ik de boerderij heb gekocht.' Sam wees naar wat lage struikachtige bomen die de contouren van de vallei volgden. 'Niet alleen voor het land, maar vooral voor de boomgaard. Het heeft me dertig jaar gekost, dertig jaar werken in Londen voordat ik haar kon kopen.' Bijna onmerkbaar zag ik de stadsjongen in hem vervagen. Achter dat masker schemerde iets echts. Iets aards. Iets wat ik begreep.

'Volgens mij zijn dit bijzondere bomen, ze zijn zo oud en knoestig, waarschijnlijk staan hier al honderden jaren appelbomen. De cidermakerij is van oudsher de verbinding tussen de appelbomen en de mensen die hier woonden, en dat vind ik heel bijzonder. Net als het prachtige landschap met die naar de rivier toe aflopende heuvel. Al die jaren in de stad was dit mijn droom, dat ik ooit een boerderij kon kopen, om terug te keren naar het land waar mijn wortels liggen. Nu is het zover. Hier ligt het. Er zijn dagen dat het in de stad zo grijs is dat mijn verlangen naar het platteland jeukt als een bult waar ik niet bij kan. Op zulke dagen is de wetenschap dat de boerderij er is voldoende om me erdoorheen te trekken. Maar het is niet zoals ik het me had voorgesteld. Er is hier zoveel werk aan de winkel, dat kan ik er gewoon niet bij hebben.'

'Ik begrijp het niet. Als dit uw droomplek is, waarom woont u hier dan niet?' Ik keek naar de boerderij aan de overkant. Boven het droge gras zinderde de hete lucht. Deze man was niet te volgen. Ik dacht terug aan het pad, hoe we dakloos langs de lange rij lege zomerhuisjes aan Hayle Beach liepen. Huisjes die de hele winter op slot gingen wanneer de eigenaars terugkeerden naar hun andere leven, ergens anders. Als hij zich zo met het land verbonden voelde, waarom woonde hij hier dan niet? Ik had me door niets laten weerhouden.

'Begrijp me niet verkeerd, ik had hier ontzettend graag willen wonen. Mijn gezin was dolenthousiast, we hadden de eerste voorbereidingen al getroffen. Maar toen, tja, mijn vrouw...'

'Hoe bedoelt u? Veranderde ze van gedachten?'

'Nee. Ze kreeg borstkanker. Dat veranderde alles. De behandeling kostte tijd, het revalideren zelfs nog langer en we konden niet verhuizen terwijl ze ziek was. Dus bleef ik de boerderij verhuren. Hoe gaat dat, de tijd gaat door, je richt je op andere dingen en voordat je het in de gaten hebt, zijn je kinderen groot. Tegen de tijd dat Rachel beter was, was het te laat. De kinderen gaan inmiddels naar de middelbare school, daar kan ik ze niet vanaf halen, niet nu.'

'Dus u wacht met verhuizen tot de kinderen klaar zijn met de middelbare school?'

'Nee, zo snel nog niet. Ik weet eigenlijk niet wanneer wel, maar in geen geval in de nabije toekomst. Rachel en de kinderen zijn helemaal op hun plek, ze zijn gelukkig. Als ik het hier maar aan de gang kan houden, dan zou dat genoeg zijn voor nu.'

Voorbij de vervallen schuur, die tot manshoogte besmeurd was met mest en waar metalen vaten, kapotte werktuigen en plastic boerderijafval omheen lagen, zag ik nog meer schuren van golfplaat, gevuld met stro en dierlijk afval. En daartussen lag een mestvaalt bijna net zo hoog als de schuren. Een enorme stinkende hoop drek, waaruit bruine stroompjes liepen die poelen veroorzaakten rond de schuren ondanks de hitte die elke andere drup water van de boerderij verdampt had. Tom had gelijk gehad: ik had mijn nummer niet moeten geven. Waarom had Sam ons hier uitgenodigd? Wij konden hem niet helpen met het aanspreken van de landbouwondernemers om de rotzooi op te ruimen.

'De problemen groeien me boven het hoofd. Ik stond al bijna op het punt om de boel te verkopen.' Hij schoof met zijn schoenen door het stof, drukte zijn zonnebril dichter tegen zijn gezicht en keek naar de kreek. 'Maar alleen al de gedachte dat ik dit allemaal zou moeten opgeven, is onverdraaglijk. Als ik de boerderij verkoop, is mijn droom om terug te keren naar het land vervlogen, en dat kan ik gewoon niet aan. Daarom vond ik *Het zoutpad* ook zo mooi. Ik las het en wist meteen dat jullie het waren, dat jullie het zouden begrijpen.'

Er hing een roerloze stilte in het zijkamertje van de kerk, een bedaarde stoffige ouderdom. Langs de muur stonden boeken en bijbels, aan een rek hingen klapstoelen en er stonden stapels dozen met ongebruikte folders voor evenementen van lang geleden. Twee vrouwen spraken op gedempte toon over iemand die ze allebei kenden, zonder enige zorg voor wat er in de grote ruimte achter de deur te gebeuren stond. Waarom deden zij alsof het allemaal de gewoonste zaak van de wereld was, terwijl ik nauwelijks kon ademhalen? Ik stommelde naar de deur, botste tegen het stoelenrek, gleed met mijn zweterige hand van de koperen deurknop. Ik was eruit. Eindelijk frisse lucht. Maar waar kon ik heen? Tegenover me was de wc, mijn enige ontsnappingsmogelijkheid. Ik knalde de deur dicht en deed het hokje op slot. Gewoon ademen nu.

Het was een kolossale stenen kerk in een kustplaats in Devonshire. Was ik maar door een achterdeur naar binnen gegaan, dan had ik die lange rijen stoelen voor wel vierhonderd mensen niet hoeven zien en had ik mezelf niet op hoeven sluiten op het toilet. Het was alweer jaren geleden dat ik in deze plaats was geweest, de laatste keer toen ik dakloos was en het pad had gevolgd dat vanaf het kiezelstrand naar boven leidt, de stad uit. Maar gisteravond, toen Moth en ik uit het raam leunden van de hotelkamer die het festival voor ons had geregeld en toekeken hoe de mensen in de schemering over het pad liepen, leek het opeens niet meer dan een paar dagen geleden. Ik snoof de geur op van de rode aarde die het zeewater verkleurde en de kustlijn in een roestkleurige gloed zette. Destijds waren we hongerig geweest, moe en koud en wanhopig op zoek naar een plek om te kamperen omdat het al avond was. Dus klommen we over het hek van een golfbaan, de enige vlakke plek in de omtrek. De zestiende hole. De volgende ochtend hadden we gekeken hoe de zon opkwam, hoe de rode kliffen het licht weerkaatsten door de dichte zeemist, en hoe de lucht de roze gloed van een buitenaardse wereld aannam totdat de greenkeeper en zijn honden beschuldigend voor ons stonden om ons weg te krijgen voordat de golfers zouden arriveren. Een ochtend dat ik veel meer mezelf was geweest dan vandaag, na het comfortabele bed, het warme water en het geserveerde ontbijt. Het voelde nog steeds dichtbij, aanwezig, urgent, de trillingen van de aardverschuiving die we die nacht hadden gehoord. O nee, stel je voor dat de greenkeeper er vandaag ook was?

Vijf minuten voor aanvang. Gemurmel van stemmen vanachter de deur.

Ik haalde het slot van de deur en boog me over de wastafel om water in mijn gezicht te plenzen, zonder erbij na te denken dat ik mascara had opgedaan, iets wat ik zelden doe. Ik stelde me voor hoe Moth op de eerste rij rustig op me zat te wachten, en ik probeerde te ademen. Misschien zat het helemaal niet vol. Misschien hadden ze me in een verkeerde locatie geboekt en zouden er maar een paar stoelen bezet zijn. Mijn ademhaling werd rustiger, al bleef ik in de spiegel een bleek, paniekerig gezicht met zwarte strepen zien. Ik probeerde de mascaravlekken weg te wassen en toen dat niet lukte, rommelde ik in mijn tas op zoek naar iets waarmee het er wel af zou gaan. Lippencrème. Ik vette mijn wangen in met vaseline, als een rugbyspeler die zich voorbereidt op de scrum. Terwijl ik het met een papiertje wegveegde, liet mijn telefoon weten dat ik een berichtje had. Sam. Alweer. 'Hebben jullie al kans gezien om erover na te denken?'

Hoe kon ik daar nou over nadenken? Alleen al om zijn aanbod in overweging te nemen was meer geloof in de mensheid nodig dan wij overhadden. Erop ingaan vereiste een vertrouwen dat we misschien wel nooit meer zouden kunnen opbrengen. We zouden het verleden achter ons moeten laten, proberen te vergeten waartoe een te groot vertrouwen kon leiden en hopen dat het deze keer anders zou gaan. Alsof dat mogelijk was, gewoon maar vergeten. Alsof we niet zo diep gekwetst waren dat we blijvende littekens hadden opgelopen. Vergeten was onmogelijk. Maar ja, intussen zat Moth daar op de eerste rij: vermoeid en vergeetachtig, langzaam de schaduw van zijn leven in te glijden. Hij had buitenlucht nodig, wind, wilde luchten en een doel om naartoe te werken. Hoe fijn zou het zijn als hij zijn dagen bewegend tussen het groen kon doorbrengen? Hij had de natuur om zich heen nodig om zichzelf te zijn en de kracht terug te krijgen die hij op het pad gevonden had.

Twee minuten voor aanvang. Het gemurmel werd luider en galmde door de hoge holle ruimte van de kerk. Het waren maar echo's, er zat vast niet meer dan een handjevol mensen.

In de sacristie stonden de vrouwen te wachten.

'Waar bleef u toch? We gaan beginnen.'

'Ik was even een luchtje scheppen. Is het zover? Vooruit dan maar.'

Het dal liep rond af in een vallende boog, als een druppel die schuin richting de kreek gleed. Aan de ene kant van een nieuw aangeplant deel van de boomgaard hoorde ik een beekje, ergens achter het struikgewas met bramen en opgekruld draad. Ik kon het niet zien, maar het was het geluid van beweging, de cyclus van water: van het land in de zee naar de hemel en terug naar het land in een gesloten cirkel.

'Dit schijnt een van de plekken te zijn waar Kenneth Grahame zijn inspiratie voor *De wind in de wilgen* vandaan haalde. Ik heb hier een boek, kijk.' Sam haalde een biografie over de schrijver uit zijn tas. 'Gekocht bij een kringloopwinkel, jaren geleden alweer, omdat ik de tekening zo mooi vond. Het is de kreek, zie je, en daar op de achtergrond ligt het hoog gelegen veld van de boerderij. Ik had natuurlijk nooit kunnen denken dat de plek uiteindelijk van mij zou worden. Wat ik al zei, het is een droom.'

Op het omslag was inderdaad eenzelfde soort plek te zien. Achter Sams rug zag ik Moth zijn wenkbrauwen optrekken. Wie was deze man, wat moesten we met hem?

'Maar de dingen zijn anders gelopen dan ik voor ogen had toen ik de boerderij kocht. Niemand begrijpt wat ik met deze plek wil. Niets heeft gewerkt. En toen las ik uw boek.'

Hij wilde iets van ons, maar wat? Een warme droge windvlaag bracht boombladeren in beweging, en een grote buizerd cirkelde vanuit het dal traag op de thermiek omhoog, zweefde, zweefde, totdat hij in een glijvlucht over de top van de heuvel verdween.

'Misschien hebben jullie je leven inmiddels op orde of misschien verklaren jullie me voor gek. Maar zou het jullie wat lijken om hier te komen wonen? Om te helpen van dit alles de speciale plek te maken die het zou moeten zijn? Om de natuur terug te brengen op het verarmde land, zodat het wild terugkeert in de heggen? Leef hier, maak er jullie thuis van. Jullie zouden het beheren zoals ik het voor me zie: een ecologische boerderij waar nog steeds wat schapen worden gehouden en cider wordt gemaakt, maar alles vanuit respect voor het milieu. Willen jullie helpen dat waar te maken, wat denken jullie ervan?'

Wat wij dachten? Wij zaten daar stil op het verbrande gras en waren niet in staat te denken. Er hing een geladen stilte in de lucht. Geen roepende vogel, geen zoemend insect, zelfs geen zacht ritselende graszaaddoosjes in de wind. Gewoon een hete, roerloze stilte. De stilte van een bar land waarin geen wild kon leven. Verder naar beneden lagen lammeren onder de appelbomen, ingesloten door metalen schapenhekken op een stuk kurkdroge grond, waar het gras tot aan de stenige ondergrond en de boomwortels was weggegraasd. Met hun vacht vol bruine droge aarde krabden ze aan het hek, hongerig wachtend tot er voedsel zou komen. De buizerd was om de heuvel heen gevlogen en verscheen achter ons in de lucht, om af te dalen boven het dal terwijl zijn lange klagende kreet door het stille lege landschap klonk. Wat dachten we?

'Bedoelt u dat u het land terug wilt geven aan de natuur?'

Natuurinclusieve landbouw is een splijtzwam in de agrarische wereld. Veel mensen denken dat het betekent dat je het land laat verwilderen en de hekken openzet om grazers onbelemmerd rond te laten scharrelen – zowel vee als wilde dieren. Veel boeren zien het als een idee van natuurbeschermers en boomknuffelaars, niet als een serieuze landbouwmethode, omdat de opbrengst te klein zou zijn om de bevolking te voeden en om winst te maken. Maar het is ook mogelijk om biodiversiteit op zo'n manier te verbeteren dat er een gezonde balans ontstaat tussen natuur en landbouw. Door geen kunstmest te gebruiken, en pesticiden alleen in noodgevallen, en daarbij de veestapel te verkleinen is het mogelijk om voedsel te produceren en tegelijkertijd de biodiversiteit te vergroten. Het is een stukje terug naar de natuur, maar niet te ver: werken mét de natuur, in plaats van ertegen. Je krijgt er helaas geen wilde natuur mee terug.

'Nee, het land teruggeven aan de natuur wil ik niet. Het is meer andersom: de hekken openzetten zodat de natuur terugkeert op het land.'

'Aha, hebben we het dan over regeneratieve landbouw, waarmee de boerderij teruggebracht wordt in de oude staat?'

'Dat is precies wat ik voor ogen heb.'

We kenden hem niet en wisten niets van hem. Dit zou het geweldigste aanbod ooit kunnen zijn maar ook de gril van een dwaas. Het was duidelijk dat hij informatie over ons had gevonden op internet en het boek had gelezen, wie weet welke bijbedoelingen hij had. Nee, we zaten goed in ons appartementje achter in de kerk; uit het zicht, in de luwte, rustig en vooral veilig. Intussen voelde ik onder mijn handen de warme aarde, de scherpe broze grasssprieten en rook ik hooi. De donkere, gistachtige, diepzoete geur van de hooischuur uit mijn jeugd. Even voelde ik weer hoe mijn voet bleef haken achter het balentouw, en hoe de wind mijn shirt opbolde. Nee. Nee. Nee. We hadden ons lesje geleerd. We waren zoveel kwijtgeraakt. We konden het ons niet veroorloven ooit nog iemand te vertrouwen. Hoe zouden we dat moeten doen? Ik boog naar voren en keek naar Moth zoals hij daar zat: ineengedoken, duizelig, vergeetachtig. Hij had een wild groen leven nodig, maar geen stress, ingewikkeldheden of problemen. Gewoon de eenvoud van een leven in de natuur.

'We moeten erover nadenken.'

'Natuurlijk. Maar ik weet gewoon dat jullie de juiste mensen zijn voor deze plek. Het heeft zo moeten zijn, ik voel het.'

De felle witte podiumlampen waren zo verblindend dat ik nauwelijks verder dan de eerste twee rijen kon kijken. Maar langs de gedempt verlichte zijkanten van de kerk, achter de pilaren, zag ik bezette stoelen helemaal tot aan het einde. Ik probeerde er niet op te letten en concentreerde me op de vrouw die de vragen stelde. Afgeleid door een ongewoon springerig gebonk in mijn borst gaf ik stotterend antwoord. Daarna was de andere schrijver aan het woord, en in het licht van de lampen begonnen mijn gedachten in paniekerige cirkels te draaien. Mijn telefoon stond op stil en trilde in mijn zak. Hij weer. Ik voelde dat hij het was. Stop met bellen, ik weet niet wat ik ervan vind, hoe kan ik iets zeggen nu, op deze wezensvreemde plek, verblind door podiumlicht? Opeens begreep ik waarom Bono altijd een zonnebril draagt en mijn gedachten dwaalden af naar liedjes van U2 en kabbelden verder over een rivier naar de zee.

'Ray, wil je een fragment uit je boek voorlezen? Ray... Ray?'

Zelfs de gedachte aan Bono's zonnebril kon het trillen van mijn handen om het boek niet tegenhouden, maar toen ik eenmaal begon te lezen, kwam er een vreemde kalmte over me. Vertrouw op de woorden, vertrouw op het pad, het heeft je al tot hier gebracht. En toen ik verder las, was ik niet meer op het podium maar terug op het strand waar het vloed werd, en het water steeds hoger kwam tot het over de zandbank stroomde, in de richting van de tent. Moth ploegde in zijn onderbroek door het zachte zand met de tent boven zijn hoofd, en toen hoorde ik gelach en brak er iets open. Ik keek naar het publiek en zag dat ze bij me waren, ze renden naast me het strand op. We hadden de tent samen opgezet onder aan het klif en ik voelde de hoop en de toekomst en een leven dat nog geleefd moest worden. Ik wist dat ik ja wilde zeggen. Ja, Sam, volmondig ja. Onbezonnen en dwaas, zonder iets te leren van het verleden. Alsof we niet hadden geleerd dat niets zo simpel is als het lijkt, dat je niemand kan vertrouwen, dat er altijd ergens een addertje onder het gras zit.

'Nou, het was erg interessant om jullie te horen vertellen over jullie boeken. Dan is het nu tijd voor ons heerlijk grote publiek. Wie wil er een vraag stellen?'

Toen de lichten dimden, kreeg ik het publiek te zien, en daar stond hij, achter Moth, bij een pilaar. De greenkeeper.

Zeg, nog even over dat kamperen op de golfbaan...

18

Overstekend ree

We namen een foto van de etalage van de boekwinkel. In de ruit werden onze silhouetten gereflecteerd, met achter ons de winkels aan de overkant van de straat en in de blauwe lucht de torenspitsen van de kathedraal van Truro. Maar daar zagen we op dat moment niets van. Het enige waar we naar keken, was de stapel lichtblauwe boeken met daarop de vlucht zwaluwen met hun gevorkte staarten, en de poster waarop met de hand citaten uit het boek waren geschreven. Mijn woorden, tussen tekeningen van golven en meeuwen, en vlaggetjes met dolfijnen en vogels aan een blauw lint.

'Kun je het al een beetje geloven?'

'Nee, absoluut niet. Zeg, vind je die tekening op het omslag niet net ons kampeerplekje bij Land's End?'

'Lijkt er wel op, ja. Wie had die avond, toen we de tent opzetten na een totaal verregende dag, kunnen denken dat we een paar jaar later hier zouden staan?'

'Maak nog eens een foto van mij met de boeken.'

'En gaan we het dan vieren met thee en iets lekkers erbij in het café daarboven?'

We dronken thee uit een kannetje terwijl we onder ons mensen door de straat zagen lopen, nog steeds in T-shirts en korte broeken vanwege de onverwacht warme dag in deze vroeg gevallen herfst.

'Weet je, als we ja zeggen tegen deze man, is het alsof we niets hebben geleerd. Dan leggen we ons hele herwonnen stabiele leven in handen van iemand anders. Kijk waar dat de vorige keer toe leidde: dakloosheid.' Moth smeerde een heel dun laagje boter op zijn theebroodje.

'Maar dit is niet hetzelfde. Hier stoppen we geen geld in. Dus wat hebben we te verliezen? Huren biedt ook geen zekerheid: je kunt in een huis wonen zolang de huurbaas het toestaat. We hebben maar een tijdelijk contract nu. Elke maand kan Anna besluiten de huur op te zeggen, en dan moeten we er binnen twee maanden uit zijn. Ik weet dat ze dat niet zomaar zal doen, maar de dingen kunnen veranderen. Dus ik denk dat we het van die kant moeten bekijken.' Ik smeerde alle resterende boter uit het bakje over mijn theebroodje. Ik weet niet waarom, maar ik ga altijd schransen als ik het even niet weet.

'Dat is ook waar. Maar het wordt een enorme klus; alleen al om het allemaal op te ruimen en schoon te maken voordat we kunnen beginnen met repareren of bedenken waar we een inkomen uit kunnen halen, laat staan hoe we winst gaan maken. En stel dat we alles voor elkaar hebben, en hij zegt dat we kunnen gaan?'

'Ik moet steeds denken aan de vlaggetjes in de etalage. Toen in die storm bij Land's End hadden we alles overgehad voor een situatie als deze, waarin we zouden moeten beslissen of we een onderdak durfden op te geven om ergens anders verder te gaan. Ik weet dat er een risico is dat het misgaat, maar ik denk dat we het op z'n minst moeten overwegen.' Het werd bewolkt en de mensen in de straat trokken truien aan. Ik schudde de laatste druppels thee uit de pot. Ik had wel een grote mond, maar ik was bang dat Moth gelijk had, zoals gewoonlijk.

'Het verschil is, toen we daar bij Land's End zaten, hadden we alleen nog maar een reep Mars. We hadden niets te verliezen. Nu hebben we tenminste een dak boven ons hoofd, en het is niet makkelijk dat achter te laten. Anna heeft ons geholpen toen niemand anders dat deed, dus ik voel een grote loyaliteit naar haar toe. Maar dat land... Toen ik naar die buizerd zat te kijken, zoals hij gebruikmaakte van de luchtstroom, er even één mee was terwijl hij de contouren van de heuvel volgde, voelde ik dat er geen andere plek is waar ik liever wilde zijn dan daar. Tegelijk wil ik niet dat we opnieuw zo diep gekwetst worden; dat we er eerst alles wat we hebben in steken en dat het ons vervolgens weer afgenomen wordt. Die situatie kan ik geen tweede keer aan. En ik moet ook om jou denken. Als mijn gezondheid in dit tempo blijft afnemen, kan ik het werk helemaal niet aan, ik weet niet eens of ik het nu zou kunnen. En we moeten het onder ogen zien: als ik in de komende jaren doodga, zit jij er niet bepaald warmpjes bij.'

'Niet zeggen, niet doen. Dat gaat niet gebeuren, ik sta het gewoon niet toe.'

'Ray, dat is een gepasseerd station. Op dit soort dingen hebben we gewoon geen invloed.'

Op straat werden paraplu's opgestoken, mensen vluchtten haastig winkels in om te schuilen voor de onverwachte regen.

'Het spijt me dat ik de sleutel was vergeten toen jullie kwamen kennismaken. Daarom hierbij per post. Dan kunnen jullie het huis bekijken wanneer jullie willen.'

Hoelang konden we treuzelen en de beslissing voor ons uitschuiven voordat hij het opgaf? We gingen terug naar de boerderij om nog een keer te kijken, met ons tweetjes. Eens zien hoe het voelde als we het woonhuis vanbinnen hadden gezien.

De zon zakte al naar de horizon, de nachten werden langer, maar overdag bleef het warm. Toen we bij het huis stonden, waaide de wind vanaf de kreek beneden over de verwaarloosde boomgaard in ons gezicht. We besloten voordat we het huis binnengingen eerst het lange gras in te lopen en de verwilderde heggen te verkennen. Honderden jaren geleden waren monniken hier in boten naartoe geroeid en aan land gegaan met zakken graan en flessen rum van onbekende oorsprong die ze hadden opgeslagen in een priorij hier aan de rand van de slikgronden.

Zo had een groep mannen hier in afzondering een religieus bestaan geleid in het beboste dal. En waarschijnlijk appelbomen geplant. Sam had aanwijzingen gevonden dat hier al cider werd gemaakt in de tijd dat de Magna Carta werd ondertekend. Dit betekende dat de appels op deze plek al honderden jaren in cider werden omgezet. Ik kon me voorstellen hoe die monniken, die hun dagen natuurlijk met weinig anders vulden dan met bidden en vissen, door het beschut gelegen dal hadden gestruind en gedacht: wat een perfecte plek om appelbomen te planten. En dan was het niet verrassend dat ze tijdens dat rustige leventje dat ze hier bij het water leidden, op het idee kwamen om cider te maken. Sommige historici schijnen te denken dat de cider als betaalmiddel diende voor smokkelwaar die van overzee aan land werd gebracht, en dat hun kloosterleven allesbehalve sereen was. Maar misschien was dat de Cornwallse visie op de geschiedenis. De priorij is allang weg, het huis op die plek is van veel latere datum, maar de geschiedenis blijft voelbaar.

Toen we die herfstige namiddag de appelbomen bekeken, leek het ons goed mogelijk dat een aantal ervan daadwerkelijk nog door de monniken geplant was: knoestig, vol met vruchtboomkanker, takken die doorbogen onder het gewicht van de rijpe appels. We zagen nu ook waar de mysterieuze in de rivier vallende appels vandaan kwamen. Er waren helemaal geen kinderen in de bossen. Kraaien verzamelden feestmaaltjes bij elkaar in de boomgaard en namen het fruit mee, werden bij het overvliegen van de rivier afgeleid en lieten hun lunch op passerende kanovaarders vallen. Op weg terug naar het huis stuitten we op de stam van een oeroude boom. De wortels waren gebroken en verdraaid, wat waarschijnlijk de reden was geweest dat hij, jaren geleden al, was omgevallen. Aan de onderkant van de liggende stam waren de takken dood en vielen uit elkaar in het gras dat hier tot mijn middel kwam, maar aan de bovenkant waren takken blijven groeien. Zich vasthoudend aan het laatste beetje leven in de boom reikten ze verticaal omhoog naar de zon. Over de hele lengte van de stam verdeeld zaten perfect ronde gaatjes, alsof ze uitgeboord waren met een elektrische boor.

'Dat ziet er maf uit. Iemand die zijn nieuwe boor wilde uitproberen?'

'Of beestjes, een of ander houtborend insect?' We stonden er een tijdje naar te kijken. 'Nou, ik heb genoeg van het staren naar insectengaten. Ik ben vreselijk benieuwd, zullen we eens kijken hoe het er binnen uitziet?'

Het huis was gebouwd van steen uit Cornwall: smalle grijze blokken schilferachtig leisteen, maar op twee kanten van het huis zat pleisterwerk in het soort perzikroze wat je in de jaren zeventig veel in badkamers zag. Op de velden graasde nog steeds vee, en dat zou nog wel een paar weken duren, maar vanwege Sams besluit om de boerderij te verkopen stond het woonhuis al een tijdje leeg. De deuren en ramen zaten al maanden dicht, dus we hielden onze adem in toen we het slot opendraaiden. Achter de kunststof voordeur was een perzikroze gangetje met op de vloer een wild gedessineerd tapijt waaruit vocht omhoogkwam toen we erop stapten. In een van de grote kamers hing het gebarsten pleisterwerk los langs de muur, het werd alleen nog op zijn plaats gehouden door verschillende lagen roze behang. In de andere kamer stond een houtkachel. Onder het lapjestapijt lag een doorweekte rotte kartonnen ondervloer. In een hoek lag een plasje water. De keuken was een soort doos, met bruine tegels op de vloeren en de muren. Door een klein raam was in de avondschemer nauwelijks iets te ontwaren. Een gangetje, gevormd door schuifdeuren van hardboard, leidde de keuken uit en verborg een trap en de ingang van een kleine kamer. Daar stond, een eind van de open vuurplaats af, een houtkacheltje dat via een flexibele, over de tegelvloer slingerende kachelpijp in verbinding stond met de schoorsteen.

'Dus, wat doen we hier? Het is duidelijk dat hier in geen jaren iemand heeft gewoond, maar toen dat nog wel zo was...'

'Toen hadden ze wel iets met perzikroze?'

'Ze waren helemaal weg van perzikroze.'

Boven was de muffe lucht amper te harden. De tapijten hielden vocht vast dat van beneden opsteeg. Verder omhoog was het vocht tegen het structuurplafond geslagen en had daar een laag zwarte schimmel afgezet. Zelfs de kunststof kozijnen hadden het begeven, de ruimte tussen de ruiten zat vol met condens, schimmel en dode insecten.

'Jemig, de lucht is hier niet te harden.' De doordringende vochtlucht prikte in mijn keel.

'Laten we even een raam opendoen, kijken of dat helpt.'

'Hier is heel wat meer nodig dan een beetje frisse lucht.'

'Je hebt gelijk, het is een gribus.' Moth schoof het schuifraam open en stak zijn hoofd eronderdoor. Het raam drukte als een guillotine op zijn nek. Zou dit huis een levenslange gevangenisstraf blijken te zijn voor degene die gek genoeg was om Sams aanbod te accepteren? 'O wow, Ray, kom eens kijken.'

Ik ging naast hem staan en stak mijn hoofd uit het raam. Door de appelbomen heen, voorbij de schuren en de mestvaalten, keken we uit op de kreek. De late middagzon schitterde op het water en de herfstkleuren van de bomen langs de oever werden erin weerspiegeld. Vanaf het wad in de verte klonk, heel zacht op een flauwe windvlaag die droog en koel omhoogkwam, het roepen van scholeksters.

'Ik wed dat je vanaf hier de wulpen bijna kan zien.' Zijn ogen klaarden op.

'Misschien zouden ze wel komen foerageren als het gras anders werd beheerd.'

'Ik weet niet of het mogelijk is de biodiversiteit in deze weilanden zo ver terug te krijgen dat ze erop af zouden komen. Misschien is het te laat.'

'Het zou een hoop werk kosten.'

'Te veel voor ons.'

We bleven uit het raam hangen terwijl de duisternis en de avondkoelte invielen. De boerderij werd koud, wat de vochtlucht alleen maar sterker maakte. Vanaf de kreek kwam een mistbank opzetten, die tussen de bomen langs de oever door optrok naar het dal en de boomgaard. We pakten onze spullen om terug te gaan naar huis, maar toen Moth het raam wilde sluiten was er een beweging bij de heg aan de andere kant van het weggetje. Bijna geluidloos kwam een ree tevoorschijn. Ze stak de weg over en liep langzaam en op haar gemak voor het huis langs, over een paadje dat ze duidelijk elke avond nam. Aan het einde van het verharde erf leek ze te aarzelen. Ze keek rond, als om te controleren of ze alleen was, nam een paar happen kort gras en verdween toen in het hogere struikgewas – een luchtspiegeling in de schemering. Geen andere geluiden. Geen neerstrijkende vogels, geen uil vanaf de overkant van het dal, geen merels met hun avondlied. Alleen een ree die de nacht in wandelde.

We deden het raam dicht, sloten af en reden terug naar huis. We spraken geen woord, het was niet nodig onze beslissing te bespreken. We hadden samen goede tijden en slechte tijden gekend, we hadden keuzes gemaakt die goed hadden uitgepakt en keuzes die waren uitgelopen op een ramp. Maar we hadden een punt bereikt waarop we wisten dat niets voor altijd was, dat alles kon en ook zou veranderen. De enige zekerheden in ons leven waren mijn hand in die van Moth, de stemmen van onze kinderen aan de telefoon en de wetenschap dat risico's betekenisloos zijn als je niets te verliezen hebt. We stonden bij de kerk op een koude avond, op het punt af te dalen in de donkere betonnen gang naar de achterdeur, maar onze voeten schuifelden over warm zacht nazomerhooi. Vertrouwen was iets ongrijpbaars, waarschijnlijk zouden we nooit meer in staat zijn andere mensen werkelijk te vertrouwen, maar er was iets groters voor in de plaats gekomen. Het South West Coast Path had ons weggeleid van de angst en de wanhoop en naar een plek van hoop en mogelijkheden gebracht. Nu we het opnieuw hadden gelopen, op papier, had *Het zoutpad* ons naar de boerderij geleid. Onze voeten stapten over het balentouw terwijl de warme wind tegen onze huid blies. We hielden elkaars hand vast, gaven het pad ons vertrouwen en sprongen.

19

Uitschot

Angstig, nerveus, opgewonden, hoopvol, twijfelend en tegelijk zeker van mezelf nam ik de pen van Sam aan en zette mijn handtekening onder de huurovereenkomst. Zou dit eindelijk betekenen dat we ons nooit meer hoefden af te vragen waar we volgende maand zouden slapen, of volgend jaar, en dat Moth niet meer bang hoefde te zijn opnieuw dakloos te worden? Ik kruiste mijn vingers en hoopte dat hij nu tijd zou nemen om zich te concentreren op de boerderij, zijn diploma in de praktijk te brengen en een duurzaam tuinbouwproject te realiseren. Het was tijd voor hem zijn dagen op het land door te brengen en voor mij om te kijken en te hopen.

Het huis leek wel een spons: als het regende zoog het het water op, werd het droog, dan dampte en sijpelde het er aan alle kanten uit. We konden er niet gaan wonen voordat we een manier hadden gevonden om het droog te krijgen.

'De tapijten, we moeten die stinktapijten zien kwijt te raken.'

Terwijl de oktoberzon de muren verwarmde, sleepten wij de druipende kleden buiten op een stapel en pelden kartonpulp van een kalkvloer zonder vochtafstotende laag. We stookten het houtfornuis op tot het vuur bulderde en de kamer in een sauna veranderde met stomende vloeren en vochtbubbeltjes op de muren die opdroogden tot een zoutig stof.

Het perzikroze behang brandde als een vreugdevuur. Nog dagenlang spiraalde een oranjeroze rookwolkje uit de nasmeulende resten en verspreidde zich over het dal. En nog steeds dampten de vloeren. Dagen gingen voorbij terwijl we behang afschraapten en zwarte schimmel uit alle hoeken en kieren schrobden. Als we 's avonds thuiskwamen in de kerk, stortten we uitgeput in, waarna met het donker de twijfels opkwamen. Uiteindelijk, toen alles wat de geur van natte schimmels vasthield verwijderd was, begon de vloer te drogen. De ramen waren gezeemd en bij het hek stond een plant. Toen we de deur afsloten om terug te gaan naar de kerk, hadden we voor het eerst het gevoel dat het misschien wel mogelijk was. Misschien.

Ik werd wakker van de hoorn van de loodsboot die een schip uit de riviermonding leidde. Het was al licht, maar ook nog koud, dus ik deed een dikke trui en pantoffels aan en ging naar beneden om thee te zetten. Op mijn telefoon las ik het ochtendbericht van Rowan die onderweg was naar haar werk, mijn normale begin van de dag. 'Hoi mam, ik ben laat, fijne dag, bel je straks.' En zag dat er nog twee berichten waren. Een kleine onafhankelijke uitgever van mooie natuurboeken vertelde me dat ze een serie klassiekers uitbrachten, elk met een inleiding door een andere schrijver. 'Ik zou het fantastisch vinden als u zou willen overwegen een inleiding te schrijven voor *Copsford* van Walter J.C. Murray.' Mijn adem bleef steken in mijn keel. Ik rook ontsmettingsmiddel en stoommaaltijd en nagellak en haarspray en nachtkasttafeltje en bleekmiddel en onontkoombaarheid. Met een snik zakte ik op mijn knieën. In lange uithalen kwam een stroom van emoties naar buiten vanuit een diepte waar ik al zo lang een deksel op had gehad dat ik dacht dat ik veilig was. Al mijn zelfhaat, spijt, verlies en een onstelpbaar verdriet had ik vanbinnen vastgezet met schroeven die ik had aangedraaid tot ze niet verder konden, maar nu vloog het deksel er met een stormachtige pijnvlaag af. Ik kroop met een deken op de bank en probeerde de hete thee te drinken, heen en weer wiegend op de zo onverwacht opgezette storm. Om een inleiding te kunnen schrijven zou ik het boek opnieuw moeten lezen. Kon ik dat? Alleen al de gedachte aan het verhaal bracht me terug in het ziekenhuis. Kon ik de confrontatie met al die herinneringen wel aan? Nog naschokkend dronk ik mijn thee en daarna zette ik meteen nieuwe.

Er was nog een bericht over. Van Sam. Ik had meteen spijt dat ik het geopend had. Ik sloot mijn ogen en wendde me af, in een poging de woorden niet door te laten dringen tot mijn toch al nare gedachten. Maar ze waren binnen en ik kreeg ze er niet meer uit. 'Ray, geen prettig bericht, maar ik dacht, ik kan het je beter vertellen voordat je het zelf ziet.' Ik sloot af. Nee, geen toestanden, alsjeblieft niet nog meer toestanden. Te laat natuurlijk, ik had de rest al gelezen. 'Vandalen hebben het huis besmeurd met graffiti, een buurman zag het en belde me. Het lijkt niet permanent, met een hogedrukspuit en een nieuwe lik verf moet het op te lossen zijn.' Ik trok de deken over mijn hoofd en gaf me over aan onwillekeurig trappen en stompen. Het was allemaal mijn schuld. Eerst had ik mama in de steek gelaten, in de spreekkamer van de dokter had ik in feite haar doodvonnis getekend. En ik had Moth naar de boerderij gesleept terwijl we veilig, warm en onopgemerkt in de oude kerk hadden kunnen blijven wonen en het leven laten komen zoals het kwam. De CBD zijn gang laten gaan. Stoppen met Moth vooruit te duwen, laat hem toch. Veilig, warm, wegglijdend. Nu was het allemaal te laat. Ik had alles verpest. Eerst had ik mama's doodvonnis getekend en daarna, met mijn handtekening onder het huurcontract, dat van Moth. Ik zette de ketel opnieuw op. Ik moest hem vertellen van het vandalisme maar kon het antwoord al bedenken: ik zei toch dat we het niet moesten doen, het is allemaal jouw schuld. En hij zou gelijk hebben. Ik nam de thee mee naar boven.

'Ik begrijp niet waarom je zo over je toeren bent. We hebben het nog niet eens gezien. Misschien valt het wel mee.'

We zagen het groen eerder dan het rood en zetten er de bus even voor stil. Op de kam van de heuvel en de bovenkant van de helling was het groen. Dat hadden we nog niet eerder gezien, ook al hadden we al wat droge zonnige dagen gehad. Maar vandaag, een dag dat de regen niet zomaar uit de lucht viel maar met de kracht van een massagedouche in ons gezicht sloeg, zoals we merkten toen we uitstapten, vandaag was het groen. De bruine kurklaag had plaatsgemaakt voor een flauwe gloed van groene sprietjes. Zelfs aan de kale takken van de heggen begonnen, tegelijk met het verkleuren van het overgebleven blad, voorzichtig nieuwe uitlopers te groeien. Nog geen twee maanden zonder ingrijpen van mens of dier, en het land kwam alweer tot leven. Nu het niet langer uitgeknepen werd, stond het gewoon weer op. Het kon misschien nog jaren duren voordat de biodiversiteit van vroeger terugkwam op deze verarmde velden, maar waar groen was, was hoop.

Zoals het groen een teken van hoop was, zo was het rood een stopsignaal dat ons terug leek te willen sturen naar de kerk.

'Dat is toch niet te geloven?'

'Wat een zooi. Wat zijn dat voor ratten die zoiets doen?'

'Ratten?!'

Het feit dat dit nu gebeurde, nog voordat we erin getrokken waren, zou een rechtsgeldige reden zijn om het huurcontract te ontbinden. Over het perzikroze pleisterwerk, over de deuren en ramen, over het met maffe tegels verharde erf voor het huis, over de lage muur eromheen, overal zat rode verf. Plakkerige rode metaalverf. Graffiti uit een spuitbus, en bepaald niet in de stijl van Banksy. Een ander soort rode verf op de voorgevel was al aan het uitlopen in de regen. Het leek een grote vlek dieren-desinfecteermiddel, maar het moest een pik voorstellen, drie meter hoog, met een onverwachte, misschien hoopvolle kromming. De artiest moest op het smalle muurtje hebben gestaan om zijn meesterwerk te voltooien. Maar op de voorgevel, naar de weg gericht, stond een woord dat me trof als een nekslag, in hoofdletters van bijna een meter hoog: UITSCHOT.

Ik raapte de scherven van de plantenpot bij het hek op. De plant was nergens te zien. Had iemand hem mee naar huis genomen? Een leuk aandenken.

‘Allemachtig, wat een schijtzooi.’

‘Nou ja, die pik spoelt al weg in de regen.’

Dat was waar. Hij werd al kleiner, alsof hij verschrompelde onder het koude water. ‘De moeite van het ramenlappen had ik me beter kunnen besparen.’

‘Laten we eerst maar even naar binnen gaan en thee zetten. En ik denk dat ik de haard aansteek.’ Moth probeerde het slot van de deur open te draaien, maar dat lukte niet. In het bruine plastic slot zat een klodder ingedroogde lijm.

‘Die rotzakken hebben lijm in de sloten gespoten. Even een andere deur proberen.’ In de uitbouw aan de achterkant van het huis zaten nog twee buitendeuren. De ene, die vanaf de weg te zien was, was niet meer bruin maar helemaal rood. Uit het slot puilde een ingedroogde klodder lijm. De laatste deur kwam uit op de tuin en zat meer verborgen achter het schuurtje. De sleutel draaide en we konden naar binnen.

Het houtvuur warmde het huis snel op, binnen een uur begon de vloer te stomen. We dronken ieder twee mokken thee en aten er een heel pak vijgenkoekjes bij zonder veel te zeggen.

‘Ik kreeg vanmorgen een e-mail met het verzoek een inleiding te schrijven bij *Copsford*. Ik weet niet of ik dat kan. Het voelt te persoonlijk, ik weet niet of ik voldoende afstand kan nemen.’

‘Wow, wat een maf toeval. Maar jij was degene die dacht dat elk klein toeval op het pad een teken was, dus misschien is dit dat ook.’

‘Een teken waarvan?’

‘Dat er zoveel tijd verstreken is dat het zijn plek heeft gekregen en dat je er nu mee om kunt gaan.’ Moth gooide nog een houtblok op het vuur en ik zette voor de derde keer de ketel op.

‘Uitschot, is dat zoals mensen ons zien? Ik heb er spijt van dat ik je heb overgehaald hierheen te komen. Dat was fout van me.’

‘Waar heb je het over? Het is niemands fout. Alleen dat van een stel rotjochies op een zaterdagavond: te veel bier op en ze dachten natuurlijk dat het huis leegstaat. Het is ook nog steeds leeg. Wel vervelend dat ze lijm hadden meegebracht, trouwens, dat is echt irritant.'

'Ik weet zeker dat dit genoeg reden is om het contract te ontbinden en deze plek zo snel mogelijk te vergeten.'

'Ben jij gek. Ik ga de bezem halen en dan schrob ik het er met die regen meteen af.'

De harde stekels grepen zich vast in de rode verf maar namen ook de perzikroze verflaag mee, waardoor de muren een vlekkerig geheel werden van roze en kaal pleisterwerk, terwijl het rood de weg af spoelde.

'Zo komen we alvast van dat dunne spul af. Weet niet hoe we de rest eraf gaan krijgen – het is een soort plakkerige lak.'

'Die lul is in ieder geval weg.'

'Jammer eigenlijk, die was nog het best gelukt.'

'Maar dat woord: uitschot. Iemand moet het boek gelezen hebben. Ze weten dat we dakloos waren. Daarom staat dat daar en het gaat er niet vanzelf af. Ik had het nooit moeten laten uitgeven. Dit is wat er gebeurt als je mensen toelaat in je wereld. Hetzelfde als met de woelmuizen.'

'Ray, je weet dat ik van je hou, maar soms klets je uit je nek. Als je het echt zo erg vindt, schrapen we het eraf met de behangafstekers.'

Een natgeregend uur later was de rode verf verdwenen en stond het woord uitschot in witte letters van het kale pleisterwerk in een roze achtergrond.

'Oké, klaar nu. Ik verga van de pijn in mijn schouder. Als hier een bed stond, zou ik meteen gaan liggen. Ik moet terug naar huis nu.'

Moth en het land in onderwerping. Het laagste tij, bij allebei. Het was alsof ze allebei omhuld waren door een donkere deken, waar alleen hier en daar wat speldenprikjes licht doorheen flikkerden. Ik stond onder een appelboom, terwijl Moth de lampen uitdeed en het huis weer afsloot. De hevige regenval was overgegaan in stevige miezerbuien. Donkergrijze wolkenbanken werden over de heuvel het einde van de middag in geblazen. Water drupte door de laatste overgebleven bladeren op mijn gezicht en droogde koud op in de harde wind. Nat metaal en plastic vingen een enkele straal van het lage zonlicht op. Het lag overal opgestapeld, gebogen en verdraaid, er groeiden braamstruiken en brandnetels doorheen, roest en olieachtige resten lekten in de al vergiftigde grond. Een groep mussen kibbelde over wat meidoornbessen in de hoge kale takken van de heg, terwijl twee kraaien aan kwamen vliegen en boven in een tamme kastanjeboom neerstreken. Eronder was de grond bezaaid met stekelige groene bolletjes, waarin ik iele verschrompelde kastanjes zag zitten. Geen voedsel voor vogels of muizen hier. In de boomgaard vielen de appels in het hoge gras. Voor mensen gingen ze verloren maar zo kwamen ze wel beschikbaar voor alles wat maar onder de wuivende doornentakken van de bramen leefde. De kraaien hielden zich stevig vast aan de hoge takken van de boom. Als enige vogels in de omtrek die dit zeldzame appelfeestmaal schenen te hebben gevonden, bleven ze waar ze waren en dansten mee op de in de harde wind deinende takken, terwijl boven hen het wolkendek uiteen werd geblazen in boze grijze eilanden die woest oostwaarts dreven.

We konden nu in de bus stappen en wegrijden, vergeten dat we deze plek ooit gezien hadden en doorgaan met ons leven. Stukjes wandelen wanneer Moth daartoe in staat was en verder gewoon afwachten en toekijken hoe het licht bij hem langzaam uitging. Dat was gewoon het meest voor de hand liggende. Maar ik had iets gehoord, een stem, fluisterend van een land dat veel te lijden had gehad, nu nog zachtjes maar opkomend in groene scheuten van hoop en met rijpe appels op de grond. Een geluid, een ritme, een oproep die meegeblazen door de wind over de heuvel luider werd om daarna weer af te nemen in de stilte van het dal. Er lag een lage grondtoon onder, het geluid van verbinding.

Moth liep langzaam terug naar de bus, stijf en onhandig, met grijze lijnen van vermoeidheid in zijn gezicht. Ik stapte ook in, ging naast hem zitten terwijl de stem zijn lichte, stille liedje bleef neuriën.

'Zullen we morgen een pot verf meebrengen?'

20

Muizen

Ik sloeg *Copsford* opnieuw open. Met een kop thee in mijn hand bladerde ik erdoorheen terwijl ik de vage geur van ontsmettingsmiddel negeerde. Ik herlas de bekende passages en zocht tussen de regels naar de echte Murray. Ik kon hem niet vinden, op een of andere manier vond ik zijn woorden hol. Het was alsof ik naar een romantisch natuurschilderij van Constable keek; in meerdere opzichten nauwkeurig en perfect gemaakt, maar de ware essentie van het leven ontbrak, de donkere, schurende, pijnlijke randjes waarvan je weet dat ze er moeten zijn, gingen schuil achter de zonbeschenen takken en het sprankelende water van *De hooiwagen*. Ik deed het boek dicht. Wat kon ik in godsnaam meer vertellen dan dat het een portret was van een jonge man die een jaar op het platteland doorbrengt?

In de boerderij werd het afschrapen van beschimmeld behang een gebed zonder end. Het leek een uitzichtloze en zelfs een zinloze exercitie aangezien er heel veel gerepareerd moest worden en er heel veel verwarming nodig was om het eeuwig optrekkende vocht een halt toe te roepen. Maar het was bijna onmogelijk prioriteiten te stellen in de veelheid van problemen waar we in dit huis tegenaan liepen.

'Ik denk dat we de hardboard wandplaten en schuifdeuren eruit moeten halen. Als ze weg zijn krijg je meer ruimte naar die kamer toe. Als we het terugbrengen tot de stenen muren, verbetert de luchtcirculatie in dat deel van het huis en krijgt het vocht minder kans.'

'Denk je? Kan ik niet beter eerst het behang er helemaal afhalen?'

'Er moet nog zoveel gebeuren dat het niet zoveel uitmaakt, toch?'

Een halve dag met hamers, schroevendraaiers en een groot vreugdevuur later zaten we in een stoffige open ruimte met een open trap waar nog een authentieke leuning langs bleek te zitten. Het was stil, de opschudding was voorbij, maar ergens in het huis bleven zachte schraapgeluidjes hoorbaar.

'Wat is dat?'

'We hebben toch niet door een waterleiding heen gestoken, hè? Het klinkt als een lek.'

'Nee, luister, het beweegt. Het is nu in een andere kamer.'

We volgden het geluid dat nu niet meer alleen schrapend klonk, maar alsof er heel veel kleine voetjes renden.

'Hoe noem je een groep muizen?'

'Een kudde, een zwerm...?'

'Een muizenfamilie, nee, een kolonie.'

'Dat is geen kolonie meer, het is een hele stad. Denk je dat we muisvredebreuk hebben gepleegd met al dat gehamer?'

Het luik naar de vliering was niet meer dan een plaat multiplex die in het gat van het plafond was geklemd. Toen we het van zijn plek duwden, hagelde het muizenkeutels in ons haar en over de vloer.

'Een stad? Zeg maar gerust een muizenmetropool.'

Het hoge dak zat vol met spinnenwebben. In het midden van de ruimte waren rollen isolatiemateriaal deels uitgerold. Twee mussen vlogen in paniek rond en vluchtten toen onder de open dakrand door naar buiten. Over het isolatiemateriaal lag een tapijt van muizenpoep, maar het was wel stil nu. De bewoners hadden ons natuurlijk horen aankomen en een veilig heenkomen gezocht in hun roze glaswollige nesten, waar ze nu waarschijnlijk verstijfd van angst zaten te wachten op wat komen ging. We trokken ons terug, legden het luik zorgvuldig op zijn plek en schudden de zwarte hageltjes uit ons haar.

'Het moeten er heel veel zijn.'

'Wat doen we eraan?'

'Weet ik niet. Eerst maar eens afwachten of ze ook in huis komen, denk ik. Laten we de lege ruimtes om de waterleidingen in elk geval dichtmaken, en dan even afwachten of ze geen andere routes hebben.'

Ik zwaaide op het perron van Par de trein uit die in oostwaartse richting ging terwijl ik mijn tranen wegslikte als een kind dat afstand moet doen van zijn lievelingsspeelgoed. Moths diploma was de bevestiging van zijn levenslange kennis en ervaring, verrijkt met ontwerpersvaardigheden die nu gevraagd werden door een onverwachte cliënt meer dan driehonderd kilometer verderop. Zijn beslissing om te gaan had ons dagen vol hoofdbrekens gekost. Kon hij de reis in zijn eentje aan? Zou hij onthouden waar hij naartoe moest? Was hij, eenmaal daar, in staat het werk te verrichten? Kon ik niet toch beter meegaan? Uiteindelijk had hij zijn tas ingepakt en een reisplan op papier gezet waar alle overstappen, namen, adressen en telefoonnummers in stonden. Als hij de reis niet in zijn eentje kon maken, wilde hij er niet eens aan beginnen, had hij besloten. Dus nu zat hij in de trein, weg, onbereikbaar al.

Ik ging naar de boerderij en toen ik binnenstapte, besefte ik dat ik er voor het eerst in mijn eentje was en dat er een vreemde, naar vocht stinkende eenzaamheid in het huis hing. Weg waren alle mogelijkheden die de kamers leken te bieden toen Moth ze met zijn aanwezigheid had gevuld. Nu pas zag ik de ruimtes zoals ze werkelijk waren: koude, vochtige, troosteloze opslagplaatsen voor schimmel. Het liefst was ik weggegaan, terug naar onze warme vertrouwde plek in de kerk, om me op te sluiten tot Moth terug was. Maar hier was ik niet alleen. Zij waren er: rennend, krabbend, scharrelend boven mijn hoofd. Het huis leefde. Of in elk geval de zolder. Ik zette mijn tas neer en vond wat aanmaakhout om het vuur aan te steken. Hierbeneden was het veel kouder dan daarboven bij de muizen in hun knusse roze geïsoleerde holletjes. Toen het houtvuur brandde, een kop thee mijn handen warmde en de muizen kennelijk een dutje waren gaan doen – of buiten westen raakten van de rook die door de schoorsteen lekte, dat kon ook – pakte ik *Copsford* uit mijn tas. Terwijl ik rustig de pagina's omsloeg, liet ik Walters beschrijvingen van zijn zomerdagen op het platteland mijn herinneringen aan het lezen van het boek verdrijven. Eindelijk begon ik iets te begrijpen van de persoon die Walter was in zijn jonge jaren in dat huis, nog voordat hij eropuit ging om kruiden te verzamelen; het donkere randje van die jonge man dat verborgen zat in zijn gevecht met het vervallen huis.

Toen hij Copsford voor het eerst binnenkwam, overviel hem een gevoel van totale verlatenheid, beschrijft Murray. Het huis leek hem wel af te wijzen. Hij stond daar als bevroren en ervoer tussen de afgebrokkelde muren een diepe eenzaamheid die hij niet van zich af kon schudden. Ik legde nog een stuk hout op het vuur. Dit zou mij hier niet overkomen. Ik besloot de tijd dat Moth weg was te gebruiken om grip te krijgen op mijn gevoelens van twijfel over de stap die we hadden gezet. Ik wilde alles wat me onwelkom leek, uit het huis verwijderen. Ik zou niet net als Walter in de ijzige greep komen van een huis dat zich tegen onze aanwezigheid leek te verzetten. Maar hij kreeg wel wat meer voor zijn kiezen dan een zolder vol stinkende maar schattige muisjes. In Copsford wemelde het van de ratten. Ratten die langs de muren en uit de open haard klommen, 's nachts over zijn bed renden en hem aankeken met oogjes die glinsterden in het kaarslicht.

Nee, dan kon je beter een paar muizen hebben. Vroeger op de boerderij, toen ik nog een kind was, werden we geteisterd door ratten. Overdag waren ze onzichtbaar, maar zodra het donker werd, kwam de plaag opzetten. Met duizenden tegelijk kwamen ze op de graanschuren vol tarwe, haver en gerst af. Ze aten van het graan, bedierven het veevoer en werden zo dik en lui dat ze overdag niet eens meer de moeite namen zich te verstoppen. Ze zaten gewoon uitdagend op de balken toe te kijken. Ik volgde papa op de hielen terwijl hij vallen plaatste, rattengif strooide en uiteindelijk een heel leger aan katten uitzette in de schuren. Het hielp allemaal niets. De rattenpopulatie werd niet eens kleiner. Ondanks mijn protesten was hij ervan overtuigd dat de ratten uit holen langs de rivier kwamen, en hij vergiftigde alles wat haren had en bewoog. Hij ging er zelfs toe over ze met een luchtbuks dood te schieten wanneer ze 's avonds in hordes aan kwamen lopen. En ik, die altijd met hem meeliep, richtte de zaklantaarn op de ratten terwijl hij schoot en herlaadde en herlaadde en herlaadde. Uiteindelijk had hij sterker gif, wat hij in steeds grotere hoeveelheden net zo lang overal strooide tot de ratten het loodje legden, samen met een aantal katten en een hond. Dus ik zou me toch zeker wel van een muizenfamilie kunnen ontdoen?

Walter loste zijn probleem op door een hond te nemen. De geleende hond die Fluff heette, moest zijn rattenjacht uiteindelijk bekopen met een lawaaierige bloederige executie. Voor mijn muizen leek me dat geen oplossing, maar dat was gif ook niet. We wilden juist meer wild om de boerderij, uitroeien met gif paste daar niet in. Er moest een andere manier zijn. Ik beantwoordde een bericht van Moth en herinnerde hem aan waar hij zijn reisplan met treintijden had opgeborgen. Ik moest iets ondernemen anders zou ik een week lang alleen maar op mijn telefoon zitten kijken en me zorgen maken. Ik schraapte behang af tot het begon te schemeren, waarna ik eindelijk weer de koude lucht in ging, precies op het moment dat een uil zijn avondvlucht begon. Het was de eerste uil die ik bij de boerderij zag. Zijn brede vleugels omspanden zijn bleke ronde gezicht terwijl hij recht op me af vloog. Uilen, natuurlijk! De oplossing was duidelijk: de muizen moesten naar buiten. Maar hoe kregen we ze daar?

‘Ik ben hier bijna klaar, en ik kan niet wachten om de trein terug te pakken. Vanochtend ben ik gevallen. Ik was het laatste stuk van de tuin aan het controleren, stond gewoon op een vlak stuk gras en viel zomaar zonder enige waarschuwing om. Ik kon mezelf niet overeind houden.’

‘Wil je dat ik je op kom halen? Dan vertrek ik nu meteen.’

‘Nee, het gaat wel. Ik heb niet voor niets een retourticket gekocht. Vanavond ben ik thuis.’

Verstikt in tranen zat ik buiten in de stilte op het smalle muurtje. Er stond geen zuchtje wind, nergens was een vogel te horen. Niet één stem. Niet zijn stem. Zo zou het zijn zonder hem, zonder zijn nooit opdrogende gespreksstof, ideeën, actie. De CBD veranderde hem. Het was niet de directe vernietiging van een ziekte die als een hellevuur om zich heen grijpt, het was een geleidelijk verlies van conditie en geestelijke verbondenheid. Je merkte het amper, behalve als je hem vergeleek met hoe hij vroeger was. Er woedde geen bosbrand, er was sprake van een trage, verraderlijke klimaatverandering waarbij een voor een zijn functies uitvielen. Zijn gedachten werden vlakker en minder. Zijn lichaam werd een wereld zonder wilde dieren op het land, zonder vis in de rivieren en zonder insecten in de boomgaarden, terwijl zijn tong het proeven vergat en zijn gevoelens door zijn vingers glipten. Ik huiverde in de winterzon. Ik had helemaal geen zin in een leven zonder hem. Zonder hem zou mijn leven zijn als een musical zonder muziek. Een stil leeg bestaan.

Ik had nog een paar uur voordat hij aankwam. Die tijd ging ik niet hier op het muurtje zitten verdoen. Nee, ik zou de muizenplaag aanpakken. Aangezien er om de boerderij roofdieren leefden die voedsel zochten, was afmaken helemaal niet nodig, de muizen hoefden alleen maar verplaatst te worden. Met een hoofdlamp en een mondkapje op toog ik naar de zolder. Ik kon alle isolatie weghalen om buiten uit te schudden, maar dan vielen ze er waarschijnlijk tussenuit wanneer ik de trap af liep, en dan had ik ze overal in huis in plaats van alleen op zolder. Het leek me beter ze rechtstreeks naar buiten te duwen. Terwijl ik over de balken liep, schoof ik steeds een stuk isolatie over het stuk ernaast, waarbij ik af en toe een bruin lijfje op de volgende laag glaswol zag vallen, totdat ik bij het laatste stuk was. Ik sleepte het uiteinde naar de dakrand en duwde het daar onderdoor naar buiten in de goot. Daarna rolde ik het stuk vanaf de andere kant op terwijl ik eraan schudde. De bruine harige bolletjes schoten alle kanten op totdat de goot vol met muizen zat die naar de regenpijp gleden en op de grond terechtkwamen. Ik rende naar buiten waar de nesten verspreid lagen over het gras en de muizen tussen de brandnetels verdwenen. Tevreden dat ik het muizenprobleem had opgelost zonder ook maar een korreltje gif, zette ik een ketel water op en liep naar de badkamer boven. Het huis was weer stil. Heel stil, totdat een licht schuifelen van kleine voetjes boven mijn hoofd voorbijkwam. Ze waren er nog. Misschien moesten we ermee leren leven. Ik zocht het kitpistool en legde een extra laag siliconenkit aan om de waterleidingen. Op zolder mochten ze wonen, maar verder niet.

Ik probeerde een inleiding voor *Copsford* te schrijven, maar ik kon geen invalshoek vinden. Murray beschrijft de jonge Walter als een geloofwaardige, haast herkenbare twintiger die het avontuur aangaat door op een of andere manier in het vervallen huis te wonen. Maar als hij Walter na een tijdje kruiden laat verzamelen om te verkopen aan winkeliers en hem de velden en heggen in laat gaan, beschrijft hij de jonge man bijna als een soort spirituele figuur, zoals hij over het platteland van het naoorlogse Sussex struint. Hij schrijft over het landschap waar kruiden, bloemen en vlinders in overvloed zijn maar waar verder niets anders te beleven is dan een vredige kalmte. Wat viel daarover te schrijven? Ik kon er niets van maken, er was geen enkele diepere laag waar ik iets over kon zeggen. Ik kon moeilijk een inleiding schrijven waarin stond: Walter had meer geluk dan veel anderen, want hij merkte nauwelijks iets van de oorlog en hij had een heerlijke tijd op het Engelse platteland waar hij volop bloemen plukte.

Op weg naar het station kwam er een bijna puberale blijheid over me. Vol verwachting stond ik op het perron te wachten tot de trein binnen zou rijden. Daar was hij. Even flitste het beeld door me heen van de jonge man die me had opgewacht op het station nadat we voor het eerst uit elkaar waren geweest, en ik degene was die wilde dat de trein sneller zou gaan, zodat ik hem een paar seconden eerder zou zien. Die mijn hand had gepakt terwijl we het station uit renden en zwoer dat we nooit meer uit elkaar zouden gaan. Maar die zag ik niet.

Moe, voorovergebogen, langzaam en met moeite stapte Moth uit de trein – onvast ter been, zijn gezicht grijs en vermoeid.

'Wat ben ik blij dat je er weer bent. Geef me je tas.'

'Ben ik er echt? Ik dacht dat er nooit een einde zou komen aan die reis.'

'Jij bent het helemaal, hier bij mij. Laten we naar huis gaan en thee zetten.' En weet je, die jonge kerel die me die middag zo stevig tegen zich aan had gehouden dat ik dacht dat niets ooit meer tussen ons in zou komen? Die was er nog. Ergens vanbinnen.

'Laten we de verhuizing over Kerstmis heen tillen. Eerder krijgen we de boerderij toch niet droog. Dan brengen we de kerstdagen lekker warm door en vertrekken we daarna. Kunnen we ons nog een maand dubbele huur veroorloven?' Moth was uitgeput na zijn reis. Wat hij nodig had, was rust, niet een verhuizing.

'Net.' Opeens voelde het weer als de belachelijkste beslissing die we hadden kunnen nemen. Toen we het huurcontract tekenden, hadden we er niet op gerekend dat het ons twee maanden zou kosten om het huis schoon te maken en het vocht eruit te krijgen. Twee maanden dubbele huur. Mijn royaltyvoorschot was niet onuitputtelijk en we hadden geen idee of het boek goed zou gaan verkopen of in de vergetelheid zou raken. 'Maar half januari moeten we toch wel over zijn. Langer houden we het niet vol.'

'Mooi. Ik heb genoeg van het schilderen, ik ga het gras trimmen. Als ik tenminste nog weet hoe ik dat ding aan de praat krijg.' Moth had een oude grastrimmer op de kop getikt die we in de schuur van een vriend hadden gezet nadat we hem hadden ontdaan van stro en spinnenwebben en gevuld met olie.

'Zou je dat nou wel doen? Daar gaat je schouder pas echt pijn van doen.'

'Weet ik niet, ik probeer het gewoon.'

Ik kon het niet aanzien en liep terug naar binnen om verder te gaan met behang afschrapen. Het pingeltje van een binnengekomen e-mail klonk uit boven het vertrouwde geraas van de onwillige motor die Moth op gang probeerde te krijgen. Het tegensputterende ronkende geluid dat me, als ik mijn ogen sloot, regelrecht terugbracht naar de zonnige middagen bij ons huis in Wales waar de beukenbomen vol zaten met bijen en de zwaluwen je om het hoofd vlogen. Ik hield mijn ogen open en las de e-mail.

'Hoi Ray, hoe vorder je met de inleiding voor Copsford? Het boek gaat binnenkort naar de drukker, dus mocht je al zover zijn...'

Had ik hier echt ja tegen gezegd? Ergens in de hectiek van de lezingen en de mogelijke verhuizing naar de boerderij had ik het kennelijk beloofd. Hoe had ik dat kunnen doen? Wat moest ik er in godsnaam over zeggen? Ik had kort daarvoor een kleine vage biografie over het leven van Walter J.C. Murray gekocht, in de hoop dat het iets interessanters kon toevoegen aan het schijnbaar oppervlakkige *Copsford*.

De grastrimmer ronkte en Moth verdween ermee in de bosschages, een gemaaid pad achterlatend. De biografie lag in de keukenkast. Ik had haar op de boerderij laten bezorgen, in de verwachting dat we hier weken geleden al zouden zijn ingetrokken. Ik legde de behangkrabber neer, zette een ketel water op en pakte het boek. De auteur was duidelijk idolaat van Murray en zijn werk. Hij had pagina's vol geschreven over de gebeurtenissen in diens leven en zijn christelijke waarden. Murray hield van de natuur maar kon zijn liefde niet boven zijn religie uit laten stijgen. Ik kon er nog niet precies de vinger op leggen, maar er zat een tegenstelling tussen de man uit de biografie en de jonge man in *Copsford*. Ik kreeg niet de indruk dat ik over een en dezelfde persoon las. Het sloeg nergens op, maar ik las het toch maar uit.

Een uur later stond Moth op een uitgestrekt gemaaid veld: een modderige, hobbelige bodem met stoppels van brandnetels, distels en plukjes gras. Het bood nieuwe mogelijkheden, dit was een tuin in aanleg. Moth kwam binnen, zette zijn bril af, ging in de ligstoel bij het vuur zitten en viel meteen in slaap. Hoe had ik kunnen denken dat het een goed idee was hier te gaan wonen? Ik keek hoe hij sliep, kin op de borst, zijn hoofd meebewegend met zijn ademhaling, en sloeg het boek dicht. Ik had ze gevonden: Murray en Walter, de schrijver en de jonge man over wie hij had geschreven. Ik begreep eindelijk hoe ze een en dezelfde persoon waren en tegelijk twee totaal verschillende. Ik opende mijn laptop. Terwijl het donker werd en de vlammen flakkerende kleuren op de muren maakten begon ik aan de inleiding.

21

Mollen

Zijn bleke onderkant maakte de buizerd bijna onzichtbaar tegen de grijze wolkenmassa die de lucht aan het einde van de winter bedekte. Binnen de omlijning van donkere veren aan de uiteinden van zijn vleugels, zijn staart en zijn kop leek zijn lichaam bijna doorzichtig. Ons dal was zijn dal. Elke ochtend vloog hij over de boerderij van noord naar zuid, daarbij de lijn volgend van de oude loofbomen die de beek aan het zicht onttrokken, om vervolgens in het westen neer te strijken op het hek voor de nieuwe boomgaard of op de telefoonpaal bij de cidermakerij. Deze ochtend werd hij afgeleid door een beweging in het veldje achter het huis. Woelmuizen misschien, die tunnels graven onder het gras en daar een verborgen netwerk van knaagdiersnelwegen aanleggen.

Een paar weken eerder hadden we de kerk met al haar zekerheid, veiligheid en comfort definitief achter ons gelaten om in onze nieuwe woning te trekken. Een ondoordachte en waarschijnlijk tot mislukken gedoemde sprong vol hoop naar deze verwaarloosde boerderij die al onze aandacht en toewijding vroeg. En onbewust van wat er een paar weken later aan zou komen: de paperbackuitgave van *Het zoutpad* en de bijbehorende lezingen en interviews die mijn tijd zouden gaan opslokken. Ik wilde Moth op de buizerd wijzen die bijna roerloos in de lucht hing, maar hij was buiten bereik. Hij moest zich ergens in het struikgewas onder de zo lang verwaarloosde appelbomen bevinden, waar takken met boomkanker gedraaid en knoestig op de grond hingen, door het hoge gras groeiden en metershoog overwoekerd waren met braamstruiken. Moth maakte nachten van twaalf uur en kwam 's ochtends met moeite op gang, dus zijn dagen waren kort, maar hij vulde ze met zagen, stapelen, gras trimmen en maaien – en moest nieuwe gaatjes in zijn riem maken om zijn spijkerbroek op te houden. Langzaam, heel langzaam richtte de ene boom na de andere zich achter hem op, alsof ze al die jaren gebukt waren gegaan onder de oude, dode, gebroken en zieke takken, waar ze nu eindelijk van verlost waren. Intussen ging Moth stug verder. De grastrimmer ritmisch heen en weer zwaaiend maakte hij tunnels in de wilde begroeiing, en bracht licht op plekken waar dat jaren niet was geweest. Met het licht kwam er meer leven. Kleine vogels vonden hun plek in de bomen. En met het kortere gras kwam er ook ander leven binnen.

Waar groene paden waren ontstaan, doken molshopen op, vanaf de bomen naar de heg, waar een opeenhoping ontstond, om vervolgens uit te wijken naar de andere kant van de heg en hoger tegen de heuvel op. Commerciële landbouwbedrijven beschouwen mollen als ongedierte van de hoogste orde, omdat ze hun tunnels met een snelheid van wel twintig meter per dag kunnen graven en de hopen aarde die dat oplevert hele stukken grasland verpesten. Generaties lang hebben boeren ze uitgegraven, vergiftigd of vergast in hun streven naar de hoogste grasopbrengst. Maar mollen eten larven, maden, insecten, naaktslakken en nog veel meer beestjes die ondergronds leven en die gewassen vanaf de wortel omhoog opvreten. Beestjes die, als ze niet worden opgegeten door mollen, bestreden worden met gif, waarmee ze op hun beurt giftig voedsel worden voor vogels. Ongedierte bestrijden waarvan de natuurlijke vijand is vernietigd, dat is kennelijk de logische gang van zaken. De buizerd viel als een pijl uit de lucht, zat korte tijd in het gras en steeg toen weer op met in zijn klauwen een zwarte mol. Het roofdiertje, uit de aarde geplukt toen hij even zijn neus liet zien in de molshoop, sloeg hulpeloos met zijn pootjes door de lucht. Een natuurlijk onderdeel van de voedselketen.

Walter Murray zou van dit moment hebben genoten in de hoedanigheid van zowel de jonge man als de oudere schrijver. Naarmate de maanden verstreken en Walters kruidenhandel groeide, merkte hij dat hij stiller werd en de natuur ging beleven op een manier die hij intiemer vond dan aanraking, bijna als een eenwording. Murray schreef over de jongere versie van zichzelf als zijn 'natuurgeest'. Iets onschuldigs en naïefs waar later in zijn leven een diep christelijke man voor in de plaats kwam. Alsof het genieten van de natuur op zo'n intense manier iets was wat bij je speelgoed hoort, niet iets wat je meeneemt in je volwassen leven. Ik had mijn eigen kinderen door velden vol boterbloemen zien rennen, tot hun knieën in modderwater zien staan om een stroomafwaarts zwemmende aal te vangen, of de hele middag in bomen zien zitten. Hun wilde ongerepte omgang met de natuur was voor hen de normaalste zaak van de wereld, en niet iets om af te doen als kinderachtig, maar eerder de basis van de volwassenen die ze aan het worden waren. Murray werd een natuurschrijver en wordt wel gezien als voorloper van Roger Deakin en Robert Macfarlane, al heeft geen van zijn andere werken die ongrijpbare verbintenis met de natuur die hij beschrijft in *Copsford*. Ik was er eindelijk achter wat het boek inhield, wat het was dat het zowel diepgang gaf als lichtvoetig maakte, wat hij wilde onderzoeken in de beschrijving van de kruiden – iets waar hij in zijn andere boeken nooit meer op teruggreep.

Murray schreef pas over Walter toen hij Copsford allang had verlaten, maar heel kort na de dood van zijn enige zoon Dick, die pas vijftien was. Hij noemt zijn zoon niet in het boek, hij beschrijft nauwelijks emoties, anders dan als reactie op de natuur of de dood of het vaststellen van het uitsterven van een vlinder. Maar het lijkt me onmogelijk dat zijn zoon tijdens het schrijven van deze zinnen niet voortdurend in zijn gedachten was, zijn pen leidde, de pagina's vulde. Het lijkt wel of hij met *Copsford* Dick de jeugd wilde geven die hij niet had gehad, om het leven dat hij had verloren te herscheppen. De woorden vangen niet alleen de geest van zijn eigen jeugd, maar ook die van zijn zoon. In

Walters jaar op Copsford leeft Dick verder. Voor altijd vastgelegd op pagina's tussen de kruiden en bloemen tussen de heggen van het naoorlogse Sussex.

Terwijl ik Moth terug naar huis zag komen lopen, realiseerde ik me waarom *Copsford* me zo aantrok. Het boek vertelde niet alleen over Walters verbondenheid met de natuur, het leerde me vooral Murray zelf te begrijpen. Hoe hij, misschien niet eens met opzet, een plek had gecreëerd waar Dick altijd te vinden zou zijn, waar Murray altijd naar terug kon keren.

'Shit, ik ben totaal kapot en de benzine is op.' Moth zette de grastrimmer op het beton. Ondanks de koude wind was hij warm en bezweet geraakt onder de spatbril en de gehoorbeschermers. Hij bevrijdde zichzelf uit de veiligheidskleding en trok in één beweging ook zijn trui uit. 'Staat er theewater op?'

In het boek, waarvan op de tafel een stapel exemplaren wachtte om gesigneerd te worden, zou Moth voor altijd zijn rugzak ophijsen en zijn gezicht naar de wind draaien. Dat zou nooit vervagen, nooit verdwijnen, het zou me altijd blijven uitnodigen de pagina om te slaan en een nieuw avontuur aan te gaan.

'We willen graag even over uw velden lopen om de visarendnesten te controleren, vindt u dat goed?' Op het erf stond een quad met een man in een T-shirt van de National Trust. Zijn maat aan de deur was kennelijk de bestuurder van de terreinwagen die volgeladen was met takken en draad.

'Visarendnesten, hoezo?'

'Nou ja, het zijn nog geen echte nesten. Meer platforms.'

'Waar zijn die platforms dan, ik heb ze niet gezien.'

De man die voor de deur stond, wees naar twee palen in het veld, aan de verre horizon. Twee vreemde attributen waarvan ik had gedacht dat het oude, in onbruik geraakte telegraafpalen waren.

'Ik dacht dat visarenden elk jaar hetzelfde nest opzochten, geen nieuw maakten.'

'Dat klopt. Het idee is dat jonge visarenden op zoek naar een geschikte plek voor hun eerste nest deze platforms zien en dan denken dat het oude visarendnesten zijn die ze over kunnen nemen. We gaan erheen om nieuwe takken te bevestigen en gebroken takken te vervangen.'

'Zijn ze al eens gebruikt?'

'Nee, we kunnen alleen maar hopen dat eentje zich aangetrokken voelt wanneer hij terugkeert uit Afrika, waar hij overwintert. Er zitten daar ook reigers in de buurt, dus we weten dat de rivier een goede voedselbron is voor viseters.'

'Ik dacht dat reigers alleen waadvogels waren.' Maar de quadrijder maakte aanstalten om te gaan.

We volgden de ronde richel boven aan de heuvel, over de hoogst gelegen velden van de boerderij. Vanaf daar liep het land aan beide kanten schuin af, aan de ene kant naar de kreek waar het nu laagtij was en de diepbruine wadplaten glinsterden in het lage licht, en aan de andere kant naar het dal, waar alleen het woonhuis boven de kale bomen van de boomgaard uitkwam. Vanaf het hoogste punt bij wat visarendnesten moesten worden, daalden we steil af naar een kapot hek en een veld waar de distels en brandnetels tot aan ons middel kwamen. Het was er zo steil dat het lastig lopen was, dus we lieten het veld links liggen en klommen over het hek om door een donkere dichtbegroeide strook bos af te dalen naar de rivier. Van boom tot boom ging het, waarbij we ons stevig vastgrepen aan dunne boomstammen om niet te vallen, en geregeld stopten om even uit te rusten en te bekijken hoe we verder konden, totdat we de rand van het bos bereikten en afsloegen om ons pad te vervolgen over vlakke grond tussen het veld en het modderige wad aan de kant van de rivier.

Langs de kreken groeiden knoestige eiken en esdoorns, maar daartussen rees een groep oude gedraaide bomen op, die daar misschien al wel honderden jaren met hun wortels in de modder stonden. We herkenden de modderige bruine rivieroever meteen van de tekening die we gezien hadden. Ingesloten door overhangende wilgen kronkelde de kreek precies zo van ons af als op het omslag van Sams boek. Geen spoor van Rat en Mol, maar hoog in de bomen zagen we enorme vogelnesten stevig tussen de takken, onbeweeglijk in de harde wind die over het water landinwaarts kwam. Af en toe stond langs de oever een eenzame reiger roerloos in de modder te staren – de nek uitgestrekt, klaar om bij de geringste beweging toe te happen. We hadden helemaal niet geweten dat het land dat we bewoonden aan het territorium van een van de grootste reigerkolonies van Cornwall grensde. Na het bezoek van de National Trust-medewerkers hadden we het opgezocht. Het is waar dat er veel nesten in de bomen zitten, niet zoveel als rivierwachters denken, maar meer dan ik ooit op een andere plek heb gezien. Toch zagen we maar drie vogels. Reigers verspreiden zich na het broedseizoen over het platteland om hun solitaire leven te leiden en komen pas in februari terug naar hun nesten om drie maanden in de kolonie te leven. Het was midden februari, dus ze hadden er nu moeten zijn, in ieder geval de mannetjes, om het nest te repareren en er het beste plekje van te maken voor het vrouwtje. We speurden het gebied af met de verrekijker, maar zagen er verder geen. Waren ze vanwege de lagere waterstand verder stroomafwaarts gaan zitten? Misschien waren niet alle nesten in gebruik. Of was een deel van de nesten van trekkers die in de lente vanuit Ierland en Frankrijk naar de kolonie kwamen en ergens aan de overkant van het Kanaal zaten te wachten op gunstige weersomstandigheden? Mogelijk waren er gewoon veel minder dan het aantal nesten deed vermoeden en werden de vakkundig in elkaar gevlochten takkenbossen ouder dan hun bewoners.

'Laten we over een paar weken nog eens kijken. Nu is het nog vroeg, maar tegen die tijd moeten ze er toch zijn om te broeden.'

'Ik weet niet of dat gaat lukken. We moeten op een of andere manier die helling weer op zien te komen.'

'Pakken we de volgende keer een boot?'

Door de geschiedenis heen worden vogels gezien als voortekens, boodschappers en onheilspellers. In de *Ilias* stuurt Pallas Athene een reiger als boodschapper naar Odysseus terwijl hij een gevaarlijke verkenningstocht uitvoert in het vijandelijke kamp. Mogelijk moest de kreet van de reiger de nachtelijke overvallers morele steun bieden. Maar als deze lege reigerbroedplek een voorteken van iets was, dan beslist niet van troost.

In het vroege ochtendlicht eind februari zat er een voorteken op een telefoonpaal vlak bij het huis. Een dikke mist vanuit de rivier benam het zicht op de boomgaard, maar naarmate het lichter werd, trok de mist op en werd vanaf de bomen een nieuwe reeks molshopen zichtbaar. Het was niet zomaar een éénmolsweg, hier moest minstens een heel gezin een mollennetwerk aan het graven zijn. Boven het spoor van hoopjes aarde, op de telefoonpaal vlak bij het huis, zat een enorme vogel kalmpjes om zich heen te kijken. Een lang dier met een witte borst en donkerbruine rug. Zou het een visarend zijn? Ik wilde googelen, ik wilde Moth wekken, zodat hij hem ook kon zien, en ik wilde de visarend op de nestplaatsen in de verte wijzen, maar ik durfde me niet te bewegen, bang hem af te schrikken. Hij schikte terloops een paar veren met zijn zwarte haaksnavel, spreidde zijn vleugels tot een immense spanwijdte en maakte zich met een trage sprong los van de paal om weg te wieken in wat ontegenzeggelijk een visarendbeweging was.

'Wow, Moth, dit moet je zien. Snel, sta op, voordat hij weg is.'

Moth kwam zonder hulp overeind, zwaaide zijn benen van het bed en stond in een paar tellen naast me, terwijl de visarend in een boog over de schuren en over de heuvel landinwaarts wegvloog.

'Shit, was dat een visarend?'

Ik keek van het verlaten bed naar Moth, naast me in zijn wijde T-shirt en twee maten te grote short. Helemaal zelfstandig opgestaan op dit vroege tijdstip.

'Nee, het was een teken.'

22

Dassen

Aan het eind van de middag zag ik een flinke vos langs de voet van de heuvel door het hoge gras struinen. Zijn roodbruine vacht ving het zonlicht waardoor het leek alsof er een koperen lichaam door het dichte groen gleed. Met zijn kop naar beneden bewoog hij kriskras door het veld, een onzichtbaar pad volgend. Af en toe richtte hij zich op om zijn neus in de wind te steken.

Vossen eten voornamelijk kleine knaagdieren en konijnen, maar het zijn opportunistische jagers; als hun natuurlijke voedselbronnen niet voor het grijpen liggen, halen ze voedsel waar ze het maar vinden kunnen. Het komt voor dat ze lammetjes doden, die immers geboren worden wanneer moedervos een hol vol welpjes moet zien te voeden. In ons weiland in Wales zag ik een keer hoe twee vossen een lam uit elkaar trokken. Gruwelijk om te zien. Achter een andere vos rende ik een keer aan toen hij net met de laatste kip tussen de tanden de heg in sprong, nadat hij de nacht had gebruikt om het kippenhok leeg te halen. Maar ik volgde ook mijn vader wanneer hij het veld in ging om konijnen te schieten als de aantallen weer eens waren geëxplodeerd en de korenvelden leeggegeten waren in de eerste jaren nadat elke vos in de wijde omtrek was geëlimineerd. Ik had hem ook de ratten zien vergiftigen, en de muizen. En de woelmuizen.

Nog veel meer vervolgd dan de vos of het konijn is de das. Rundertuberculose is een onuitroeibare ziekte onder het rundvee in het Verenigd Koninkrijk. Koeien worden regelmatig getest en besmette dieren worden afgemaakt, wat voor grote financiële verliezen en verdriet zorgt bij boeren die hun veestapel kwijtraken. Niet alleen mensen, ook dassen kunnen tbc oplopen, en de ziekte is voor hen net zo dodelijk als voor koeien en mensen. De meeste mensen zijn als kind ingeënt. Maar voor de bestrijding van de ziekte onder vee gebruiken we geen vaccins. In plaats daarvan ruimen we dassen, omdat algemeen aangenomen wordt dat zij de tbc verspreiden onder het vee. De overheid vindt het goed dat ze uitgeroeid worden in een gebied dat groter is dan Israël, waardoor een diersoort die al sinds de ijstijd op dit eiland woont, dreigt uit te sterven. In mijn jeugd was onze rundveestapel 'geaccrediteerd'. In de jaren zestig en zeventig hield dit in dat de kudde aantoonbaar vrij was van tbc. En dit betekende dat ze vrij konden leven en grazen in velden en gebieden die omringd waren door bossen. Dezelfde bossen waar dassen hun teruggetrokken leven leiden. Tbc-vrij. Er bestaat een vaccin voor rundertuberculose. Toch vaccineren we kalveren niet, omdat het niet mogelijk schijnt te zijn een test te ontwikkelen die onderscheid maakt tussen een gevaccineerde en een besmette koe. We moedigen moeders aan hun kind te laten inenten tegen elke mogelijke ziekte, maar een kalf, dat bij de geboorte gechipt wordt en tot na haar dood gevolgd en getraceerd kan worden, enten we niet in – ook al is het vaccin gewoon beschikbaar en zou het voor altijd terug te vinden zijn in het dossier, net als in de medische dossiers van mensen. Omdat dit niet gebeurt, gaat het uitroeien van dassen door en neemt desondanks het aantal koeien met rundertuberculose niet af. Misschien worden ze helemaal niet besmet door dassen maar door elkaar, net als bij een verkoudheid.

Je ziet vrijwel nooit een das. Of je moet doodgereden exemplaren langs de snelweg meerekenen of de speels om hun burcht rennende dieren in een aflevering van *Springwatch*. Dassen leven een teruggetrokken bestaan in bossen en heggen, veilig in hun eigen wereld die uit lage begroeiing bestaat, op een dieet van maden, muizen en rijp fruit, met af en toe een nachtelijk uitstapje de weilanden in, waar ze blootstaan aan alle mogelijke infecties die in het gras liggen te wachten.

Wat is toch dat moment in ons leven dat cynisme de overhand krijgt over intuïtie? Wanneer maakt het voelen van de zachtheid van regendruppels in ons gezicht plaats voor de bezorgdheid dat we nat worden? Wanneer stopt de verwondering over het zien van een das die in de schemering in het gras wroet, over het horen van geluiden die meegevoerd worden door de wind of van onze eigen echo die daarin weerklinkt? Of wanneer gaan we bij het horen van de jonge stem van een activiste op de radio twijfelen aan haar geloofwaardigheid? Wanneer veranderen we van iemand die deel uitmaakt van de natuurlijke wereld in een waarnemer die het recht meent te hebben die wereld te beheersen?

Toen Murray *Copsford* schreef, keek hij terug op de naïeve twintiger Walter, die door de velden dwaalde om kruiden te verzamelen. Hij schetste een periode dat je het leven en de natuur kon ontdekken in een landschap dat niet meer bestaat. Er zijn bijna geen gebieden meer waar je door wilde velden wandelend armen vol vingerhoedskruid en duizendguldenkruid kunt plukken. Maar weinig mensen hebben ooit van duizendguldenkruid gehoord, laat staan dat ze het hebben zien bloeien in de gras- of heidevelden waar het vroeger overvloedig voorkwam. Al toen Murray zijn verhaal vlak na de Tweede Wereldoorlog schreef, tientallen jaren nadat hij zich in de struiken had verstopt om te kijken hoe het meisje op wie hij verliefd was bramen plukte, zag hij dat het platteland veranderde, dat planten en dieren verdwenen, onopgemerkt en ongezien. Ze verdwenen gewoon uit het zicht, terwijl mensen hun verbondenheid met de natuur kwijtraakten en toeschouwers werden.

Toen we in het vroege voorjaar over het land liepen, sproot overal in de lege velden een frisgroen grastapijt uit de grond. Sinds het vertrek van de laatste schapen van de vorige huurder, begin van de winter, was het land zich gaan herstellen. Maar sporen van dassen konden we nog nergens ontdekken; niet in het jonge gras en ook niet onder de heggen waar een paarse zweem overheen hing van bloemknoppen die op het punt van openbarsten stonden. Tussen de takken zaten mussen te ruziën en vanuit de lucht klonk de verre kreet van de buizerd die over zijn territorium cirkelde. Maar als hier in de omgeving al dassen leefden, dan kwamen ze niet over onze velden. We stopten om naar het hoge water van de rivier te kijken, waarin schijfjes zonlicht schitterden en waar verder stroomafwaarts een kerktoren en bossen te zien waren.

'Weet je nog hoeveel werktuigen en vee we nodig hadden om een boerderij van deze grootte te runnen?' Moth was op zijn rug in het vochtige gras gaan liggen. Zijn blik was gericht op de wolken die in elkaar opgingen en weer uit elkaar waaiden, maar hij was duidelijk ergens anders met zijn gedachten.

'Eigenlijk niet. Dat heb ik verdrongen, denk ik. Toen we gingen lopen, wilde ik niet meer aan huis denken. De herinneringen deden zo'n pijn. En nu kan ik me die dingen niet eens meer voor de geest halen.'

'Ik wel. Ik weet het nog heel goed.'

Ik draaide me om en keek naar zijn gezicht – ogen gesloten, geconcentreerd – terwijl hij een hele inventaris aan gereedschap, machines en aantallen vee opnoemde die ik nooit had kunnen bedenken, hoe hard ik ook mijn best deed.

'Het gras komt goed op, dat kunnen we niet laten gaan. Maar we hebben geen mogelijkheden vee aan te schaffen.'

'Maar weet je dan ook nog die dag op het strand toen je veertig werd en het de hele middag regende?' Hoe was het mogelijk dat hij zich al die aantallen herinnerde?

'Toen we cricket speelden in onze wetsuits omdat het zo nat was, en de kinderen niet naar huis wilden, bedoel je? Wat heeft dat er nou mee te maken?'

'Niets, maar je weet het nog.' Ik liet me achterover in het gras vallen. Hij wist het nog.

'Ik denk dat we met Sam moeten overleggen of er iemand is die het hooi kan gebruiken. Dan kunnen wij ons bezighouden met het herstellen van de boomgaard, cider maken en een biodiversiteitsplan uitwerken voor de boerderij. Ik zie ons nog niet al het land fysiek bewerken en onderhouden.' Hij stond op en wierp een blik over de velden en de bossen om ons heen, zeker van wat hij had gezegd, helder in zijn redenering. 'En ik wil de vrijheid hebben ook andere dingen te doen. Als we het land laten begrazen door eigen vee, zijn we gekluisterd aan de boerderij, dag in dag uit. Ik wil met jou mee kunnen gaan naar lezingen en ook andere dingen kunnen ondernemen.'

'Wat voor dingen dan?'

'Ik zat aan een andere wandeling te denken.'

Ik volgde hem de heuvel af, terug naar het huis. Hij liep nog steeds een beetje scheef, maar zijn pas was zelfverzekerd. De zon brak door de wolken, het gras lichtte groener op en onder aan een heg, waar maandenlang geen mens of machine was geweest, kwam zowaar een bosje sneeuwklokjes uit de grond.

Op een saaie grijze ochtend waarin de lucht onbeweeglijk was en het voorjaarslicht maar niet over de heuvel leek te willen komen, volgde ik de nieuw aangelegde paden door de boomgaard. Aan de zwellingen op de takken te zien stond de appelbloesem op het punt uit te komen. En toen ritselde er iets in het lange gras. Een ree, een duidelijk drachtige reegeit, daalde op haar gemak af naar het water en verdween in de duisternis van de oude gedraaide bomen die beneden langs het water stonden. Ik vond waar ik naar op zoek was: de omgevallen boom met de boorgaten. Ik had in een wachtkamer door een tijdschrift zitten bladeren en mijn oog was blijven hangen bij een foto van een boomstam met gaatjes die er precies zo uitzagen. Het artikel ging over een nachtvlindersoort waarvan de larven gaten in bomen eten. In de nieuwe groeiwijze van de boom groeiden takken vol uitbottende knoppen verticaal uit de liggende stam de lucht in. Uit de willekeurig geboorde gaten sijpelde kleverig sap dat een voedselbron vormde voor een paar zoemende insecten op zoek naar een lekker hapje in het voorjaar. Een vroege atalanta vouwde haar vleugels dicht, niet in staat dit all-you-can-eatbuffet te weerstaan. Lager, aan de dode onderkant van de stam, was het sap ingedroogd tot harde was rondom de gaten.

De wilgenhoutvlinder is een enorme nachtvlinder, een van de grootste die we kennen, die steeds zeldzamer wordt. Zijn belangrijkste leefgebied is in het zuiden van het Verenigd Koninkrijk. Zo ver naar het westen als hier wordt hij zelden waargenomen. De volwassen vlinders leggen eitjes in een paar soorten bomen die je bij het water ziet, essen, berken en elzen, maar ook in appelbomen. De larven kunnen wel vijf jaar in de boom leven. Al die tijd knagen en verteren ze houtcellulose, totdat uiteindelijk aan het eind van een zomer de felrode rupsen uit de boom kruipen. Ze verdwijnen zo snel mogelijk tussen het gras en in de grond om zich in de winter te verpoppen voordat ze als volwaardige nachtvlinder tevoorschijn komen. Ze hebben dan zulke geweldige schutkleuren en -patronen dat ze nauwelijks te onderscheiden zijn van de boombast. Vijf jaar lang schuilen voor het licht, om krachten te verzamelen en zich voor te bereiden op het leven.

Er was geen andere manier om erachter te komen welke insecten in de boom zaten dan afwachten tot ze tevoorschijn kwamen, misschien morgen, misschien over vijf jaar, met hun oogjes knipperend tegen het licht, klaar om zich van hun oude buitenkant te ontdoen en door te gaan als een nieuw dier. Vijf jaar is een lange tijd, lang genoeg voor zelfs het meest terughoudende insect om te transformeren en uiteindelijk zijn vleugels uit te slaan.

Het geronk van een voertuig dat het erf op reed, gaf me het bekende gevoel van nerveuze schichtigheid en een bijna niet te weerstane neiging me verborgen te houden in de boomgaard, in de hoop dat Moth wakker was en erop afging. Ik had nog steeds last van een diepgeworteld wantrouwen tegen andere mensen. Er kwamen maar weinig mensen naar de boerderij: heel af en toe bezoekers uit Polruan, maar vaker gewoon iemand die blind zijn navigatiesysteem in de verkeerde richting had gevolgd. Ik haalde diep adem en liep terug naar huis. Hoelang moest ik hier blijven, schuilend voor de wereld, voordat er genoeg tijd was verstreken om mijn vleugels uit te slaan en te transformeren?

23

Padden

De witte maan hing nevelig maar nog steeds bijna vol aan de hemel toen het wolkendek openbrak. Vanuit de dode eik achter het huis gaf een uil een laatste kreet voordat hij zijn schuilplek opzocht om een lange dag te slapen. In de boomgaard was de laatste bloesem gevallen en begonnen zich, piepklein nog, appeltjes te vormen. Er hing een lichte zomergeur in de lucht. Ik zat op de omgevallen boom naar de gaten in het hout te kijken, maar daar kwam niets uit kronkelen. Dus ik legde de brief op de stam.

Ik had stapels brieven gekregen. Van heel veel mensen. De eerste kwamen al een paar maanden na het verschijnen van de gebonden versie van *Het zoutpad*, maar na de paperback begon ik ze wekelijks te krijgen. Brieven van mensen wier leven een verkeerde wending had genomen of uit elkaar was gevallen, mensen die hun huis, gezin of bedrijf hadden verloren. Brieven van zieken en stervenden, van mensen die ernstig ziek waren en bang – niet voor hun eigen lijden maar voor dat van hun gezinsleden die ermee om moesten leren gaan. En van gezinnen die hun leven probeerden op te pakken nadat iemand uit hun midden was weggenomen. En allemaal spraken ze hun bezorgdheid over Moth uit en staken ze ons een hart onder de riem. In elke brief die ik opende, las ik woorden van medeleven en empathie, vaak kregen we een helpende hand of een woning aangeboden. Ik liet het allemaal binnenkomen en haalde uit elke envelop een nieuw laagje vertrouwen in de mens. Maar deze brief was anders.

Ook uitnodigingen om te spreken bij evenementen stroomden binnen. Meer podia om te beklimmen, meer publiek om onder ogen te komen. De angst greep me bij de keel, elke keer als het podiumlicht aanging en een eerste vraag werd gesteld. Voor de rijen na het optreden, van mensen die hun boek wilden laten signeren, was ik helemaal niet bang. Dan kreeg ik verhalen te horen. Verhalen over levens die mensen leidden, over liefde die ze verloren hadden en over wandelingen die hun kijk op het leven hadden veranderd. En er gebeurde nog iets anders tijdens die signeersessies. Niet voor de mensen die geduldig met hun boek in de hand stonden te wachten, maar voor mijzelf. Met al die handtekeningen die ik tussen de vogels op de eerste pagina van al die boeken zette, voegden gedeelde verhalen zich bij dat van mij en werd het grotere geheel gevuld met hoop, angst, trauma en verdriet. Gevoelens die net zo onpeilbaar als menselijk waren en net zo oud als de kliffen die we bewandeld hadden. Gevoelens die bij de complexiteit van het bestaan hoorden, maar die ons ook verenigden in een gezamenlijke beweging die bij mij behoedzaam de bank voor de muur wegschoof en een klein meisje optilde en naar het licht bracht.

Ik zag Moth tussen de bomen dwalen. Met een mok thee in zijn hand zocht hij zijn weg door het lange gras en over de gemaaide stoppels, langs gevallen takken en een bed brandnetels dat helemaal vol zat met vlinders die er opeens allemaal tegelijk waren, alsof ze bij het ochtendlicht opeens met duizenden waren ontpopt. Ze verspreidden zich over de zaaddoosjes van de lange grassoorten. Het bruin zandoogje is waarschijnlijk de meest voorkomende vlinder in het Verenigd Koninkrijk. Het is een kleine soort, matbruin met oranje vlekken op de witgerande vleugels. Toen de lucht bruin werd, begreep ik opeens dat deze grasetende vlinders allemaal tegelijk uitkwamen omdat het gras op dit moment in de zomer precies hoog genoeg was, zodat het zaad kon rijpen.

'Wat zit jij hier nou te doen? Ik wilde wat brood roosteren, maar ik dacht ik ga eerst jou even zoeken.'

'Ik zit te wachten.'

'Waarop?'

'De wilgenhoutvlinder.'

'Je wacht op een vlinder, hoe bedoel je?'

'Het is een mot, maar de rups kan er wel vijf jaar over doen voordat hij zich eindelijk verpopt tot vlinder. Ik denk dat ze in deze boomstam leven.'

'Dus je blijft hier vijf jaar zitten?'

'Kan misschien niet anders, hè?'

'Kom eerst even wat toast eten voordat de thee koud is.'

Ik legde de laatste brief op tafel terwijl ik boter op het geroosterde brood smeerde en las hem voor, tussen de happen door. 'Ik wist dat ik deze week opgepakt zou worden, en in de voorbereidingen daarop zocht ik een geschikt boek om in de cel te lezen. Dat van jou lijkt er wel voor geschreven...'

'Ik begrijp het niet helemaal, maar ik denk dat hij de vrije natuur wil opzoeken wanneer hij opgesloten zit. Weet je, bij nader inzien denk ik dat ik eigenlijk niet over de natuur heb geschreven.'

'Nou, dat weet ik niet, hoor. Het boek heeft meerdere lagen en is dus heel geschikt voor leesclubs, ziekenhuisbezoek en gevangenisuitbraken. Als het niet over de natuur gaat, waar schreef je dan wel over?'

'Over jou. Altijd alleen maar over jou. Ik schreef het voor jou, zodat je het pad niet zou vergeten. Maar nu denk ik dat het meer was dan dat. Ik denk dat ik jou voor altijd op mijn pad wilde zetten. Zoals Murray deed met Dick. Om die periode te onthouden, om de jou die je toen was bij me te houden. Voor altijd...'

Hij stak zijn hand over de toast naar me toe en pakte die van mij.

'Je bent een rare. Hoe vaak heb je *Copsford* niet herlezen? Zo vaak! Ik denk dat we het nog eens moeten doen, een wandeltocht. Misschien niet direct weer zo ver... Wat is dat geluid?'

'De muizen waarschijnlijk.'

'Nee, niet de muizen. Iets anders. Het lijkt wel gekwaak.'

‘Wat, hier in huis?’

‘Weet ik niet. Het is nu weg.’

‘Waar wil je wandelen? Heb je al een route in gedachten?’

‘Zover was ik nog niet, maar misschien moeten we met iemand samen gaan. Gewoon voor het geval dat.’

‘Voor het geval dat wat? En met wie dan? Ik kan niemand bedenken die met ons zou willen wandelen.’

‘Wat denk je van Dave en Julie? Zou het niet leuk zijn om met hen een tocht te maken?’

‘Daar is het, ik hoorde het nu ook. Ja, het is zeker gekwaak.’

Met haar roestkleurige mantel ging ze bijna op in het lange gras dat inmiddels dezelfde kleur had, maar een beetje wit op haar buik verraadde haar. De reegeit stapte vanuit het struikgewas een van de gemaaide paden op en begon van het korte gras te eten dat nu her en der in de boomgaard opkwam. De groene paden tussen brandnetels en scherp gemaaid gras waren ideaal voor haar. Makkelijk grazen, makkelijk lopen en voldoende dekking om in te verdwijnen zodra het nodig was. Ze had zo’n veilige plek ook echt nodig nu. Achter haar, op wankele pootjes die onregelmatig en zonder reden opeens een sprongetje of zijstap maakten, liep een reekalf. Klein, roodharig en teer, en tegelijk vol van leven en zomerse kracht. Ik keek hoe ze langzaam richting de kreek dwaalden, omgeven door zoemende insecten die meedeinden op een naar nectar geurende warme bries. En onder het gezoem was een diepe grondtoon hoorbaar, die als een fluistering over het van vervuiling bevrijde land ging en omhoog over de van stuifmeel bezwangerde ingezaaide bloembedden golfde. De aarde ademde.

In de schuur wachtte een laatste lading plastic afval op een enkele reis stortplaats: emmers en voerzakken die we, samen met afval en roestig ijzerdraad waarmee ze verstrikt waren, uit het water hadden gevist waar de herten en de reeën dronken. Na deze laatste rit naar de stortplaats was het land vrij van rotzooi, in elk geval aan de oppervlakte. Nu moest de tijd zijn werk doen. Hopelijk herstelde de aarde en zou het natuurlijke leven zijn weg terugvinden.

'Hoe laat komt Sam?' Moth kantelde een kruiwagen met kuilfolie op de hoop, het laatste stuk afval dat uit de grond was getrokken. Tegen het wegwaaien stapelden we er oude banden tegenaan. In de tijd dat het kuilvoer nog niet machinaal in balen geperst en in plastic gewikkeld werd, kuilden boeren het gemaaide gras in. Met die enorme hopen opgestapeld hooi voederden ze 's winters de dieren die op stal stonden. Om het voer te beschermen gooiden ze er landbouwplastic overheen dat op z'n plek gehouden werd met oude banden. Overal op de boerderij vonden we banden, ze kwamen uit alle hoeken en kieren tevoorschijn. Ook daarvan stonden de laatste nu in de schuur te wachten tot ze afgevoerd werden.

'Kan bijna niet geloven dat dit het laatste is. Om twee uur, geloof ik.'

'Vergeet het maar. Er komt dagelijks afval uit de bodem naar de oppervlakte.'

'Dat is niet alleen hier, toch? Je kan het de laatste huurders niet kwalijk nemen, op andere boerderijen zal het niet anders zijn. Toch hadden wij vroeger op de boerderij nooit zoveel afval. Ik denk dat we het verbrandden. En voor het schroot kwam de oudijzerboer langs.'

'Toen had je nog geen plastic.'

'Ho ho, zo oud ben ik nog niet.'

Bij het hek stond een oude Triumph motorfiets te ronken. De motorrijder hield zijn handen aan het stuur en zijn helm op zijn hoofd, maar schoof wel het vizier omhoog om beter om zich heen te kunnen kijken, terwijl hij de motor van de oldtimer hoge toeren liet maken.

'Ik durf hem niet uit te zetten, dadelijk krijg ik hem niet meer aan de praat.' Sam draaide opnieuw het toerental op. 'Sjongejongejonge, ik weet gewoon niet wat ik moet zeggen.' Stapte hij nog af, of was dit het? 'Net de motor uit de stalling gehaald, de accu is nog niet opgeladen. Ik kan hem nu niet uitzetten. Ik kom straks terug.' Zag ik nou tranen op zijn gezicht of zweette hij onder zijn helm? Het was best een warme dag. Viel het hem tegen wat hij zag? Had hij meer verwacht van ons? De Triumph scheurde de heuvel op en weg was hij.

Een huis huren van iemand is best lastig. Sta je jezelf toe ervan te gaan houden? Het blijft een gok. Je hebt een ongelijkwaardige afhankelijkheidsrelatie met de eigenaar, alsof je poker speelt met iemand die alle kaarten in handen heeft. Als je je commiteert, heb je zoveel te verliezen.

'Dat was bizar.'

'Zeg dat wel.'

We hoefden het er niet over te hebben. Het schoonmaken, opruimen, trimmen en maaien hadden weken, nee maanden van onze tijd opgeslokt. Maar nu bloeide het land weer op, alsof het zijn rug rechtte na jarenlang een zware last te hebben getorst, zijn keel schraapte en zijn stem terugvond. Een putterfamilie landde tussen het hoge gras waarvan het zaad zich al had verspreid voordat het gemaaid werd. Ik telde elf van die oogverblindende vogeltjes met hun rode kopjes en geelgerande vleugeltjes terwijl ze zich luidkeels babbelend tegoed deden aan de zaadjes. We lieten het gras langer groeien dan boeren gewoonlijk doen, zodat het een voedselbron zou zijn voor vogels en voor insecten die boven de wuivende grashalmen deinden, maar ook voor reeën waarvan we af en toe een kopje boven het gras uit zagen steken om even te checken of de kust veilig was voordat ze verdergingen met grazen. Zelfs de op de bodem nestelende veldleeuweriken hadden de tijd gehad hun kuikens groot te brengen en te zien uitvliegen voordat de wiekende bladen van de grastrimmers het veld in kwamen.

'Ik voel me afhankelijk.' Ik zat op het muurtje om het huis en voelde me behalve afhankelijk opeens ook behoorlijk dom.

'Al die tijd, sinds we huren, zijn we al afhankelijk.'

'Ja, maar dan ging het altijd om het huis. Als Sam ons eruit wil hebben, komt het heus wel weer goed. We hebben afgelopen jaren voldoende geleerd over overleven, we redden ons wel. Het gaat me om het land. Het begint weer te ademen, ik kan bijna horen hoe het weer tot leven komt. Ik ben bang dat hij van gedachten verandert, dat hij gaat zeggen dat het financieel niet haalbaar is en dat hij moet verkopen.'

'Het is niet van ons, Ray, hou dat voor ogen. Hecht je niet te veel.'

'Weet ik, weet ik.'

De reegeit en haar jong sprongen vanuit het lange gras naar een sloot een stuk naar beneden in een lagergelegen veld en glipten het kreupelhout in.

Een lichtblauwe vintage kampeerauto kwam tot stilstand bij het huis. Sam zat achter het stuur en had drie passagiers bij zich. Hij stapte uit en keek om zich heen. Zonder de helm kon hij zijn gezichtsuitdrukking niet verhullen.

'Sjongejongejonge. Ik kan niet anders zeggen.'

'Wat bedoel je, Sam? Is het niet goed, had je gedacht dat we veel verder zouden zijn?' Ik kon me niet inhouden of tactvol om mijn angsten heen praten. Als zijn idee om er een puur ecologische boerderij van te maken van de baan was, wilde ik het weten, en wel nu meteen, voordat ik helemaal verknocht was geraakt aan dit land.

'Ben jij gek? Ik sta paf. Ik had nooit gedacht dat deze plek zo zou kunnen opknappen. Hooguit gehoopt. Jullie hebben zoveel werk verzet. Dank jullie wel, dank jullie wel.'

Achter hem vlogen de putters kwetterend op om naast elkaar op de telefoondraad te gaan zitten. Sams vrouw stapte uit de kampeerauto, kleiner dan hij en gezet, en gaf me een informele knuffel waar een zekere veerkracht uit sprak.

'Hai, ik ben Rachel. Dit zijn onze kinderen Jack en Lottie. Leuk om jullie te leren kennen. Dat kan ik nu wel zeggen, maar een paar maanden geleden nog niet, hoor.'

'O, waarom niet?'

'Ik wilde dat Sam de boerderij zou verkopen. Ik eiste dat hij zich ervan los zou maken, de problemen van zich af zou schudden en de hele boel achter zich zou laten. Dus ik was woest toen hij voorstelde dat jullie erin zouden trekken. Hij is zo vaak in de steek gelaten, ik kon gewoon niet aanzien dat hij opnieuw teleurgesteld zou worden, en ik geloof ook niet dat hij dat aangekund had. Sinds ik borstkanker kreeg, heb ik leren leven in het hier en nu. En de boerderij is al die tijd niets meer of minder dan een enorm zwart gat geweest, zowel financieel als emotioneel. Ik wilde in het moment zijn, genieten van de kinderen in plaats van hier aan een dood paard te trekken. Zijn droom was mijn nachtmerrie. Ik heb zelfs geweigerd jouw boek te lezen. Maar toen ik dat uiteindelijk toch deed, gingen mijn ogen open. Jij en Sam delen de liefde voor het land, en de slapeloze nachten vol gepieker over je partner. Geen wonder dat *Het zoutpad* hem zo aangreep. Nu begrijp ik het eindelijk. En ben ik het ermee eens dat we het niet verkopen.'

Ik keek naar de blik die Rachel over het land wierp, een vrouw die de macht had een droom uit elkaar te laten spatten of een gedoofd vuur weer aan te krijgen. Ik had kunnen twijfelen aan de bestendigheid van haar beslissing, maar toen ze haar arm door die van Sam stak, zag ik waarom ze de kacheldeur op een kier had gezet, zodat het vuur nieuwe zuurstof kreeg.

'Nou, dat is prachtig, zullen we dan maar aan de thee gaan?' Iets praktisch nu, voordat ze zien dat ik bijna door mijn knieën zak van opluchting.

'Daarstraks, toen ik op de Triumph was, kon ik niet stoppen...'

De kinderen dwaalden door de boomgaard. De jongste, zoon Jack, gooide de bal weg voor de hond. Lottie slenterde erachteraan terwijl ze haar jongemeidenhanden door het paars zwemende bloeiende gras liet glijden.

'Ja, dat zei je. Heb je een acculader?' Moth zette de theepot op tafel, rustig, onbewogen, alsof dit een dag was als alle andere, niets bijzonders. Lag het aan mij? Zou de angst voor mogelijk onveilige situaties me altijd blijven achtervolgen? Zou ik ooit weer in staat zijn ergens echt op te vertrouwen?

'Ja, maar dat was het niet. Ik wilde mijn helm niet afzetten, ik voelde me een volslagen idioot zoals ik daar stond te janken aan de poort.'

'Wat bedoel je, was je van streek, had je op iets anders gehoopt?'

'Nee, integendeel, het is beter dan ik ooit heb durven hopen. Zoals Rachel al zei, we zouden de boerderij verkopen – totdat ik jouw boek las. Ik heb er wel wat voor moeten overwinnen om jullie te vragen hier te komen. Maar nu... nu ben ik zo blij dat ik dat heb gedaan. En ik had nooit gedacht dat het land zich zo snel zou herstellen, ik dacht dat het jaren zou gaan kosten voordat het leven hier terug zou keren.'

De zon straalde door het raam op de spiegel aan de tegenoverliggende muur en verlichtte de stapel brieven op de plank ervoor. Brieven vol persoonlijke verhalen die ik nog moest beantwoorden. Ieder mens heeft zijn eigen verhaal, maar allemaal delen ze kwetsbaarheid en tegelijk kracht.

'Melk in je thee, Sam?'

Boven de kreek kwam de maan op, bijna vol. Uit het slaapkamerraam leunend keek ik hoe het bleke licht de heuvel in een zilverblauw waas zette. Alles was stil en roerloos, geen geluid doorbrak de stilte. Tot dat gekwaak.

'Het zijn geen kikkers, kijk.' In het licht van de maan waggelde een uit de kluiten gewassen bruine pad tussen de plantenpotten voor het huis.

'Padden! Wie had dat gedacht?'

Vanuit de kreek kwam een lichte mist, die opsteeg alsof de bomen in het dal een magnetische kracht op hem uitoefenden.

'Geweldige nacht om in een tent te slapen. Wat zei je nou over een wandeltocht? Laten we dat gaan doen. Aan het eind van de zomer hebben we een blanco agenda; niet meer dan twee weken, maar dat is prima, toch?' Ik had gezien dat Moth sinds het mooier weer werd, steeds meer tijd buiten doorbracht, waar hij gestructureerd en geduldig aan het landschap werkte. Het land kwam tot leven en hij begon een beetje soepeler te bewegen en zich meer te herinneren. Ik had sprakeloos toegekeken hoe hij een minuscuul, strak opgerold veertje in het mechaniek van de grastrimmer verving, een precisieklusje waarvoor je concentratie en handigheid nodig had. Misschien dat hij, als we weer gingen lopen, al was het maar een paar weken, nieuwe reserves op zou bouwen voordat het winter werd en de donkere dagen hem naar binnen joegen.

'Ja, laten we dat doen. En die gids hè, die je hier de hele tijd door het huis laat slingeren, over mythische trektochten, daarin vond ik een mooie wandeling. Op IJsland.'

DEEL VIER

Naar een begin, aan het eind

Als ik het woord mimede

waarmee alle mensen op aarde
zouden verdwijnen,
de aarde achterlatend

voor de aarde, zou jij
het uitspreken? Zou jij
het uitzingen?

'So the peloton passed'
Simon Armitage

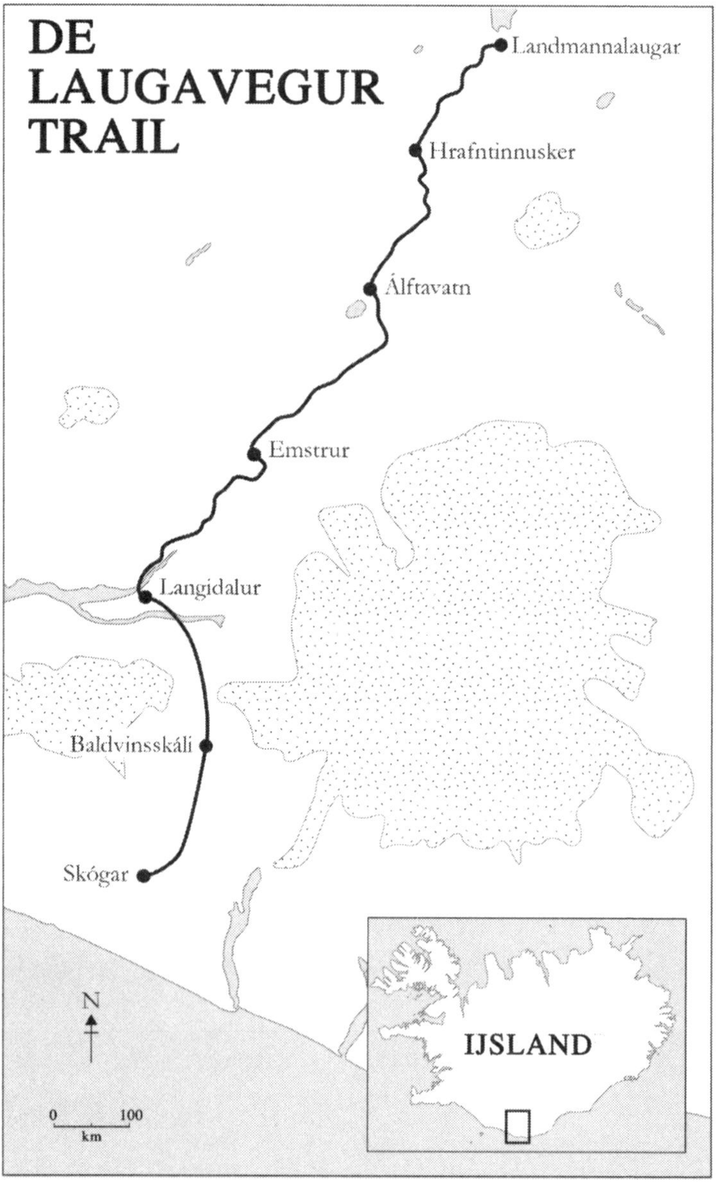
DE
LAUGAVEGUR
TRAIL
Landmannalaugar
Hrafntinnusker
Álftavatn
Emstrur
Langidalur
Baldvinsskáli
Skógar
N
0
100
km
IJSLAND

Landmannalaugar

‘Hé hallo, met Dave. Je weet wel, Dave van Julie. Hoe is het?’

‘Dave, wat leuk dat je belt.’

‘We zaten te denken, we moeten nodig weer eens een stukje wandelen, ja toch? Tentje mee en zo. Zouden jullie daar ook zin in hebben, om samen te gaan, bedoel ik?’

Dave en Julie hadden we ontmoet toen ze op een parkeerplaats een ijsje zaten te eten. We waren op het South West Coast Path niet veel andere backpackers tegengekomen, nog minder die ook wildkampeerden en al helemaal niet van onze leeftijd. Aan de grote rugzakken bij hun voeten zagen we meteen dat zij ook kampeerden. Dave was een noorderling, een harde werker, no-nonsensetype maar ook een goedzak, die in zijn vrije tijd vogelkasten isoleerde voor overwinterende vogels, in zijn eentje bergtochten maakte in de Lakeland Fells en stapeldol was op Julie, al liet hij dat niet merken. Julie kwam rustig, stil en bescheiden over, maar onder dat vernis school een sterk karakter, iemand die onvermoeibaar opkwam voor de zwakkeren in de samenleving. De twee waren elkaars spiegelbeeld. Ze doken een paar keer op tijdens het kustpad, wanneer onze routes elkaar kruisten of gelijk opgingen. Uiteindelijk besloten we elkaar niet langer te ontwijken en liepen we gevieren een warm, rustig traject langs de zuidkust van Dorset.

‘Wat maf dat je dat nu vraagt, wij zeggen net precies hetzelfde tegen elkaar. Heb je iets met IJsland?’

‘IJsland! Altijd al eens naartoe gewild.’

Daar stonden we dan met ons tweetjes, op het overdekte looppad bij vliegveld Keflavík. De regen kwam met bakken uit de hemel en trommelde luid op het koepelvormige plastic boven ons hoofd. De lichten van het luchthavengebouw en de parkeergarage waren vervaagd tot een impressionistisch nachtschilderij. We trokken onze regenpakken aan en hesen de rugzakken op. Moth stak zijn arm door de ene schouderband, ik tilde de rugzak op, zodat hij de andere band over zijn pijnlijke schouder kon trekken. Daarna liepen we door de striemende regen over de parkeerplaats de lobby van het hotel aan de overkant in, waar de rugzakken alweer af konden.

Al weken wist Moth dat dit was wat hij moest doen. Hij begon steeds beter te begrijpen wat zijn nieuwe lichaam nodig had. Het weigerde soms dienst, het werd moe zonder inspanning en het pijnigde zijn gedachten. Hij leerde het te ontzien, maar ook te bewegen wanneer het wilde liggen, en tekeer te gaan wanneer het zich juist stilletjes terug wilde trekken. Enthousiast had hij onze bergschoenen in het vet gezet en een nieuwe Vangotent gekocht, hetzelfde model als we op het South West Coast Path hadden gebruikt, want de met ducttape gerepareerde stokken van de oude tent zouden de winden in het subarctische IJsland niet overleven. Dat deze tocht op geen enkele manier te vergelijken was met onze kustwandeling, kwam niet in ons op. Het was maar goed dat we nog niet wisten en ook nooit hadden kunnen bedenken hoe groot de verschillen waren en wat ons allemaal te wachten stond. Omdat *Het zoutpad* onverwacht goed verkocht, konden we het ons veroorloven na onze middernachtelijke aankomst het vliegveldhotel in te lopen en een kamer te huren in plaats van de tent op te zetten in de stromende regen op een braakliggend terrein onder de aanvliegroute van de vliegtuigen. We openden de jaloezieën en keken hoe het laatste vliegtuig van die nacht op de kleine landingsbaan landde, met door het regenwater geblurde lampen.

'En zo staan we opeens in IJsland. Noordelijkste stukje van de bewoonbare wereld. Boven ons alleen nog de Noordpool, onder ons de bolling van de groene aarde die verder naar beneden steeds heter en droger wordt, om daarna weer af te koelen naar Antarctica toe. Maffe gedachte.' Ik drukte mijn gezicht tegen het raam om nog iets te kunnen zien door de natte ruit heen.

'Niet zo vreemd als tijdens een hittegolf op het vliegtuig stappen en er in de winter uit te komen. Het schijnt dat ze hier geen herfst kennen. Na de zomer begint de winter. Eerlijk gezegd had ik wel gerekend op een laatste staartje zomer.'

'Hoe voelde de rugzak op je rug?'

'Niet verkeerd. Maar dit was ook maar een piepklein eindje over de parkeerplaats.'

De rugzakken die we ook bij ons hadden gehad op het kustpad, stonden naast elkaar tegen de muur van de hotelkamer. Die van Moth zag er behoorlijk volgepropt uit en de mijne barstte uit zijn naden. Ik had hem zo strak ingepakt dat de stof was gescheurd. Over de winkelhaak had ik haastig een felgroene lap genaaid, vlak voordat we naar het vliegveld moesten. De rugzakken zaten vol met spullen die we op het kustpad niet nodig hadden gehad: dikke jassen en regenpakken, een waterfilter en gedroogde maaltijden voor tien dagen. We wisten niet of we eten konden inslaan in het gebied waar we naartoe gingen, maar als dat al zo was, zou het hartstikke duur zijn. Het merendeel van het voedsel op het eiland werd geïmporteerd, waardoor de prijzen toch al flink hoger lagen dan in Groot-Brittannië, en in de bergen zou het helemaal onbetaalbaar zijn. Doordat we maximaal drie kilo etenswaren mee over de grens mochten nemen, hadden we niet veel keuze gehad in wat we konden inpakken. Het idee om vacuümverpakte trekkersmaaltijden mee te nemen, hadden we laten varen; die waren net zo duur als IJslandse etenswaren. Ik deed mijn rugzak open om mijn tandenborstel te zoeken en probeerde niet naar het voedselpakket te kijken, waar dingen in zaten waarvan ik gezworen had dat ik ze nooit meer zou eten. Tot twee dagen geleden dus. Maar het had geen zin daar nu over in te zitten. We zetten thee en aten koekjes die we op het vliegveld hadden gekocht.

'In de boomgaard in Cornwall leek dit zo'n goed idee, maar nu twijfel ik of ik het wel aankan. Wat als we straks in de bergen zijn en mijn lichaam laat het afweten?'

Opeens leken de appelbomen en de velden van de boerderij ver weg. Sinds Sams bezoek voelden we ons meer ontspannen en durfden we erop te vertrouwen dat we voorlopig mochten blijven. We waren niet meer zo bang dat we er opeens uit zouden moeten. En nu hadden we die plek achtergelaten voor een trektocht in een ruig en onherbergzaam land. Een tocht waarvan we het eind misschien niet zouden halen.

'We doen het op ons gemak, we hebben eten genoeg voor meer dagen. Als we willen rusten, rusten we, net zo lang tot we ons weer goed genoeg voelen om verder te gaan. En Dave is erbij, onze rots in de bergen – we geven hem gewoon jouw rugzak. En we kennen de schrijver van de route. Waarschijnlijk moeten we de dagtochten sowieso inkorten; zijn tempo ligt te hoog voor ons.'

Moth markeerde de bladzijde in de gids waar de Laugavegur Trail begon. Het boekje met het watervaste omslag, *Walking and Tracking in Iceland* van Paddy Dillon, paste precies in zijn jaszak. We hadden een lichter gidsje met minder routes erin kunnen kopen, of alleen een wandelkaart. Maar het was geruststellend een gids bij ons te hebben van de schrijver die ons langs elke baai en elke struik van het South West Coast Path had geloodst. Hem konden we vertrouwen. Hij zou zonder aarzelen zijn bergschoenen aantrekken om ons de weg te wijzen. Voor ons gevoel dan. Met deze gids hadden we een vriend op zak.

'Nou, daar staan we dan, in Reykjavík bij regen. Wie had dat gedacht, van het kustpad naar IJsland, godsamme, dat is toch fantastisch!' Dave, net zo groot en luid als de eerste keer dat we elkaar ontmoetten, dook opeens op uit de menigte toen we door de hoofdstraat van Reykjavík liepen. Hij omhelsde Moth in een soort van berenknuffel en ik schrok van het verschil met het beeld dat ik had van de twee mannen zoals ze in West Bay op het kustpad afscheid van elkaar hadden genomen. Ik had wel gevoeld dat Moth wat was afgevallen, maar pas nu hij naast onze vriend stond die geen spat veranderd was, zag ik hoeveel gewicht hij had verloren. Plotseling zag ik hem door de ogen van Dave en Julie. Ging hij zo geleidelijk achteruit dat ik het niet echt doorhad? Of dwong ik steeds grotere lichamelijke uitdagingen af die hij aanging voor mij? Bleef hij strijd voeren omdat ik niet kon accepteren dat de CBD het ooit van hem zou winnen, en dat hij zichzelf dan over zou dragen aan wind en stof?

'Julie, daar ben je, niet te geloven dat we dit echt doen, hè?'

'Nee, totaal niet. Een afspraakje op IJsland is een leuk idee, ik had alleen niet verwacht dat we het echt zouden doen. Kijk ons nu eens staan, in de regen met onze wandelstokken.' Een groter contrast tussen haar, in al haar zachtaardigheid en nauwelijks boven haar paarse rugzak uittorenend, en haar grote, luide noorderling, die de halve straat innam met zijn rugzak van zeventig liter, was haast niet mogelijk.

'Wat heb jij in godsnaam allemaal bij je, Dave?'

'Eten voor twaalf dagen en spullen die we nodig hebben, dus.'

'Maar we gaan toch maar een dag of zes, acht hooguit?'

'Je weet nooit wat er kan gebeuren, hè. Stel dat het gaat sneeuwen en we komen vast te zitten op de berg. Of iemand raakt gewond en we moeten op hulp wachten, of de tocht is te zwaar voor ons, of zo. En anders eet ik het zelf wel op.'

Julie wierp een blik op zijn rugzak en trok haar wenkbrauw op. We moesten lachen om Dave, maar hij had wel gelijk. Moth was niet de enige die het moeilijk kon krijgen, we waren allemaal niet meer zo piep. Daar stonden we in de stromende regen, vlak onder de poolcirkel, op het punt een tocht te gaan lopen waarover Paddy Dillon, die het South West Coast Path op bovenmenselijke snelheid had gelopen, dingen schreef als: 'steil en ruig klimwerk met een aantal smalle, onbeschermde bergkammen'. Wat dachten we eigenlijk wel?

Mijn opwinding sloeg om in nervositeit toen we kaartjes kochten voor de bus die ons naar het startpunt in Landmannalaugar zou brengen. Dit is geen plaatsnaam, maar meer een stip op de landkaart waar mensen zich verzamelen; een kampeerplek in de zuidelijke hooglanden van IJsland. Van daaruit zouden we de Laugavegur Trail ('Warmebronnenweg' in het IJslands) lopen naar Þórsmörk, een tocht die volgens Paddy slechts vier dagen in beslag neemt. Vanaf Þórsmörk wilden we de Fimmvörðuháls oversteken, een hoge bergpas over de Eyjafjallajökull, de vulkaan die in 2010 uitbarstte waardoor het vliegverkeer in heel Europa stilgelegd moest worden. Dat was ook twee dagen. Als we de IJslandse weersomstandigheden beter hadden begrepen, waren we waarschijnlijk nog nerveuzer geweest. De toeristenbureaus doen alsof IJsland vier seizoenen heeft, net als de zuidelijker gelegen landen. Maar wie de oud-Noorse kalender bekijkt, weet wel beter. IJsland heeft slechts twee seizoenen: zomer en winter. De lokale bevolking weet het begin van de winter bijna op de dag af te voorspellen. Deze keer was dat de eerste zondag van september. Toen we onze rugzakken in het bagageruim van de bus legden, hadden we nog vijf augustusdagen te gaan.

Toen de bus de hoofdweg verliet, begrepen we waarom hij zulke enorme banden had. Met nog twee van de vier uur durende reis voor de boeg hadden we het asfalt al definitief achter ons gelaten en reden we richting de bergen over een rotsachtig pad zoals ik nog nooit eerder had gezien. Hier geen glooiende heuvels, maar uit de aarde opgestuwde scherpe aardrichels die vanuit de vlakke, desolate rivierdalen verticaal omhoogkwamen. Keien leken uitgestrooid over een landschap dat gevormd was door aardverschuivingen en uitbarstingen van lang geleden. Het leek wel of er over de hellingen hoezen waren gelegd van vloeibaar zwart porselein, zo glad was de zwarte lava die eroverheen lag. De bus waadde door rivieren waarlangs kleine jeeps stonden met de kap omhoog, de motor natgespoeld door het wilde rivierwater. Schapen verdrongen zich in kleine groepjes op de schaarse groene lapjes subarctische begroeiing. Het leken forse dieren, maar de slanke poten verraadden dat ze vooral dikke vachten hadden.

Verderop in het open landschap stond een poolvos met zijn voorpoten op een kei. Op zijn rug had hij zijn roodbruine zomervacht nog, zijn borst en buik waren al bedekt met de witte bontjas die hem in de winter camoufleerde. Hij wist allang dat het niet lang meer zou duren voor het zondag was. Als het enige inheemse zoogdier van IJsland kende hij het land beter dan welke meteoroloog dan ook. Zelfs in de warme bus ging er een rilling door me heen. Even was ik jaloers op Daves grote rugzak. Wat had ik de mijne graag volgepropt met dikke slaapzakken en Noorse truien en veel meer en lekkerder eten dan er in mijn veertigliterrugzak paste.

We reden over een pas tussen twee bergen door, langs een rotskam in de vorm van naar de hemel wijzende vingers, en daalden vervolgens een steeds smaller wordend pad af, het dal in. Uitgekerfd door sneeuw, ijs en regen van duizenden jaren lag het dal langgerekt, als een rivier van leisteen, tussen mysterieus gekleurde bergen. In een zonnig ogenblik lichtten de hellingen felroze, oranje en groen op. Ertussenin, scherp afgetekend, lag een allesvernietigende en nog steeds dreigende lavatong. Met een onstuitbare kracht moest de vulkaan zijn braaksel van rotsblokken, vuur en vloeibare lava uitgespuugd hebben over de rommelende geteisterde helling, om daar direct af te koelen. Waarschijnlijk had de lavastroom een rivier gekruist en was daarin tot stilstand gekomen toen de energie opgebruikt was. Nu lag daar, gestold in de tijd, een boosaardige zwarte tong over de inmiddels droge rivierbedding. Laugahraun, zoals het lavaveld heet, ligt stil sinds 1477, maar het doet veel ouder aan, alsof het uit een tijdperk van voor onze jaartelling stamt. En aan zijn grens, slechts een paar meter van het verst uitgespuugde rotsblok vandaan, lag Landmannalaugar. Tussen loodsen, tenten en een paar oude groene bussen krioelde het van de mensen die door de regen van de ene plek naar de andere beenden.

Stijf van twee uur door elkaar geschud te zijn stapten we uit de bus en sleepten onze rugzakken eruit. Naast de immense lavavlakte lagen ze erbij als een kleine, vriendelijke handbagagetasjes, totaal ongeschikt voor een meerdaagse tocht door dit ruige landschap. Op de kale rotsachtige grond tussen de loodsen en de bussen stonden tenten, dus daar zetten we die van ons maar bij op. Net als de anderen legden we flinke stenen op de hoeken, al was me niet helemaal duidelijk wat we daarmee wilden bereiken. Als het zo hard zou gaan waaien dat de tent omver werd geblazen, zouden een paar slordig neergelegde stenen dat niet tegenhouden.

Het bleef maar regenen.

'En thuis zitten ze nog midden in een hittegolf.' Ik begon nu al heimwee te krijgen naar een zekere groene, vertrouwde plek.

'We hadden ook de Corfu Trail kunnen kiezen, hè. Alleen een paar korte broeken mee en elke avond in een taverna eten, dus.'

Aha, ik was niet de enige die zich geïntimideerd voelde.

'Zullen we de kampeerbranders meenemen en eten koken in de gemeenschappelijke tent, in plaats van hier in de regen te blijven hangen?' Dat was typisch Julie, met haar praktische inslag.

Achter het sanitairblok stond een grote witte canvas tent stevig in de harde grond. Een vreemde plek voor een kookgelegenheid waar mensen ook eten. Maar toen we binnenkwamen, begrepen we waarom hij hier stond. Verstopt achter het betonnen hoofdgebouw en verankerd met lierbanden aan lange ijzeren haringen stond de tent beslist op de meest beschutte plek die hier te vinden was. Hij moest immers beschermd zijn tegen boven zee opstekende winden die ongehinderd tussen de bergen door, de dalen in joegen en in staat waren auto's van de weg te blazen en wandelaars de lucht in te tillen. Winden met vulkanische krachten waarbij vergeleken een Britse storm een vriendelijk briesje is. Als een IJslander zegt dat het een beetje gaat waaien, is dat iets om serieus te nemen.

Die avond zou een windje juist welkom zijn geweest, om de kooktent te luchten. Vanuit de koude neerstortende regen liepen we door plastic deuren een vochtige sauna in. In de tent stonden tien picknicktafels, bijna allemaal helemaal bezet door mensen die op kampeerbranders eten aan het koken waren. Overal hingen regenpakken te druipen, het water verdween tussen de planken van de dekvloer. We vonden een plekje aan het eind van een tafel, schoven snel aan en leverden met onze kampeerbranders onze bijdrage aan de dampende warmte. De moed begon me al in de schoenen te zinken. Ik zette de tas met etenswaren op tafel. Moth vond een schaal en zuchtte diep.

'Oké, aan de slag dan maar.'

Toen we het kustpad liepen, gingen er vaak weken voorbij dat we niets anders aten dan pakjes noedels, omdat we gewoon geen geld hadden om iets anders te kopen. Daarna, toen we het weer voor het kiezen hadden, besloten we nooit meer een vork in een kom van die slijmerige slierten te steken. Maar toen we op zoek gingen naar echt lichte gedroogde kant-en-klaarmaaltijden die in kokend water binnen een paar minuten zijn geweld, bleek er niet veel keus te zijn. De week voordat we waren vertrokken, kocht ik zakjes vriesdroge rijst, groenten en fijne sojabrokken, in de hoop dat ik daarmee eenvoudig iets kon maken zonder al te veel gas te gebruiken. Maar ik kwam erachter dat de rijst was afgekoeld tegen de tijd dat hij gaar was, terwijl de sojabrokjes nog het meest aan sponsjes deden denken, ook in smaak. En zo kwam het dat we met een diepe zucht toch maar weer noedels hadden ingeslagen. Ik had ze uit de verpakking gehaald en er gedroogde groenten, fruit en noten aan toegevoegd, in de hoop dat ze een beetje meer smaak zouden krijgen. We leegden een geseald zakje met droogvoer in de schaal, goten er water bij, dekten de schaal af en wachtten. Overal in de tent zaten mensen opgewonden te praten over de tocht die ze gingen maken. Ze vergeleken hun uitrusting met die van anderen, roerden door hun eten en dronken. Wij zaten stil naar onze schaal noedels te staren. Even waren we terug in een ander land, op een winderige landtong terwijl de zon onderging na weer een dag in een ruig landschap.

'Weet je nog, we hadden elke avond zo'n honger dat het ons niks kon schelen wat we aten.'

'Het deed echt pijn, zo'n honger hadden we.'

'Weet je wat, we eten het gewoon op.' Met tegenzin maar ook met lichte hoop stak ik mijn vork in de slijmerige massa.

'Zo slecht is het niet...'

'Eigenlijk veel lekkerder dan ik me herinner. Misschien komt dat door de droge vijgen.'

Nu we deze grote stap hadden genomen, richtten we onze aandacht weer op de plek waar we waren, terwijl we water kookten om thee te zetten. Dave keek om zich heen en merkte op wat mij ook al was opgevallen.

'Het zijn allemaal kinderen, dus. Hoe oud zouden ze nou helemaal zijn, in de twintig? Waar zijn de volwassenen?'

We keken onderzoekend langs alle tafels, maar niemand was ouder dan dertig. Terwijl de ruimte leger werd, verzamelden de mensen die er nog waren zich aan tafels helemaal aan het einde van de tent. Om ons heen werd het steeds leger.

'Hier is iets aan de hand, toch? Stinken we nu al?'

'Nee hoor, het is heel eenvoudig.' Julie pikte een sfeer of stemming altijd snel op. 'Wij doen hen aan hun ouders denken. Het zijn jongeren die een tussenjaar hebben of uitgevlogen zijn en op zoek zijn naar avontuur. Wij staan voor wat zij juist achter zich willen laten: de druk van regels, macht en je aan moeten passen. De leraren op het schoolreisje.'

'Nou, uit wat ik zoal hoor, begrijp ik dat de meesten dezelfde route lopen als wij. Ik weet zeker dat we er wel doorheen zullen breken.' Ik zag de verwarring op Moths gezicht. Ik ken niet veel mensen, oud noch jong, die zich zo weinig aantrekken van wat anderen van ze verwachten. Hij is zijn hele leven links afgeslagen als hem gezegd werd rechtsaf te gaan. 'Hoe dan ook, zin in een bad?'

'Een bad?'

'In de rivier is een warme bron. Iedereen gaat daarnaartoe.'

Ik kan niet zeggen dat het heel natuurlijk voelde om op een toendra buiten in het donker mijn kleren uit te trekken. Maar sinds we op IJsland waren geland, hadden we het alleen nog maar koud gehad. Om dan nu in het warme ondiepe water van de rivier te glijden was een onverwacht genot. Mensen vormden een rij in de hete golf die in het koele rivierwater stroomde en een poel vormde die de temperatuur had van een heet bad. De groep bewoog in een cirkel als een rij vissen die wachtten tot een onzichtbare barrière opgeheven zou worden, zodat ze zich verder stroomopwaarts konden haasten. Uit het borrelende water steeg een geroezemoes in allerlei onbekende talen op. Achter de rij was het water te heet, maar in het midden, waar heet en koud water samenkwamen, was het heerlijk. Ook al voelde het wel een beetje belachelijk om daar zo te zitten: in een weids dal, aan de voet van een enorme lavastroom waarachter in de hoogte de bergen zich zwart aftekenden tegen de bewolkte lucht, in wat in feite niet meer dan een warme poel was. Maar toen de nacht inviel en het steeds donkerder werd, de warmte alle pijntjes van de lange reis wegnam, en de andere baders vertrokken, kreeg de rivier haar ware aard terug: wilde natuur. Uit het donkere, bijna stroperige, zwavelige water steeg stoom op door het schaarse stekelige gras op de oever. We zweefden door een halve meter diep water, geruisloos bewegend als schaatsenrijders over het wateroppervlak van een bronvijver, terwijl de dichte bewolking een beetje lichter werd en er van ergens ver daarboven licht doorheen kierde die het kolken en schuiven van de zware wolken over de scherpe bergkammen verlichtte.

'Dus morgen beginnen we?'
'Wat als het zo hard blijft regenen?'
'We kunnen ook nog een dag hier blijven, tijd genoeg.'
'We blijven gewoon hier in de rivier zitten.'

Ik had er een stokje voor moeten steken. IJsland tijdens de seizoenswisseling van zomer naar winter is geen bestemming voor iemand met een terminale neurodegeneratieve ziekte. Voor het vinden van een lange wandelroute die hopelijk dezelfde lichamelijke en geestelijke effecten zou hebben als het kustpad, hadden we ook naar de Pennine Way kunnen kijken of een van de andere langeafstandspaden in het Verenigd Koninkrijk. Paden die je makkelijk kunt verlaten om de trein te pakken terug naar je warme huis, je eigen bed en huiselijk comfort. Ik had hem niet mee moeten nemen naar een buitenaards landschap in een onbekend land met grillige onvoorspelbare weersomstandigheden en een pad met maar heel weinig ontsnappingsmogelijkheden. Of was dat juist de bedoeling geweest? Was dat wat Moth had getrokken, het verlangen zichzelf uit te dagen op een plek waar niet een-twee-drie een vangnet voorhanden was?

Ik hielp hem de tent uit, de regen in. De druppels trommelden op de buitentent alsof het pingpongballen waren. Ik keek hem na terwijl hij naar het toiletblok liep, op wankele benen en mopperend.

'Ik zie je in de keukentent. Zet jij de pap op.'

Ik kende hem te goed, hij hoefde het niet uit te leggen. Er waren van die dagen dat hij antwoord gaf op een vraag die ik nog niet had geformuleerd, laat staan uitgesproken. Of dat hij een liedje begon te zingen dat ik in mijn hoofd had. Of mij iets aangaf waar ik niet om gevraagd had, maar wat ik even later wel nodig had. Twee levens in stille harmonie met elkaar verstrengeld. Het 'Zet jij de pap op' klonk als een verzoek om ontbijt te maken. Maar het betekende: ik voel me klote, maar haal het niet in je hoofd om te zeggen dat we niet moeten gaan. Ik ga dit doen, koste wat kost. Steun me alsjeblieft, want dat heb ik nodig. En laat onder geen beding doorschemeren aan Dave en Julie dat ik het niet aankan.

'Oké, ik zie je daar.'

Bij de ingang van de eettent vormde de nog altijd neerstortende regen een gordijn van water. Binnen zat een hoop twintigers ineengedoken aan tafels. Kampeerbranders stonden aan, er werd ontbeten en volle zware rugzakken werden op het laatste moment aangepast. Ik zette de pap op een tafel in de hoek en bekeek het strijdgewoel. Een groep jonge Finnen schonk een laatste ronde koffie uit een gezamenlijke pot voordat die werd opgeborgen, samen met de handgesneden houten mokken en de rendiervachten waar ze op zaten. Op die vachten was ik best jaloers. Zelfs al had ik onder mijn regenbroek al mijn kleren aan, de kou van de bank trok er dwars doorheen. Ik zette water op, hoorde twee mannen kibbelen over wie de bakpan zou dragen, zag een vrouw voorbijlopen in een gele bikini en toen Dave en Julie die zich door de menigte worstelden en aan tafel kwamen zitten.

'Hopeloos, dus, die regen. Heeft die daar geen droge kleren meer of moet ze zo nodig voor het ontbijt de rivier in? Ik heb dat liever in het donker, hoor, ik kan het niet aanzien, al dat bloot.'

'Dat is een leeftijdsdingetje, volgens mij.'

Moth dook onder het watergordijn door, deed zijn zuidwester af en keek om zich heen.

'Zo, dus jullie vertrekken allemaal vanochtend?'

Hij kreeg antwoord in allerlei talen door elkaar. Kennelijk vertrokken ze allemaal vandaag. Regenpakken werden aangetrokken en de rugzakken verdwenen in waterdichte hoezen. Aan de andere kant van de tafel liet Moth zich zwaar op de bank vallen en stootte water over de gasstelletjes.

'Bijna alle tenten zijn al opgebroken. Ze vertrekken allemaal, ondanks de regen. Ik weet niet hoe het met jullie zit, maar ik wil hier best nog een dag blijven en morgen zien of het weer beter is.'

‘Helemaal prima.’ Julie viel hem zonder enige aarzeling bij, waardoor Dave geen kans kreeg iets anders te zeggen. Met haar praktische inslag wist ze zijn aanwezige persoonlijkheid altijd weer in toom te houden.

‘Pap dan maar?’

IJsland rust op de Mid-Atlantische Rug, een grotendeels onder water liggende bergketen van duizenden kilometers in de Atlantische Oceaan. In het noorden komt hij omhoog waar de Noord-Amerikaanse en de Euraziatische tektonische platen elkaar ontmoeten, op IJsland komen ze aan de oppervlakte, en het breukdal tussen de twee verandert jaarlijks aanzienlijk van grootte. Waar deze platen bij elkaar komen, worden ze met grote kracht omhooggeduwd, waardoor de aarde aan de oppervlakte openbarst. Ouder land wordt weggedrukt en een niet te bevatten ruwe energie creëert nieuw land.

Naarmate de dag vorderde, nam de regen af en werden we naar het lavaveld toe getrokken. Dit was een van de punten waar de aarde overgekookt was om aan de oppervlakte aan een nieuwe levenscyclus te beginnen. Zwarte rotskorsten waren versplinterd in miljoenen gekartelde kristalachtige vormen en vervolgens opnieuw gesmolten in een grondmassa van stollend magma. Maar nu, slechts een paar duizend jaar nadat de aarde haar verwoestende binnenste uitspuwde, is het uit elkaar gescheurde landschap aan het veranderen en wordt het langzaam rustiger. Steen en as breken af in regen en zon. Hier wordt land opnieuw gecreëerd, al gaat dat zo traag dat het nauwelijks te meten is. As en moddersteen worden bijna onmerkbaar onderdelen van de grond. En in die grond vormt zich een zwarte slijmerige turfachtige grondmassa, waarin stugge korte grassoorten en mos groeien, afkomstig van sporen en zaden die door de wind zijn aangedragen. Dat mos ligt over de rotsen gedrapeerd als een lichtgroene basis voor nieuwe plantengroei. We zochten onze weg over een pad, dat eromheen en ertussendoor kronkelde, nu eens omhoog en dan weer omlaag liep totdat het vlak werd en uitkwam in een rivierbedding. In het midden perste het water zich door een smalle diepe kloof. De kloof werd gevormd door de rand van de lavastroom aan de ene kant en rommelig opzwellende rotsen aan de andere, waar de verschillende lagen gedurende eeuwen met elkaar waren vervloeid tot een kleurenspektakel dat met onze zintuigen bijna niet te bevatten was. Zwart gladgepolijst obsidiaan lag over moddersteen en leisteen en onder een wirwar van uitlopers van basalt en ryolitisch magma. Over dit alles lag, glad en glibberig, een dichte laag as. De restanten van een land in verandering. En daarbovenuit rezen de kale bergen op, in contrasterend okergeel, crèmewit, blauw en groen, als ongepolijste edelstenen tegen de grijze lucht.

De backpackers waren allemaal weg. Slechts een paar tenten stonden er nog, naast die van ons. Er waren bussen geweest met dagjesmensen die naar de wc geweest waren, een tijdje rond hadden gelopen in regenponcho's, foto's hadden gemaakt en toen weer waren gegaan. We stonden in de weidse gletsjervallei met een kudde paarden. De zon zakte naar de horizon en mengde hun roodbruine vacht en lange blonde manen tot dezelfde kleur als de ryolitische bergen. De bergen waren miljoenen jaren geleden onder druk van gletsjers uitgesleten en lagen nu open en bloot onder de zon. De schitterende, golvende kleuren van de bergen veranderden van tint naarmate het zonlicht zwakker werd, lichtten op wanneer de zon door de wolken brak en kregen een diepere, donkerder kleur in het avondlicht. Zwavelwolken ontsnapten uit ontluchtingsgaten en stegen op, als stoom uit een kokend land. De aarde leek hier te ademen. We ademden met haar mee, inhaleerden haar zwavel en stof. Vier mensen in een buitenaards landschap. Een plek waar de aarde wordt geboren en het leven begint.

Het lijkt erop dat niet alle noedels hetzelfde zijn. Sommige zijn niet zomaar een gelige brij, maar daadwerkelijk eetbaar. Ik had wat noten in een kom met teriyaki-noedels gedaan, en dat rook zowaar lekker. Moth zat met schuldgevoel aan de tafel te wachten tot hij de pan kon gebruiken, met zijn ongeopende blikje gebakken bonen voor zich. Ik wierp een blik op hem en vroeg me af of ik me nou ergerde of om hem moest lachen. Het lukte hem maar niet om bedragen in IJslandse kronen om te rekenen naar Engelse ponden, en zo kwam het dat hij zonder het door te hebben in de schoolbuskiosk vijf pond had betaald voor het blikje. Naast ons hingen twee jonge Duitsers hun rugzakken aan de dakstokken van de tent en spreidden de inhoud ervan uit op de tafel.

'Zo, even laten drogen?'

'We zijn vanochtend naar Hrafntinnusker gelopen, maar het weer was zo slecht dat we zijn omgedraaid en rechtstreeks terug zijn gekomen.'

'Jullie zijn daar helemaal naartoe gelopen en weer helemaal terug op één dag?' De eerstvolgende trekkershut was een bergwandeling van twaalf kilometer verder en lag boven op de berg Hrafntinnusker. Ik kon me niet voorstellen waarom je die hele klimmende wandeling zou ondernemen als je toch weer terug zou lopen.

'Van daaruit ziet het pad er echt heel zwaar uit en het weer is hopeloos. We gaan terug naar Reykjavík. Dan huren we een jeep om een week rond te trekken. Voor ons geen lange wandeltocht meer.'

'Wow, dat zijn drie tochten op een dag. Nou, mooie reis met de jeep.'

'Dank u wel, dat gaat wel lukken. We zijn blij dat we besloten hebben niet meer te gaan lopen.'

Moth rolde het blikje bonen heen en weer. Als het al te zwaar was voor zulke jonge, fitte, goed uitgeruste wandelaars, zouden wij het dan wel aankunnen?

'Ik zou niet gaan als ik u was. Het is niet veilig voor mensen zoals u.'

Het blikje werd zachtjes op tafel gezet. 'Zoals wij?' Hij schoof het van zich af.

'Ja, voor oudere mensen is het helemaal niet te doen.'

Ik gaf Moth de pan aan, zodat hij zijn bonen kon opwarmen. Het was duidelijk: morgen zouden we gaan lopen, wat voor weer het ook werd.

De overgebleven kampeerders verzamelden zich in de rivier terwijl de koude avond inviel – een veeltalig groepje mensen in de stomende warmte. Het regende niet meer. Twee nieuwsgierige schapen kwamen dicht bij het water grazen en kwamen erbij zitten om herkauwend het vreemde gedrag van de mensen te aanschouwen. Er gingen uren voorbij, onze huid rimpelde helemaal en gaandeweg verdwenen alle anderen. Moth en ik leunden tegen elkaars rug en tartten onze warmtetolerantie. Toen ook Dave en Julie naar hun tent gingen, bleven we met ons tweeën over in het water, alleen met de schapen. We keken hoe de wolken van kleur veranderden alsof ze aan de achterkant verlicht werden door vulkanen. Af en toe dommelden we even weg, de rivier was warmer dan de tent. Zelfs in onze dikke donzen slaapzakken hadden we het 's nachts te koud om door te kunnen slapen. Ik had geen idee hoe we het straks in de bergen warm moesten krijgen, en ook niet of we het überhaupt zouden halen. Het had geen zin het hierover te hebben. We zouden wel een manier vinden, of niet. Een paar jaar geleden hadden we nooit kunnen verzinnen dat we nog eens uren in een warme rivier in IJsland zouden zitten. Dat hadden we net zo onwaarschijnlijk gevonden als het idee dat we ooit het South West Coast Path zouden lopen of in een boomgaard zouden gaan wonen. Maar we hadden ontzettend veel geleerd op onze lange, lange tocht. Dingen die we in het leven dat daarna kwam met ons meedroegen alsof het kostbare juwelen waren. Het had dus weinig zin me zorgen te maken of we wel in staat zouden zijn de Eyjafjallajökull te beklimmen of het Fimmvörðuháls-gebergte te doorkruisen. De tijd zou het leren. In plaats van erover te speculeren zaten we zonder iets te zeggen in de rivier. Verschrompeld maar warm, zwavelhoudende dampen inademend totdat we kopje-onder gingen en wakker werden.

Hrafntinnusker

De wind blies rimpels in het tentdoek in het vroege groene ochtendlicht. Ik lag in mijn donzen slaapzak met drie lagen kleding aan en een wollen muts op en hoorde geen regen. Ik deed de muts af. Nee, echt geen regen, het was gestopt. Ik kroop tussen de tentflappen door en over een wirwar van schoenen en keukenspullen heen het rotsachtige kampeerterrein op. Onze nieuwe tent ging anders open dan de oude. Aan weerszijden van een vast middenpand zaten ritsen en als je die opendeed, had je twee driehoekjes in plaats van een grote ingang, wat het onmogelijk maakte om in één beweging uit de tent te komen.

Het valt niet mee naar de toiletten te rennen als je benen zo stijf zijn dat ze gewoon niet in de goede richting zijn te bewegen. Met gebogen rug en de dijen tegen elkaar geklemd waggelde ik op een holletje over het terrein, knalde de deur open en dook het eerste het beste vrije wc-hokje in. Opgelucht stapte ik daarna de grote ruimte in met douches aan beide kanten en in het midden een rij wastafels met spiegels. Druipende badpakken en handdoeken hingen aan waslijnen en in zowat elke spiegel zag ik een glanzend fris gezicht met verzorgde haardos van een twintiger die haar uiterlijk stond te perfectioneren. Ik ving een glimp op van mezelf. Ik zag eruit alsof ik al een maand over de Noordpool doolde. Mijn haar zat in een slordige, pluizige knot op mijn hoofd, en mijn gezicht vertoonde plooien en rimpels die ik nog niet eerder had gezien. Ik was hier al twee dagen en had nog niet eens gelopen. Het was duidelijk dat ik op deze reis niet moeders mooiste zou zijn. Ik poetste mijn tanden met mijn rug naar de spiegel en keek hoe de meiden hun kleren schikten en hun prachtige haar borstelden. Daarna verliet ik haastig de ruimte om een opkomend minderwaardigheidscomplex de kop in te drukken.

Moth lag nog als een mummie in zijn slaapzak en praatte tegen me van binnenuit. 'Ik hoor geen regen.'

'Nee, het is droog. Een paar wolken, blauwe lucht. Ik denk dat we gisteren onze laatste dag in de rivier hebben doorgebracht.'

'Nou, sleep me er dan maar uit.'

Ik boog me voorover de tent in en hielp hem rechtop, zodat hij zich uit zijn slaapzak kon wurmen. Dave stapte in een soepele beweging uit zijn tent. Hun tent was veel kleiner dan die van ons terwijl hijzelf juist veel groter was. Hoe deed hij dat?

'Volgens mij is vandaag de dag. Hebben we er zin in?'

'Daarvoor zijn we hier, toch?'

'Kom op, een beetje meer enthousiasme graag.'

'Waar is Julie, is ze al pap aan het maken?'

'Nee, ik ben hier. Ik kom er niet uit, hoor. Veel te knus hier.'

'Dus ik ben niet de enige!'

We deden lang over het ontbijt, terwijl we toekeken hoe een paar jongeren die vandaag op de camping bleven hun keukenspullen inpakten en weggingen. Daarna braken we traag de tent op, zonder veel zin om het relatieve comfort van de camping achter te laten en de onbekende uitdagingen in de bergen aan te gaan. Afwezig haalde Moth de stokken uit de tent en vouwde ze een voor een op, zijn blik gericht op de horizon. In zijn ogen las ik de vergeetachtigheid, pijnlijke ochtenden en onhandig stijve gewrichten van de afgelopen jaren. Een blik vol onzekerheid en twijfel. Ik nam de stokken van hem over, keek hem aan en zag toen ook iets anders in zijn gezicht: hoop. Vaag drong tot me door dat dit niet zomaar een reis was naar een plek waar hij al heel lang naartoe wilde. Dit was nog veel meer dan iets wat hoog op zijn bucketlist stond. Hij was hier in de hoop dat hij alle angst en pijn van zich af kon schoppen en het lichaam terug kon krijgen dat hij altijd had gehad. Hij wilde door de onzichtbare barrière heen breken die de CBD had opgeworpen in zijn gedachten en bewegingen waardoor zijn leven was ingeperkt als een in krimpfolie verpakte vis in het koelschap van de supermarkt: hij kon alles zien, maar was niet in staat eraan deel te nemen. Toen we over het terrein liepen, hoorden we een stem vanuit het schuurtje waar je kon betalen voor de camping.

'Als je naar Þórsmörk wilt, mag je wel opschieten.'

'Hoezo?'

'Na zaterdagavond rijden er geen bussen meer.'

'Waarom dat?'

'Omdat de winter begint.'

'Wanneer dan, zondag?'

'Ja, zondag is het winter.'

Ik tilde Moths rugzak op terwijl hij zijn arm door de schouderband stak, nam een foto van het startpunt en haalde diep en hoopvol adem. Er was geen weg terug. We lieten de rivier achter ons en gingen op weg naar het zwavelrijke hart van de zuidelijke hooglanden van IJsland.

Ik tuurde in de verte en volgde met mijn ogen het pad dat door de lavastroom en de kleurlijnen van de berg liep. Door me te concentreren op het vreemde landschap om me heen probeerde ik mezelf af te leiden van de rugzak op mijn schouders. We hadden nooit eerder zoveel eten bij ons gehad en ik was zoveel gewicht gewoon niet gewend. Ik had een trekkerig gevoel in mijn nek en een scherpe tinteling tussen mijn schouders. Als ik dit had, moest Moth het ook voelen, ook al had hij alleen het ontbijt als extra gewicht. Ik had me voorgenomen steeds wat uit zijn rugzak in die van mij te stoppen als we daar wat eten uit hadden gehaald.

De zon steeg nu boven het mistige dal uit en de laatste wolken losten op. De bergen lieten zich van hun kleurigste kant zien. Achter ons lag een uitgestrekt landschap waarin rivieren zich vertakten om verderop weer samen te vloeien in een oogverblindend zonlichtweerkaatsend lijnenspel. En voor ons stoomden en sisten in de witte, blauwe en groene vlakken van glimmende krijtachtige gesmolten aarde pluimen gas en waterdamp. Een bus parkeerde op de camping om een groep mensen in lange felgekleurde regenponcho's af te zetten, die even later de helling beklommen waarbij ze om de paar stappen stilstonden om foto's te maken en dan weer snel doorliepen. Sommigen haastten zich de berg op naar een uitkijkpunt, maakten foto's en renden terug naar beneden om met dezelfde bus weer te vertrekken. Een groep vrijwilligers in oranje jassen was druk doende met pikhouwelen en schoppen brede stenen traptreden uit de helling te bikken om de toeloop vanuit de bussen beter aan te kunnen. Bij het kokende zwavelwater deed een van hen drie blikken soep in een net dat hij in het water gooide en vastzette met een rotsblok voordat hij terugliep naar de helling. Bijna lunchtijd.

Bij een kruising in het pad haalden de laatste bustriptoeristen ons in. We deden de rugzakken even af. Twee wandelaars met rugzakken kwamen voorbij. Ze liepen langzaam over de heuvelrand, gebukt onder zulke kolossale rugzakken dat ze alleen maar met gebogen knieën konden lopen en met de voeten naar buiten. De jongen deed me met zijn rossige haar grappig genoeg denken aan Ed Sheeran die zijn eigen bagage draagt. Het meisje, donker en toch al niet lang, leek nog kleiner te worden onder het gewicht van haar rugzak, die zo groot was dat ze met haar hoofd tegen de bovenkant kon rusten, terwijl de onderkant tot onder haar billen kwam waardoor ze er niet eens mee kon zitten.

'Jeetje, wat sjouwen die allemaal mee? En ik maar denken dat wij veel bij ons hadden!'

'Als het Ed Sheeran is, waarschijnlijk zijn gitaar.'

'En een drumstel.'

'Als het Ed Sheeran was, hadden we wel een helikopter gezien om hem hier ergens te droppen.'

Voor ons opende het berglandschap zich in een golvend kleurig tapijt dat zich in alle richtingen uitstrekte. We liepen verder over een licht stijgend pad waarop elke bocht, elke afdaling en elke klim een nieuw uitzicht op weer andere berghellingen opleverde. De natuur werd hier nergens begrensd, achter elke bergketen aan de horizon kwam weer een volgende. Perzik-, citroen- en okerkleurige hellingen glansden in het middaglicht. Alleen op zwarte aswallen waren tekenen van begroeiing te zien: verblindende strepen van fluorescerend lichtgroen mos en eenvoudige grassen die een begin van leven vormden op droge rotsgronden die nog altijd leken te glinsteren van het vocht na millennia onder het ijs te hebben gelegen. We deelden mueslirepen en rozijnen met elkaar en stopten zo vaak om foto's te maken dat de middag voorbijvloog. Dave tilde net de rugzak op Moths schouders toen vlakbij een meisje even stilstond.

'Hai! Wat een uitzicht, hè.' Ik had de trekkersgewoonte om iedereen te groeten meteen weer opgepakt en kreeg antwoord in talen en accenten die ik nooit eerder had gehoord; een terloopse erkenning van mensen die elkaar in de vrije natuur tegenkomen. Meer was ook niet nodig, er hing een gemeenschappelijke taal in de lucht om ons heen. Alleen dit meisje reageerde niet. Ze haalde alleen maar een gigantisch fototoestel uit haar rugzak met een lens zo groot als mijn bergschoen, nam snel een foto voordat ze het weer inpakte en liep verder. Met snelle bewegingen bewoog haar felrode broek door het landschap. We wandelden rustig verder terwijl zij in de verte verdween.

'Blij dat ik wat heb getraind. Als ik wil, hou ik haar bij, dus. Maar voor jullie zal ik me inhouden.'

'Natuurlijk, Dave, dank je wel daarvoor.'

De temperatuur begon te dalen en er verschenen grijze vlakken op de hellingen. Ondanks de zon hadden we onze regenkleding aan.

'Zou dat ijs zijn, denken jullie?' Julie wees naar een grijze vlakte voor ons. 'Voor ijs is het wel wat te donker grijs.'

'Overgebleven van de sneeuw van vorige winter.' Dave was al

wat dichterbij en kon het beter zien. 'Het zal wel ijs geworden zijn, denk ik.'

Nadat we een heuvel hadden beklommen en die weer waren afgedaald, kwamen we bij het eerste ijsveld. Wat ooit een flinke sneeuwlawine moest zijn geweest, was nu een ijzige massa die smolt in de zon en 's nachts opnieuw bevroor. Onder ons was te zien hoe een rivier zich een bochtige doorgang kerfde door spelonken in het ijs. Ik had verwacht dat zo'n ijsveld transparant wit en ongerept zou zijn, maar dit was donker doorregen met een zwarte brij. Moth stond naast me met de hak van zijn schoen in het ijs te schoppen.

'Wat zou dat zwarte toch zijn? Verwaaide as?'

'Zou kunnen, ja, een deel ervan. Maar waarschijnlijk is het cryoconiet.'

'Wat?'

Ik zag hem voorzichtig over het ijs lopen, voet voor voet stevig neerplantend om niet weg te glijden. Opeens realiseerde ik me dat ik tijdens ons verblijf in de kerk vooral in mijn eigen hoofd had gezeten. Ik had me amper beziggehouden met wat hij op de universiteit deed. Wat was cryoconiet?

Cryoconiet blijkt een stof die ervoor zorgt dat gletsjers wereldwijd veel sneller smelten dan je zou verwachten. Stof, as, roet, bacteriën en microben worden meegevoerd door de wind en vallen met de regen op gletsjers en ijsvelden, waar ze zich mengen met smeltwater en aan de oppervlakte zwarte vlekjes vormen. Net als al het andere dat zich aan de oppervlakte van de aarde bevindt, absorbeert zwart ijs meer warmte dan kleurloos of wit ijs. En warmte in het ijs leidt maar tot één ding: smelten. Cryoconiet is een natuurlijk verschijnsel dat al voorkomt sinds gletsjers bestaan, vooral op plekken zoals hier, waar het land regelmatig flinke wolken as uitspuugt. Maar in plaats van iets wat zich af en toe voordoet, circuleert er tegenwoordig voortdurend roet door onze atmosfeer als gevolg van de enorme hoeveelheid koolstof die de wereld uitstoot, en die wordt met elke regen- of sneeuwbui op ooit ongerept land afgezet; op ijsplaten die niet alleen ons zeeniveau in toom houden maar mogelijk zelfs ons klimaat.

Moth deed veel moeite de vorming van cryoconiet uit te leggen en tegen de tijd dat we het begrepen, liepen we over een uitgestrekte hoogvlakte met afzonderlijke toppen met kleurgolven aan alle kanten en daarachter veelkleurige bergen bijna helemaal, zeg 270 graden rondom. De laatste negentig graden bestond uit ijshellingen, en uit die richting kwam de wind in ijzige vlagen, van gletsjers die daarachter moesten liggen, uit ons zicht. Langs het pad was van opgestapelde stenen een monument gemaakt. Op een kleine plaquette was te lezen dat een nog maar vijfentwintigjarige man verdwaald was in een sneeuwstorm op deze heuvel. Op nog geen achthonderd meter van de veilige berghut. Het was hier bepaald geen toevluchtsoord voor welk levend wezen dan ook. Alleen rotsen, ijs en zwavel hoorden hier thuis, in dit land waar de zomer in een oogwenk plaats kon maken voor de meedogenloze winter, nog voordat je tijd had om op je kaart te kijken.

Ik hou niet van wandelstokken. Ik heb ze altijd onhandig en overbodig gevonden, eerder een belemmering bij het lopen dan een hulpmiddel. Bovendien wil ik die extra grammen gewicht eigenlijk niet bij me hebben. Moth had er een paar jaar één gebruikt, toen hij minder goed te been was en uit moest kijken dat hij niet zou struikelen. Ik was me blijven verzetten tegen dit symbool van toegeven aan de onvermijdelijkheid van slijtende gewrichten. Ik was overgehaald nadat ik op YouTube had gezien dat je ze nodig kon hebben om veilig naar de overkant van ondiepe maar wildstromende rivieren te waden. Ik had er één gekocht en die zat stevig vastgegespt aan mijn rugzak, ook al had ik al een heleboel jonge mensen van nog geen dertig zien lopen met twee exemplaren, die ze gebruikten als een soort langlaufstokken. Nu stonden we boven aan een glooiend ijsveld dat zich een paar honderd meter onder ons uitstrekte. Ik keek hoe Dave en Julie afdaalden. Dave had een stok die hij steeds onder zich neerzette voordat hij een stap naar beneden deed. Probleemloos. Julie volgde met haar twee stokken en gleed evenmin uit. Moth ging erachteraan en ik zag dat de stok hem houvast bood, zodat hij met zijn scheve gang niet uitgleed. Hij draaide zich naar me om en zwaaide met zijn stok.

'Kom, geef nou maar toe, pak die stok.'

Ik keek om me heen, me opeens erg bewust van mezelf terwijl ik de gesp lostrok en de stok pakte. Met het ding onwennig in mijn hand stapte ik voorzichtig het ijs op. Ik vertrouwde eigenlijk nooit op andere dingen dan mijn eigen benen, maar daalde de ijzige helling af zonder uit te glijden.

'Aha, ze is overstag, welkom in de wereld van de oudjes.'

'Bedankt, Julie. Ik gebruik hem voor de zekerheid. Ik kan prima zonder.'

'O ja, hoor, jij zou natuurlijk niet uitgegleden zijn.'

Een lichtbaken aan de rand van het ijs markeerde de toegang naar de berghut Hrafntinnusker. Hutten als deze lagen verspreid op de route op een dagafstand lopen van elkaar. Trekkers konden er in hun eigen slaapzak overnachten op smalle matrassen. Niet in elke hut was eten verkrijgbaar, maar zelfs in de meest onherbergzame gebieden was zo'n berghut altijd een warme plek om te schuilen. Alle slaapplekken in de hutten op onze route waren volgeboekt, maar we vonden ze toch te duur, dus we hadden besloten te kamperen bij een hut als we zo ver kwamen die dag, zodat we gebruik konden maken van de gemeenschappelijke kooktent en de sanitaire voorzieningen. Toen we vlak bij het einde kwamen, leek het even of het land hier ophield, maar op de kam keken we uit over de helling onder ons waar groene en rode hutten stonden. Gegroepeerd rond het hoogste uitkijkpunt bij de hutten en verspreid over de rotsachtige helling lagen stapels keien en stenen in ronde en ovaal gevormde wallen. Even deden ze me denken aan ruïnes van een oude nederzetting, maar geen ervan was hoger dan een halve meter en binnen in de meeste was een tentje opgezet. De wallen waren door trekkers gebouwd om hun tent te beschermen tegen de wind die genadeloos over de helling kon jagen.

Toen ik een metalen wc-huisje tussen de steenwallen zag staan, realiseerde ik me dat ik tien uur lang niet had geplast. Ik haalde diep adem en dook in het stinkende hok. Dat leek me nog altijd oneindig veel beter dan al die lagen kleding af te pellen en te hurken in het ijs. Vreemd genoeg had ik bij een toendraklimaat nooit gedacht aan de mogelijkheid van uitdroging, en was ik in de koude droge lucht zelfs niet op het idee gekomen iets te drinken. Opgelucht ademde ik uit toen ik de deur weer achter me sloot.

We zetten de tent op in de laatste overgebleven steenwal, vijftig meter lager dan de andere. De ondergrond bestond uit schalie en zwarte as. Het meisje met de rode broek was er ook, en ik keek hoe ze de heuvel op marcheerde langs de hutten en hoe moeiteloos ze anderen passeerde met haar snelle klimpassen. Moth blies lucht in zijn opblaasmatrasje dat zichzelf niet had opgeblazen, en plofte neer.

'Ik heb het helemaal gehad. Geloof niet dat ik puf heb om terug naar boven naar de kooktent te lopen. Kunnen we hier eten?'

'Dat kan wel, maar ik denk dat Dave en Julie er al zijn en op ons zitten te wachten. Zal ik er even naartoe gaan om te zeggen dat we hier blijven?' Eerlijk gezegd twijfelde ik of ik zelf nog wel boven zou komen, mijn kuitspieren voelden alsof ze met een bankschroef vastgezet waren in een soort spasme. Ik had meer behoefte aan slaap dan aan eten.

'Nee, laat maar. Ze hoeven niet te zien dat ik het zwaar heb. Als jij vooruitgaat en het water vast opzet, dan kom ik er zo achteraan. Geef me een minuutje.'

Het was behoorlijk donker in de kooktent. In het midden op de vochtige asbodem stond een lange picknicktafel. Dave en Julie zaten al te eten. In het nog duisterder gedeelte achter in de tent zat het stel met de grote rugzakken achter een enorme hoeveelheid eten en verschillende bakpannen. Het meisje met de rode broek zat er vlakbij.

'Niet te geloven, hebben jullie dat allemaal meegedragen?' Blikken witte bonen in tomatensaus, verse pepers, twaalf eieren, een pak meel, doosjes met kruiden, zout, peper, vorken en messen.

'Ja, en zwaar dat het was.' Het donkere meisje brak eieren in de pan terwijl de jongen, die van dichtbij duidelijk niet Ed Sheeran was, toekeek hoe het meisje in de rode broek in een pannetje noedels roerde.

'Waarom doe je het dan? Ik heb ook een hekel aan gedroogd eten, maar ik moet er niet aan denken dat ik allemaal etenswaren mee zou moeten sjouwen de bergen in.'

'Dit is mijn eerste trektocht. Eric vroeg of ik meeging en zei dat we al ons eten zelf mee moesten nemen. Het geeft niet, uiteindelijk krijgen we het wel op.'

'Eric, is dat je vriendje met zijn rode haar? Jullie delen al dat gewicht, hoop ik.'

'Nee nee, hij is niet mijn vriendje, we zijn gewoon vrienden. Ik ben uit Duitsland naar IJsland gekomen om aardwarmte te bestuderen, als ingenieur. We kwamen elkaar op de campus tegen. Hij kan niet veel kwijt in zijn rugzak, want hij heeft een veel te grote slaapzak bij zich.'

'Echt? Je moet hem wel heel aardig vinden.'

Ze klopte de eieren. Het leek me duidelijk dat ze hem meer dan leuk vond. Waarom een gewicht meetorsen waar zelfs een ezel van door zijn hoeven zou zakken als ze hem alleen maar aardig vond?

'Ik heb nooit meer dan tien kilo bij me. Zelfs nog minder toen ik de Pacific Crest Trail liep. Je bent gek dat je zoveel meeneemt. Ik vind het leuk om morgen samen te lopen, maar als het me te langzaam gaat, loop ik door.' Het meisje met de rode broek zat noedels te eten en haar haar te vlechten, terwijl ze Erics ogen vasthield met de hare. Ik keek naar de ingenieur die doorging met eieren kloppen. Wij, Moth en ik en Julie, begrepen allemaal dat zij morgen in haar eentje zou lopen.

'Ik zag je de heuvel beklimmen daarstraks. Mooi uitzicht daarboven, dus?' Dave was niet zo bezig met groepsdynamiek. Hij concentreerde zich op het eten.

'Ja, voor het eten was ik daar even. Supermooi uitzicht. Ik heb een paar fantastische platen geschoten van de zonsondergang.'

'Wat denken jullie, hè, zullen wij ook nog even gaan kijken voordat we onder de wol gaan?'

Nu nog een berg beklimmen, alleen maar voor het uitzicht? Ik wist niet eens of ik nog wel overeind zou komen. Dit was nog maar dag één, maar ik was ongeoefend begonnen en mijn benen waren pijnlijke onbuigzame stelten geworden.

'Goed plan.' Moth stond al op.

We sleepten onze uitgeputte lijven de met as bedekte heuvel op en moesten daarna nog een stukje over de rotsen klimmen. Maar opeens verdween het licht. Over de heuveltop kwam een mistwolk aan drijven die natte lucht meebracht. Hij volgde de contouren van de heuvelkam en zakte het dal in, terwijl de top verdween in een roze en oranje waterdamp. In de tenten tussen de steenwallen gingen lichtjes aan die na een tijdje verdwenen.

'Het heeft geen zin nu naar boven te gaan.' Julie voelde in haar jaszak en haalde een zakje snoep tevoorschijn. 'Iemand een gummybeertje?'

We zaten in de duisternis en aten snoep terwijl de mistbank het land leek te strelen: nu eens steeg hij op, dan weer zakte hij dichter naar de aarde alsof die van binnenuit een soort magnetische kracht op hem uitoefende. Een vluchtige communicatie tussen lucht en land. De knetterende, gemagnetiseerde vochtige lucht daalde, leek even compacter te worden toen hij in de vallei lag, waarbij een zwak verlichte thermische inversie te zien was voordat hij zich uitbreidde en alles verduisterde.

Rillend in de snel dalende temperatuur liepen we terug naar de kampeerplaats. Onze hoofdlampen beschenen niets anders dan mist en steen. We waren al buiten het bereik van het geluid van de tentrits van Dave en Julie en kwamen op een rotsachtige onbekende helling. Onze tent was nergens te zien. Op een windvlaag begon de mist te verwaaien. Ik kon de gedachte aan de jonge man die op de helling was omgekomen, slechts een paar honderd meter van de hut verwijderd, niet van me afschudden. Het leek heel makkelijk in dit onbeschutte gebied van ijs, rots en elektrisch geladen lucht door een kier tussen leven en dood te glippen. Mijn hand lag in die van Moth, we liepen in onze eigen voetstappen een stukje terug naar boven en struikelden uiteindelijk over de stenen wal rond onze tent.

'Nooit verwacht dat ik zoiets nog eens zou zien. Ik dacht dat we de avonturen wel achter de rug hadden.' Moth zat rechtop in zijn slaapzak zijn muts op te zetten en zijn handschoenen aan te doen.

'Maar nu zitten we dus wel vast op een berg in het ruige centrum van IJsland waar volgens het toeristenbureau zondag de winter begint.'

'Dat kunnen ze niet weten.'

'Natuurlijk niet, maar na zaterdagavond rijden er geen bussen meer, dus ik denk dat ze overschakelen op winterdiensten. Hoe voel je je?'

'Alsof ik nooit meer op zal staan als ik nu ga liggen.'

'Je moet wel. De hutten sluiten volgende week. En anders liggen we nog voor het einde van de maand onder twee meter sneeuw.'

Tegen elkaar aan gekropen in het midden van de tent, met bijna al onze kleren aan in onze slaapzakken, lagen we te luisteren hoe een woest grommende wind aan de buitentent rukte en door de ventilatiegaten heen naar binnen waaide.

'Ik heb hier zo'n spijt van. Ik herinnerde me hoe je was op het kustpad, hoe je al lopend steeds beter werd en zowat genas en ik hoopte gewoon... Daarom zat ik zo te drammen en te pushen. Logisch dat je een hekel aan me krijgt. Ik heb me niet gedragen als je vrouw, maar als een moeder die eist dat jij voor Engeland uitkomt bij rugby.'

'Ray, je ligt onzin uit te kramen. Het was nota bene mijn eigen idee. Ik zou hier niet zijn als ik dat niet zelf had gewild. Ga nou maar lekker slapen.'

In de wind zwaaide de tent vervaarlijk, de verbindingen van de stokken kraakten alsof ze het ieder moment konden begeven.

'Je beseft toch wel dat we vandaag iets voor elkaar hebben gekregen wat ons nog nooit is gelukt?'

'Hoor die wind toch eens. Ja, ik besef heus wel dat ik in IJsland op een berg lig.'

'Nee, het is iets veel groters. We hebben een dagtocht van Paddy Dillon in één dag gelopen in plaats van drie.'

'O, dat is waar, wat goed van ons.'

Álftavatn

Ik viel zowat de tent uit doordat mijn voet bleef haken in de bergschoenen die op een hoopje lagen. Geen tijd om ze aan te doen. Ik haastte me achter de steenwal en plaste met de wind mee. Onder de nog steeds laaghangende bewolking bleef de natte mist waaien en draaien in wervelingen van enge groenige damp. Koude stoom uit een hete, kokende aarde. Ik kroop terug in de tent, sloeg stukjes lava en zwarte as van mijn sokken, wurmde me weer in mijn slaapzak en trok hem helemaal over mijn hoofd. In mijn donzen cocon gewikkeld dommelde ik af en toe even in, terwijl ik het gevoel had dat lucht, aarde en hemel met elkaar in beweging waren als een met elkaar verweven stroom van moleculen.

Ik had op het vliegveld een tijdschriftartikel gelezen over de rol van de zee als opslagplaats van uitgestoten CO_2. Het schijnt dat een derde van de koolstofdioxide uit de atmosfeer wordt opgenomen door de zee. In de ondiepe lagen van de oceaan neemt de hoeveelheid CO_2 met bijna dezelfde hoeveelheid toe als in de atmosfeer. Maar in de koudere diepte stijgt het twee keer zo snel. Onderin worden enorme hoeveelheden CO_2 vastgehouden. Het schijnt dat dit systeem in stand gehouden wordt door het zoutgehalte van het zeewater. Ik trok nu ook mijn donsjack aan in mijn slaapzak en probeerde het beeld van de riviertjes van smeltend ijs onder het ijsveld van de dag ervoor weg te drukken. Zoet water dat naar de zee stroomt. Wat gaat er gebeuren als er nog meer ijs smelt? Zou het systeem dat ervoor zorgt dat CO_2 afzinkt aangetast kunnen worden? Als gletsjers smelten, dan zal de permafrost op het noordelijk halfrond dat ook doen, en daarin liggen onmetelijke hoeveelheden CO_2 en methaan opgeslagen. Wat als al die broeikasgassen straks vrijkomen in de atmosfeer? In het beginnende daglicht meende ik de opwarming al aan te voelen komen, maar niet voldoende om het rillen te stoppen. Ik was een van de geluksvogels die eind augustus de kou van het hoge noorden nog hadden meegemaakt.

Ik zette thee en maakte pap, rechtop zittend in mijn slaapzak na nauwelijks nog geslapen te hebben. Mijn eigen fout: had ik die wetenschappelijke artikelen maar niet half moeten lezen. Tegen de tijd dat het water kookte, had ik het gevoel dat de mensheid volkomen irrelevant was ten opzichte van de beangstigende krachten die de aarde vormen, nog niet van me afgeschud. Het gevoel dat de aarde en de atmosfeer als één geheel zouden blijven bewegen, hoezeer wij mensen het evenwicht ook verstoorden. Op deze ruige plek, waar land werd geboren, was een overweldigend bewustzijn van de aarde die zichzelf bij elkaar pakte en zich voorbereidde. Er kwam een moment dat ze alles van zich af zou schudden als een natte hond om verder te gaan waar ze gebleven was. Dan zou ze eindelijk van die irritante mensheid af zijn.

'Bakje pap?'

'Hè wat, is het alweer dag? Mag ik eerst thee?'

'Nee, dan wordt het koud.'

'Waarom snauw je nou? Heb je wel goed geslapen?'

'Niet echt, nee.'

De andere kleumende kampeerders en ook de warme die de nacht in de berghut hadden doorgebracht, vertrokken en verdwenen al in de mist voordat ze voorbij de laatste steenwallen waren. We waren alleen toen we de mistdruppels van de tent schudden en nog maar eens thee dronken tot de wolk begon te stijgen en het landschap weer tevoorschijn kwam. Onder in ons uitzicht op de rotsachtige, met as bedekte berghelling leidden de routepaaltjes een dal in dat zich vlak en onbelemmerd leek uit te strekken tot aan een heuvelkam aan de horizon.

'Ziet eruit als een lekker makkelijke wandeling. Wat zegt Paddy, Moth, heb jij je bril?' De mijne moest ergens in mijn rugzak zwerven, waarschijnlijk ingerold in mijn slaapzak.

Moth bladerde door de gids, las een bladzijde en toen nog een keer. 'Ja hoor, nog geen twaalf kilometer, niks aan de hand, lekker makkelijk.'

Ik zag aan zijn gezicht dat er iets niet klopte. 'Lees 's voor.'

Hij trok even zijn wenkbrauwen op boven zijn bril. We mochten onze kop niet in het zand steken voor wat Paddy te zeggen had. We kenden de waarde van zijn woorden.

'Hij zegt: "Naarmate de zomer vordert en de sneeuw smelt, ontstaan er brokkelige geulen met grove ronde richels die het lopen langzaam en vermoeiend maken."'

We stonden met ons vieren achter elkaar uit te kijken over het vlakke dal. Er lag geen sneeuw, nog geen vlokje tussen ons en de hoge gletsjers in de verte.

'O shit.'

We bestudeerden het open landschap en zagen wel zwarte lijnen lopen, maar het terrein leek vlak. Totdat een groep in oranje en blauwe jassen langzaam vanuit de eerste zwarte lijn kwam, en zich richting een meer verspreid lopende groep bewoog, over een vlak pad van steen en as voordat ze in een volgende lijn verdwenen.

'Hoe laat is die laatste groep hier vertrokken?' Julie keek door de verrekijker.

'Om een uur of negen, dus.' Zelfs Dave stond ongemakkelijk met zijn voeten te schuiven.

'Twee uur geleden.'

'O shit.' Moth gaf een kneepje in mijn arm. Ik begreep wat hij daar allemaal mee zei. Ik weet niet of ik het ga redden, het wordt een zware dag voor mij, niet laten merken aan de anderen. Niet dat ik die hand op mijn arm nodig had om dat te weten. Ik tilde de rugzak op zijn schouder, zelf ook twijfelend hoe ik de wandeldag door moest komen met loden benen en een knallende koppijn door het slaapgebrek.

Toen we aan de rand van de eerste geul stonden, begrepen we al dat Paddy niets te veel had gezegd. Als onze langeafstandswandelheld het vermoeiend vond, zouden wij het echt moeilijk krijgen. De zwarte geulen bestonden uit gladde asmodder en scherpe gekartelde uitsteeksels obsidiaan, een vulkanisch glasachtig steen. We glibberden twintig meter naar beneden en kwamen vervolgens op een soort roltrap van bewegende aarde terecht waarmee we nog verder afdaalden. Het was uitputtend. En de vlakte die zich voor ons uitstrekte, bleek vol te zitten met dergelijke geulen. Er leek pas een einde aan te komen bij een heuvelkam aan de verre horizon. Of de afstand een paar honderd meter bedroeg of veel meer, was moeilijk te zien, en de schaal van de plattegrond in de gids leek niet te kloppen met het geulenlandschap. Ik ademde diep in en zette door.

Twee uur later begonnen de heuvels voor ons een beetje reliëf te krijgen maar hadden we nog steeds een aantal geulen te gaan. In de zwarte kerven kwam nu steeds meer gekleurd gesteente voor, en her en der stootte de aarde zwavelachtige dampen uit. In de bodem van de laatste geul zat een gat waarin een ondergrondse rivier te zien was. Het kokende water raasde met enorme snelheid onder het gat door, onderwijl sissende waterstralen uitspugend die wel tot de enkels kwamen. Vol ontzag bleef ik naar de onstuimige explosieve waterstroom kijken, niet in staat mijn blik af te wenden. Denk niet dat we op een rustige stabiele planeet leven. De aarde is een levend, ademend wezen, dat van binnenuit wordt aangestuurd door kokendhete krachten die steen doen smelten en rotsen door elkaar kunnen schudden. Die innerlijke kracht kwam hier, op deze lege plek waar de aarde begint en eindigt, aan de oppervlakte en liet zich even aanschouwen door dit ventiel. Onder onze voeten in onze geasfalteerde steden ligt die kracht ook, maar daar zijn we zo ver verwijderd van de natuurlijke omgeving dat we neigen te geloven dat het voor ons niet relevant is. Maar dit is de enige aarde die er is en deze wilde ontembare kracht is het begin van alle leven, ook van het onze.

We klommen naar de top van de heuvel en konden vanaf daar de hele route terugzien. We waren niet een paar honderd meter maar kilometers aan geulen overgestoken. Hrafntinnusker was een verzameling groene en rode stipjes in de verte. Uit verre gletsjers waaide een ijskoude wind die onze natbezwete kleren bevroor, maar aan de heldere hemel stond de zon die ons gezicht verbrandde. We liepen een tijdje, weg van de wind van de rand, tot Moth zijn rugzak liet vallen en uitgeput ging zitten.

'Iemand een Mars?' Niet alleen verstond Julie Moths lichaamstaal veel beter dan ik dacht, ze bleek ook de diepste jaszakken met de beste snacks te hebben.

'Dank je wel, Julie, precies wat ik nodig heb. Hoewel een bord gebakken bonen met toast er ook wel in zou gaan.'

Had hij trek? Zelf voelde ik mijn maag nauwelijks. Misschien nam de kou niet alleen mijn dorst maar ook mijn eetlust weg. Geen wonder dat mensen het niet lang uithielden in deze omgeving. Ik viste in mijn tas naar iets wat hij koud kon eten.

'Jezus, wat is dit? Niet te geloven!' Moth hield zijn Mars omhoog, zodat we het zouden zien. 'Kijk dan.' Uit de chocolade staken twee witte scherven.

'Hè, wat is dat?'

Hij plukte de witte dingen eruit en legde ze in zijn handpalm. Twee afgebroken tanden.

'Waar komen die nou vandaan, lach eens?'

Moth deed wat ik vroeg. Op de plek van de charmante lach waarmee hij oude dames altijd op hun gemak wist te stellen, zaten nu twee scherpe tandrandjes. Hij leek wel een amateurbokser.

'Oei, je voortanden. Jeetje, ik wist dat je dunne tanden had, maar dat dit kon gebeuren?'

'Waar zaten ze dan? O, nu voel ik het, helemaal voor.'

'Doet het pijn?' Ik voelde paniek opkomen omdat ik niet wist hoe ik hem van de pijn af kon helpen in de IJslandse leegte. Ibuprofen zou vast niet voldoende zijn.

'Nee, ik voel er niks van.'

Ik bekeek zijn bovenkaak nog eens goed. Een tand was horizontaal door midden gebroken, de andere was verticaal tot aan het tandvlees gespleten. Hoe kon dat geen pijn doen?

'Echt niet, Moth? Toen ik mijn tand brak, had ik helse pijn. Ik moest het echt direct laten repareren.' Julie keek hem vol verbazing aan.

'Nee, geen pijn, helemaal niks.' Daar had hij het al maanden over, dat sommige delen van zijn gezicht en mond gevoelloos waren. Hij had vaak niet in de gaten dat hij op zijn tong beet, maar behalve dat het me verbaasde dat hij kon bloeden zonder het te voelen, had ik er niet veel aandacht aan geschonken. Maar dit kon toch niet waar zijn?

'Nou, voor jou maar geen koude Marsen meer.'

Moth rolde wat met de tanden in zijn hand en at de Mars met zijn zijtanden op.

'Ik moet ze voortaan gewoon even warm maken, dat is alles. Wat zal ik hiermee doen? Kunnen ze daar nog wat mee als ik ze meeneem?'

'Ja hoor, secondelijm ertussen en klaar ben je. Doe niet zo gek. We zullen ze begraven. Hier bij de routepaal tussen de rotsen is een mooi plekje, dus.'

Moth legde de tanden op de plek die Dave aanwees, tussen de opgestapelde keien die de paal rechtop hielden.

'Vaarwel, mijn tanden, souvenir voor eeuwig op de toendra.'

Ik strooide wat as over zijn broze tanden, het voelde bijna als een begrafenis. Het had iets definitiefs. Hij zou waarschijnlijk nooit meer zo hoog op een IJslandse berg staan. Maar meer nog was het een onuitgesproken bevestiging van de kwetsbaarheid van zijn lichaam en de nu dan toch merkbare verwoestingen door de CBD.

Nadat we de zwarte as van het dal achter ons hadden gelaten, liepen we weer een veelkleurig heuvellandschap in. De zon stond eind van de middag nog altijd helder aan de hemel en liet de kleuren nog schitterender tot hun recht komen. Eindelijk hadden we weer een vlak pad. We liepen langs een met ijs bedekte bergtop en hielden onze regenpakken aan tegen de bevriezende wind. En overal om ons heen ademde de aarde zwavelpluimen uit het blauw en het groen rond de ventielgaten. Twee schapen wandelden op hun gemak langs een stoomwolk. Er zijn niet veel schapen in de zuidelijke hooglanden, ook al leven er meer dan twee keer zoveel schapen als mensen op IJsland. Er valt hier niets te halen voor ze, op een toevallig streepje groen op een verre helling na misschien. Toch verschenen ze af en toe met z'n tweeën, drieën of gezinnetje. Ze hadden een karig en moeilijk leven, moesten vaak kilometers lopen tussen voedsel- en waterbronnen, maar ze waren hier in de hooglanden wel vrij om onbelemmerd hun wildedierenleven te leiden. We gingen verder, geraakt door de aanwezigheid van deze stoere dieren, de enige die we de afgelopen dagen hadden gezien. Verder zag je hier geen zoogdieren, vogels of insecten, alleen maar mensen. Dit enorm uitgestrekte, kale landschap was geen plaats om te leven. Maar terwijl we erdoorheen liepen, stil, ieder in onze eigen staat van stille verwondering, voelde ik me voor het eerst in lange tijd, misschien wel sinds ik voor de laatste keer op het South West Coast Path de tent uit kroop, dichter bij mijn echte zelf. Hier ademde alleen het land, en ik ademde mee.

Over een smalle heuvelkam meanderde het pad langs een rondgevormde helling van leisteen en keien. Om ons heen spreidden kale rotsige heuvels zich uit in verschillende tinten matgoud en oker onder de blauwe lucht met voortsnellende witte wolken. Een landschap zo nieuw en buitenaards dat ik nauwelijks kon verwerken wat mijn ogen zagen. De kleurige kleren van Dave en Julie die al aan de andere kant van het dal liepen, staken fel af tegen de achtergrond. Een droomplaat voor een fotograaf en ik nam een paar foto's al wist ik dat het onmogelijk was het grootse uitzicht vast te leggen met de lens van een oude mobiele telefoon. Terwijl de felle kleuren uit mijn zicht wandelden, bleef ik staan kijken en probeerde het beeld vast te zetten in mijn geheugen. Ruig land was het, ongerept, onaangetast door bacteriën, microben en as. Niets dat zich zou kunnen ontwikkelen tot aarde of begroeiing. Een onbeschreven blad met alleen de natuurlijke kleuren van het nieuwe land. Zo dun dat beide zijden van de oneindigheid elkaar hier raakten in een eeuwigdurende cyclus.

Aan het eind van de heuvelkam veranderde de wereld weer. De kleurige bergen eindigden abrupt in steile afgronden en daaronder strekte een met puin bezaaid pad zich kilometers lang uit over een zwart dal. Her en der waren meren te zien en rotsen die uit het land oprezen in de vorm van uitgerekte golven met scherpe pieken die op het punt leken te staan te breken en in woest schuim tegen de wilde zwarte kust te beuken. In de verte werd het zwarte dal omringd door piekende bergen met strepen groen op de hellingen. Plantengroei. Leven. En voorbij dit wonderlijke landschap vormde een enorm hoge koude gletsjer in de verte een witte scheidslijn tussen hemel en aarde.

We stonden met ons vieren achter elkaar aan de rand van de wereld zoals we die kennen, toen twee stoere, ervaren bergbeklimmers, gekleed in de nieuwste wandeluitrusting en met professioneel ingepakte rugzakken, een foto van ons namen voordat ze zelfverzekerd de afdaling inzetten en over de rand verdwenen.

Bij een meer in de verte weerkaatste de zon op de rode golfplatendaken van Álftavatn, de trekkershut. Een glinsterende oase, nog wel een paar uur lopen vanaf hier. Stukje bij beetje vonden we onze weg naar beneden over onvaste grond die onder onze voeten weggleed bij elke stap die we zetten, met gebogen knieën om de schokken op te vangen. Er kwam geen einde aan. Toen ik op een kei ging zitten om de situatie in ogenschouw te nemen, was ik pas op een derde. Ik zag vier mensen voor wie soepele gewrichten definitief tot het verleden behoorden, die min of meer tegen de zestig liepen en op afstand van anderen kwamen te staan. Even kwam me een beeld voor ogen van toen ik tweeëntwintig was. Ik stond op de top van de Great Gable in het Lake District met Moth naast me in de verschoten blauwe tennisbroek die hij elke dag aanhad, zomers lang. Vroeg in de ochtend van die prachtige zomerdag waren we naar de top geklommen, waar we urenlang naar de blauwe lucht en voorbijdrijvende wolken hadden liggen staren. Het was inmiddels ergens halverwege de middag en we moesten weer naar beneden. Het liefst waren we direct naar de andere kant van het dal gegaan om de Scafell te beklimmen, de hoogste top van Engeland, maar daar was geen tijd voor. We moesten terug naar de snelweg richting het zuiden, want de volgende dag moesten we werken. Ik stond boven aan een gigantische, steile helling bedekt met losliggende keien en grind helemaal tot aan de voet van de berg. Het pad dat we zouden nemen, slingerde er dwars doorheen en was minder steil maar had dezelfde lastige, bewegende ondergrond. Moth sloeg zijn lange haren uit zijn gezicht waardoor de wind er vat op kreeg en ze in een krans om zijn hoofd blies, wat hem een maniakale uitdrukking gaf.

'Steensurfen?'

'Wat?'

'Dan kunnen we nog even wat eten in de pub voordat we naar huis gaan.' Hij zakte door zijn knieën, zette zijn voeten zijwaarts en begon aan de afdaling, springend op wankelende stenen en glijdend door het grind. 'Je kunt ook als een omaatje naar beneden klauteren, dan neem ik vast een quiche met frites.' En weg was hij. Zijn dagrugzak sprong op zijn rug terwijl hij steensurfend koers zette naar de pub.

Ik volgde hem altijd. Ik kende geen twijfel. Waar hij ging, ging ik. Dus nam ik dezelfde houding aan, spreidde mijn armen als een surfer en gaf me over. Losse heupen, gebogen knieën, zo surfde ik over een rollendgrindtrap richting Moth, die me beneden opwachtte met zijn wilde haren, zijn stoffige lijf en twee open armen.

Wanneer houdt het vertrouwen in ons lichaam op, wanneer vergeten we dat ons lichaam ons zal redden zonder dat we erover hoeven na te denken of ons hoeven voor te bereiden? Wat is het verschil met vroeger? Ik keek hoe de anderen naar beneden gingen. Dave, de jongste van ons, was er al bijna. Moth zette zorgvuldig stap voor stap, meer vertrouwend op de stok dan op zijn benen en voeten. Julie, de oudste, zette haar voeten op dezelfde manier neer als Moth, bang dat haar knieën het weer zouden laten afweten. Het kwam door de manier waarop we ons bewogen. We spanden onze spieren krampachtig aan en hielden onze benen stijf alsof ze loopstokken waren om de gewrichten te behoeden voor te harde schokken. Toen we jong waren, waren onze spieren ontspannen. Ze stuiterden veerkrachtig terug en gaven mee als ze in elkaar gedrukt werden, als een hydraulische vering.

Ik stond op en schudde mijn benen uit om de stijve spanning uit mijn dijen en heupen te krijgen. Ik kon het proberen, mezelf gewoon laten gaan. Ik draaide een beetje opzij, ging door mijn knieën en wilde een voorzichtige start maken met het steensurfen maar op het laatste moment besloot ik dat zo'n steile bocht met gevaarlijk uitstekende stenen niet de plek was om het risico te nemen. Ik gespte de stok weer aan de rugzak, ontspande mijn knieën en gaf me over aan de helling, waarbij ik bij elke stap doorveerde. Ik was op een andere plek, in een andere tijd en in een ander lichaam toen ik zonder pijn of stijfheid beneden aankwam. Misschien zit ouder worden wel tussen de oren. Misschien moeten we veroudering helemaal niet te lijf gaan met dure serums, urenlange sportschoolsessies en scherpe scalpels, maar er gewoon op vertrouwen dat ons lichaam net zo sterk en capabel is als het altijd is geweest, zo veel mogelijk buiten in de natuur doorbrengen en niet te veel tijd voor de spiegel.

Na de afdaling kwam onze eerste rivieroversteek. Het water was te diep om met schoenen aan over keien te stappen, we zouden door het ijskoude maar kristalheldere water moeten waden. Met opgerolde broekspijpen en onze bergschoenen vervangen door neopreen waterschoenen die we speciaal hiervoor bij ons hadden, liepen we behoedzaam door de rivier. Halverwege duwde de stroming tegen mijn knieën en ik aarzelde te lang, waardoor mijn voeten pijn gingen doen van de kou en vervolgens gevoelloos werden, maar met hulp van de stok vond ik toch plekken tussen de keien om ze neer te zetten. Aan de overkant aangekomen droogde ik mijn benen met de sjaal die ik net af had gedaan en keek naar Moth zoals hij daar zat op zijn omgekeerde rugzak aan een rivier met water dat uit de ijskappen kwam van bergen pal onder de poolcirkel, zijn voeten af te drogen met een roodgestippelde bandana, met achter hem in de verte een gletsjer. Ik dacht aan de dokter die in zijn praktijk in Wales, zittend op de rand van zijn bureau, had gezegd dat Moth waarschijnlijk nog maar twee jaar te leven had: 'Vermoei jezelf niet, ga niet te ver wandelen en wees voorzichtig met traplopen.' Maar daar zat hij: uitgeput, beurs, hongerig, maar met een brede lach zijn schoenen weer aan te doen. Alweer vier jaar in reservetijd.

'Toen ik die berghut Álftavatn even googelde, zag ik dat er een café is.'

Aan zijn grijns zag ik dat hij deze waardevolle informatie bewaard had tot het moment dat ze zou inslaan als een bom.

'Wat! Een echt café met echt eten, dus?' Dave strikte snel zijn veters.

'Nou, ze hadden het inderdaad over eten en een of andere vorm van verwarming.'

'En dat is over drie kilometer? Laten we daar dan maar snel naartoe gaan, voordat het eten op is.'

Na twee dagen was de nieuwigheid van de noedelmaaltijden er alweer helemaal vanaf. Het dal lag voor ons open, kilometers vlakke grond van as en schalie, tussen de golfbergen door. We liepen in een onbegrensde ruimte waar tijd en mogelijkheden oneindig leken.

Eric met het rode haar en de grote rugzak stond bij het sanitairgebouw met zijn voeten te schudden, de handen diep in zijn zakken, duidelijk te wachten tot iemand naar buiten zou komen.

'Hoi, die afdaling vandaag was niet eenvoudig met die zware rugzak, zeker? Het lag allemaal lekker los, hè?'

'Hm.' Hij keek me niet eens aan, draaide zich om en maakte zich uit de voeten. Misschien was hij vergeten dat we de avond ervoor met elkaar hadden gepraat.

We zetten de tenten op langs een ondiepe rivier en liepen naar het meer. Aan de oever lagen stapels kleren, achtergelaten door een groep die wilde zwemmen maar naakt het water in waren gelopen om tot de ontdekking te komen dat het water vijftig meter verderop nog steeds maar tot hun knieën kwam. Ze moesten tot een derde het meer in rennen voordat het water diep genoeg was om hun lichaam te bedekken, zodat ze konden spetteren en schreeuwen met elkaar.

Het waterpeil moest teruggelopen zijn in de afgelopen eeuwen, want het verhaal ging dat er een man was verdronken in het meer. Hij zou van zijn paard zijn gevallen en verdwenen tijdens een zwanenjacht met zijn dochter. Zij had het hele meer afgezocht maar zijn lichaam niet gevonden. Ze ging terug naar het dorp om hulp te halen, maar 's nachts droomde haar moeder dat haar vader zei dat ze zijn lichaam moesten zoeken onder een overhangend klif. De volgende dag vonden de dorpelingen hem precies op die plek. Volgens een blaadje op de toiletten zou het geen volkslegende maar een waargebeurd verhaal zijn. IJslanders geloven dat de doden hen bezoeken in hun dromen, vertelde het meisje dat de toiletten schoonmaakte, en dit verhaal zou dat bewijzen. Wel jammer dat de moeder niet aan de vader had gevraagd hoe hij had kunnen verdrinken in water dat maar tot zijn knieën kwam.

Moth had gelijk. Er was echt een café. Na de ijzige wind in de bergen voelde de warmte die ons door de deuropening tegemoetkwam, alsof we de Sahara in liepen. We deden maar al te graag onze bergschoenen uit bij de deur om naar binnen te gaan. De groentesoep, die in grote kommen werd geserveerd met geroosterd brood, was een culinair hoogtepunt waar we niet van hadden durven dromen. De verse ingrediënten moesten hier aangeleverd zijn met vierwielaangedreven auto's met enorme wielen.

'Nog een paar dagen, dan komen vrachtwagens de mobiele hutten ophalen. Over twee weken gaan de laatste berghutten dicht voor de winter en dan moeten we zien dat we weg zijn voordat het gaat sneeuwen. We zijn alleen nog open voor die paar late wandelaars, zoals jullie. Wie daarna nog de bergen in gaat, is op zichzelf aangewezen. Je kunt alleen maar hopen dat ze goed voorbereid zijn.' De Duitse jongen achter de bar vertelde terwijl hij hete thee schonk uit een pot maar wat graag dat hij zijn bagage al gepakt had. Hij was klaar om terug te keren naar de beschaving. 'Vier maanden hierboven, dan ben je er echt helemaal klaar mee, dat kunnen jullie gerust van me aannemen.'

Ik zat bij het raam te kijken hoe het laatste daglicht over het water viel en de bergen in schaduwtinten grijs en zilver zette. Buiten leek Eric een soort van hofhouding om zich heen te hebben verzameld. Hij zat aan een picknicktafel met het meisje met de rode broek en de verleidelijke ogen. Anderen die we ook al wel hadden gezien, zaten aandachtig te luisteren naar wat hij vertelde. De ingenieur die zijn eten droeg, was in geen velden of wegen te bekennen. Binnen gingen acculampen aan, en opeens zag ik dat de stoere kerels die een foto van ons hadden gemaakt, aan de tafel naast ons zaten. Ze negeerden me. Ze zaten helemaal in hun reisgids verzonken met hun bruinverbrande gezicht en hun goedverzorgde baard van een week. De Duitse barkeeper begon kaarsen aan te steken om de donkere plekken te verlichten en zette er ook een op de tafel van de bergbeklimmers.

'Zo, een romantisch lichtje voor bij een romantisch gesprek.'

Een van de twee keek op en knikte naar de Duitser. Toen ik wegkeek, zag ik dat hun voeten, in dikke wollen sokken gestoken, in elkaar verstrengeld waren onder tafel.

Ik was net zo schuldig als sommige mensen die we op het South West Coast Path hadden ontmoet. Zoals zij over ons oordeelden zonder ons te kennen, zo had ik mijn vooroordelen losgelaten op deze mannen: doorgewinterde, geharde bergbeklimmers op expeditie. Ik wist niet wie ze waren en had me dat ook niet eens afgevraagd. Zoals die mensen er destijds van uitgingen dat wij wel aan de drugs of geestelijk in de war zouden zijn, nadat we verteld hadden dat we dakloos waren, zo had ik deze mannen gezien als hetero's wier vriendinnen thuis geduldig op hen wachtten. In plaats van twee mensen met een liefdevolle relatie die misschien wel de reis van hun leven maakten. En ze hadden goede sokken.

'Sorry, mag ik vragen waar jullie die waanzinnige sokken hebben gekocht?'

'In de buswinkel op Landmannalaugar, de Mountain Mall. Mooi zijn ze, hè, gebreid van IJslandse wol.'

'Verdomme, ik wou dat ik ook een paar had gekocht, mijn voeten bevriezen elke nacht.'

Met tegenzin verlieten we het café. Na de koesterende warmte daarbinnen voelde de wind nog guurder dan eerder, al was de kou op deze veel lager gelegen plek beter te harden. Toch verlangde ik naar wollen sokken.

Emstrur

In het eerste flauwe ochtendlicht struikelde ik over de scheerlijn en rolde nog net niet de rivier in met mijn laatste paar droge sokken aan. Vanaf het meer kwam de ingenieur langzaam aanlopen, hoofd naar beneden, handen in de zakken.

'Goeiemorgen, jij bent ook lekker vroeg. Al klaar voor een nieuwe dag met die enorme rugzak?'

'Ik moet die rugzak nog zeker twee dagen dragen, en er is sprake van dat we verder gaan.'

'Vind je het niet leuk?'

'Niets gaat zoals ik had gehoopt dat het zou gaan.' Geluidloos huilend wendde ze zich af en wandelde weg. Aan de picknicktafel zat Eric naast het meisje met de rode broek, hun hoofden vlak bij elkaar. Meer mensen schoven aan en hij deelde koekjes uit die de ingenieur had meegebracht.

De andere backpackers waren allang vertrokken tegen de tijd dat wij onze pap ophadden en tenten opbraken. Over het meer raasde een koude wind. De vochtige lucht kondigde turbulentie aan. Tegen de wilde grijze wolkenlucht tekende de bergkam zich zwart af. Alles bij elkaar had het iets dreigends.

Een slingerpad voerde ons weg van de veilige warme trekkershut, over een heuvelkam en door een rivier met een sterke stroming. Het ijswater kwam tot kniehoogte en legde strakke pijnbanden om mijn benen. Het begon te regenen. Na de oversteek maakten schalie en lava plaats voor zwarte as en we bereikten een kleine berghut waarvan zo laat in het seizoen bijna geen gebruik meer werd gemaakt. Wind joeg de wolken omhoog over de heuvels en de regen kletterde tegen onze met as bedekte regenpakken. Op een bankje achter de hut zetten we thee, die we meenamen naar een open halletje waar droogrekken waren voor de regenpakken, en we gingen op de vloer zitten om de thee op te drinken.

Moth leunde tegen de muur die nog wat warmte afgaf. Hij was stilletjes vandaag, had nauwelijks een woord gezegd sinds we bij het meer vertrokken waren. Hij kon hard zijn voor zichzelf, dat bewees alleen al zijn voorstel om uitgerekend hier te gaan lopen, in deze vulkanische roetwoestijn vlak onder de poolcirkel, waar geen andere keuze was dan door te lopen. Afzien was onontkoombaar. En waarvoor? Hoopte hij dat de trektocht eenzelfde effect op hem zou hebben als het South West Coast Path, wat toch praktisch onmogelijk was? Toen hadden we maanden achter elkaar gelopen, terwijl we nu maar een paar dagen op pad waren. De gedachte dat de tijd was gekomen om het te laten gaan, om hem niet meer te pushen en te laten uitrusten, liet me niet meer los. Waren het buitenleven en het werk op de boerderij en in de appelboomgaard genoeg om het tempo van zijn achteruitgang zodanig te vertragen dat we meer tijd kregen om de ziekte te erkennen en ons voor te bereiden op het loslaten? Ik zag de tremor in zijn hand toen Julie hem een muesliReep gaf en probeerde met mijn zere lijf op te staan van de vloer om naar hem toe te gaan. Het openmaken van een snoepwikkel vraagt een behendigheid die ongecontroleerd bewegende handen niet hebben. Maar ik ging meteen weer zitten. In een langzame maar zekere beweging pakte hij de reep aan en maakte het papier los, met dezelfde precisie waarmee hij het veertje in de grastrimmer had geplaatst. Zijn gebroken tanden vermijdend at hij de reep op en stopte het papiertje in zijn zak, zich schijnbaar niet bewust van wat hij zojuist had gedaan.

De regen hield op, een koude wind waaide de grijze lucht droog. Vanaf de hut bestegen we een wal waarop we uitkeken over een weidse vlakte van roet en as die zich kilometers ver voor ons uitspreidde, tot aan de horizon. Aan weerszijden van dit matzwarte dal rezen bijna verticaal de wanden van een gebergte met gekartelde kantelen op. Maar voordat we de roetvlakte betraden, moesten we een rivier oversteken. Breder, dieper, sneller stromend dan de andere. Modderig ijswater rechtstreeks uit een gletsjer.

Dave en Julie stonden nog in een rugzak te rommelen, maar Moth had zijn bergschoenen al uitgedaan en om zijn nek gehangen en stond aan de rand van het water.

'Ik zal even kijken hoe diep het is.'

'Wacht even op...'

Maar hij ging al. Rustig verkende hij met de stok de rivierbodem en zette vol vertrouwen zijn voeten tussen de stenen terwijl het water tot boven zijn knieën langsstroomde.

'Sodeju, daar gaat hij al. Ik had het helemaal niet in de gaten. Wacht, ik help hem en dan kom ik terug om jou te halen, Ju.' Dave stond op om zich naar de rivier te haasten, maar ik greep zijn arm. 'Niet doen, laat hem maar, het gaat goed.'

We keken hoe hij de andere oever op klom en ons wenkte om hem te volgen. Dave en Julie waadden er al doorheen, maar ik stond er nog. Moth zat zijn voeten af te drogen met de rode bandana. Ik stopte mijn broek in mijn rugzak en waadde het water in dat al snel tot mijn dijen kwam naar een eilandje van een meter breed in het midden van de rivier. Aan alle kanten stroomde ijswater woest voorbij, windvlagen joegen golven water de lucht in en tegen rotsblokken aan. Ik sloot mijn ogen en voelde hoe de elementen met volle kracht op mijn lichaam beukten. Hier stond ik op een plek waar het land herboren werd, waar het zich ontdeed van zijn oppervlakte om nieuwe aarde bloot te leggen. Een plek waar bergen eindigden en begonnen. Ontdaan van alles betekenden bij toeval voorbijkomende microben in deze rauwe omwenteling het begin van nieuw leven en daarmee van nieuwe hoop.

Ik keek naar Moth aan de overkant. Hij had zijn schoenen alweer aan, veters gestrikt, en gebaarde dat ik naar hem toe moest komen. Een moment verdween de sterke stroming en ik meende een jonge man te zien die zijn lange haren uit zijn gezicht streek en me riep, klaar om me op te vangen in zijn wereld. Een vluchtig moment van verbondenheid van de aarde en onze levens, verstrengeld, afhankelijk. Teruggeworpen op een ongerepte vorm van zijn – vrij, vernieuwd. En voor het eerst in dit vreemde land hoorde ik de stem. Oorverdovend stille diepe keelklanken vanuit het binnenste van bergen met groene flanken over het zwart heen. Nieuw leven dat ontstaan is uit verwoesting. Fris en schoon. Hetzelfde maar dan nieuw. Juist hier in het ijzige tumult van deze ontluikende wereld vonden we onze verbinding met alles wat er was. Kansen, hoop, adem. Voorzichtig stapte ik door het razende water naar een man die hard bezig was een levensgrote verandering in zijn lichaam te overleven, door terug te keren naar een ongerepte vorm van zijn. Waarin neuronen weer waren gaan vuren om nieuwe verbindingen te leggen. In alle – oeroude maar teruggevonden – eenvoud.

Verder ging het, over roet dat zo zwaar was dat de wind er geen vat op kreeg, een vederzachte en toch stevige vaste vloerbedekking. Over een stoffige vlakte die bij de eerste aanblik helemaal plat leek, maar diepe geulen bleek te verbergen, waar smeltwater fel doorheen sneed. Er lag een brug overheen van niet al te stevige houten palen. Nu zag ik het overal om me heen: meer nieuw leven. Strandkruid, blaasjeskruid en scherp zilverkleurig gras, soorten die zich thuisvoelen op Britse kliffen, hadden zich vastgeklampt aan kluitjes geërodeerde, gecomposteerde zwarte massa. Roet dat zich op wonderbaarlijke wijze ontwikkelde tot iets waarin plantengroei kon ontstaan. Wortels die op een of andere manier een mogelijkheid vonden zich te ontwikkelen in een losse, onherbergzame bodem. Dit zou zich kunnen ontwikkelen tot een groene wei tot het moment dat de volgende vulkaanuitbarsting op de resetknop van de evolutie zou drukken en het land opnieuw terug zou keren naar het begin van zijn eindeloze cyclus. Rukwinden en wervelwinden raasden over de halfronde vallei in een continu duwende en trekkende beweging.

We vervielen in een monotone beweging: vier gestalten die zich langzaam maar zeker over het zwarte landschap verplaatsten. Pas toen er eindelijk weer een helling kwam, keek ik opzij naar Moth, maar hij was weg. Tweehonderd meter terug stond een gestalte met gespreide armen op een kei. Zonder de blauwe hoes over zijn rugzak zou ik hem niet eens hebben gezien. Met zijn groene regenpak ging hij op in de wildernis, in een moment van overgave aan het ruige onbeschreven landschap. Ik sloot mijn ogen en voelde dezelfde wind als hij. Zo prentte ik me zijn beeld in zoals hij voor mij altijd zou blijven: vrij in omhelzing met de natuur.

Na een kleine afdaling kwam eindelijk de volgende trekkershut in zicht: Emstrur. De hutten lagen verscholen in een smal ravijn met een snelstromende beek waarlangs struiken groeiden, forse engelwortel en springbalsemien. Ik had geen zin om af te dalen naar het dal waar de tenten stonden en bleef op het hogere deel, waar de wind ongehinderd blies. Vanaf een bank in de tunneltent waar je kon koken, keek ik naar het vochtige kampeerterrein.

'Ga nou niet zitten mokken, Ray. Kijk hoe deze tent al wappert, en die is nog wel vastgezet met stormlijnen. We moeten uit de wind staan anders worden we finaal weggeblazen. Ook beneden leggen mensen keien om de tenten, en dat is niet voor niks.' Moth weigerde zijn rugzak af te doen en bleef in de opening van de kooktent staan. 'Kom op. Ik wil dat gewicht van mijn rug hebben en iets te eten maken.'

De bekende tenten stonden verspreid op de vlakke stukken langs de beek. Bij Erics tent hadden het meisje met de rode broek en de bekende kliek zich verzameld. De ingenieur was in geen velden of wegen te bekennen. We zetten de tent op een schuine ondergrond van leisteen en gruis en liepen door een onaangekondigde regenbui terug naar de gemeenschappelijke ruimte in de kooktent. We waren uitgeput en hadden het koud en hadden veel liever zittend in onze slaapzakken in de tent ons eten klaar willen maken, maar we stonden te schuin, de noedels zouden uit het pannetje vallen. De tunneltent schudde en lekte aan alle kanten. Eric en zijn volgelingen zaten aan twee tafels die ze tegen elkaar hadden geschoven. Totaal verregend maar met ontzag keken ze naar hem op toen twee Amerikaanse meisjes koffie voor hem gingen maken. Moth lag op een bank tussen uitlekkende regenpakken en stomende bergschoenen terwijl het water op de kampeerbrander stond te koken en voor nog meer damp in de tent zorgde.

'Wat is het doel van jullie reis?' Moth ging rechtop zitten en schoof een stukje naar de jonge backpackers toe. Hij had genoeg van het wij-zijgedoe dat was ontstaan tussen de twintigers en ons en besloot het ijs te breken.

'Þórsmörk,' antwoordde er een. De anderen vielen hem nauwelijks bij.

'Ah oké, ja, wij ook. Gaat er ook nog iemand over de Fimmvörðuháls?'

Ze keken even naar hem, giechelig, geamuseerd.

'Haha, nee, veel te slecht weer. We pakken de bus vanaf hier. Om de bergpas over te gaan, heb je stokken nodig.' Ze sloten de rijen en gingen onder elkaar zitten ginnegappen. Moth schoof over de bank terug naar ons.

'Trek het je niet aan, kerel. Je jaagt die kinderen angst aan met die tanden van je, dus, je ziet eruit als een vechtersbaas.'

'Ik probeerde alleen maar een praatje te maken.'

'Laat zitten, man, ga lekker eten.'

We hadden zo lang gelopen dat het pak pasta met chorizo dat al in de rugzak zat sinds Reykjavík smaakte als de specialiteit van een Italiaans sterrenrestaurant. We kookten water voor een derde kop thee en ik deelde chocoladerozijnen uit, in de hoop dat ze zacht genoeg waren voor Moths overgebleven tanden.

De meute aan de grote tafel hing nu helemaal om Eric heen, die een zak met etenswaren uit zijn rugzak haalde. Terwijl ik mijn regenpak aandeed, zag ik hoe hij kleine zakjes uitdeelde met een kruid erin – duidelijk oregano, zoals wij het noemen – waarna de groep uit elkaar viel en iedereen naar de tent ging, behalve Eric, die met zijn rug tegen een tentstok leunde en het meisje met de rode broek die op de bank lag met haar hoofd op zijn schoot. Waarom had ik dat niet eerder bedacht? Ze volgden hem omdat hij zijn smaakmakertje bij zich had. Wij wisten beter dan wie ook hoe saai gedroogd eten wordt na een tijdje. Een snufje oregano maakt alles lekkerder.

Van de ingenieur nog altijd geen spoor.

Langidalur

Ik werd wakker van de pijn en merkte dat ik opgerold als een balletje tegen de tentopening aan lag. Wanneer zou ik ooit leren om, als ik op een helling kampeerde, niet met slaapzak en al naar het laagste punt te glijden? Het was pikkedonker, er kwam geen enkel licht door het tentdoek. Maar met Moths knieën onder mijn hoofd en de pijn in mijn heupen wist ik wel hoe laat het was. Waarom overkwam hem dit nooit? Hield zijn gewicht hem op zijn plaats of ging hij niet glijden omdat hij de hele nacht roerloos in dezelfde houding lag in plaats van de hele tijd te draaien, zoals ik? Hij was diep in slaap, bij elke inademing kreunde hij zachtjes. Had hij pijn en registreerden zijn hersens dat zelfs nu hij sliep? Of was het de voorbode van een grote snurk diep uit zijn keel? Ik tijgerde terug naar mijn slaapplek nadat ik mijn lichaam ondanks de pijnlijk stijve gewrichten ontrold had. In de totale duisternis bedacht ik ontwerpen voor opblaasmatrasjes met een plakfunctie, zodat ze niet gingen glijden op een nylon tentbodem, en klittenbandjes die de slaapzak op zijn plaats zouden houden, hoe schuin de ondergrond ook. De kreun werd geen snurk maar ging verder als een laag kreunen. Hij kon overdag nog zo zijn best doen om me ervan te overtuigen dat hij geen last had, in zijn slaap verraadde hij zich. Had ik die dag nou een verandering gezien in zijn bewegingen of was de wens hier de vader van de gedachte? We hoopten zo vurig dat hij net zo wonderlijk zou opknappen als op het South West Coast Path, ook al was dat onmogelijk in zo'n korte tijd. De regen begon weer op het tentdoek te trommelen en algauw kletterde de stortbui met zoveel kabaal van de tent op de grond dat het klonk alsof er een loden goot omheen liep. Ik rommelde wat in het donker, vond de regenpakken en legde die over hem heen.

Het was zonnig toen we Emstrur verlieten, de regen van een paar uur eerder was alweer aan het drogen. We klommen het ravijn uit tegen een frisse koele wind in die rechtstreeks uit de hogere bergen kwam, waar we sneeuw zagen liggen.

'Sodeju, wat voor dag is het vandaag?'

'Weet ik niet zeker, is het al zondag?' Moth keek op zijn horloge dat ook de dag van de week aangaf.

'Dus de winter is vroeg.'

'Hoe bedoel je?'

'Zondag zou het winter worden. Maar dat is afgelopen nacht al gebeurd, dus, met al die sneeuw.'

Hoe is het mogelijk dat de IJslanders de seizoenswisseling op de dag af kunnen voorspellen, uitgerekend in een land waar de weersomstandigheden zo veranderlijk zijn als de aarde zelf? Zo exact dat de busdiensten er van tevoren op aangepast kunnen worden? Misschien hebben de 350.000 vaste eilandbewoners een speciale band met de elementen. Misschien zijn zelfs de stedelingen in Reykjavík in staat met een blik op het ijsgrijze water te voelen dat er een koudefront op komst is. Mogelijk zit in de genen van de IJslanders, die deels afstammen van de Vikingen die met hun grote barkassen ook deze zeeën doorkruisten, nog altijd het vermogen luchtbewegingen of windveranderingen op te pikken. Of misschien is IJsland vanwege al zijn vulkanische activiteit geologisch en meteorologisch wel het meest onderzochte stukje aarde en komen uit die kennis ook superieure weersvoorspellingen voort.

Ik stond even stil om op adem te komen op een steil stijgend pad van losliggend steen en ik keek om over de zwarte asvallei en de rivier die we zojuist over hadden gestoken. Moth en Dave wandelden langs, kletsend over hun jeugd bij de scouting en het nut van insignes voor vaardigheden zoals vuur maken. Ook Julie, met haar doorzettingsvermogen van een diesel, liep me voorbij. Alle drie verdwenen over de gekartelde rotsrand van een platte heuveltop. Ik stond alleen op de winderige helling, voor mijn gevoel net zo dicht bij de anderen die boven op de heuvel hun lunch aan het uitpakken waren als bij de gletsjer die hier duizenden jaren geleden een klassieke U-vormige vallei had uitgekerfd. En tegelijk bij de herten die we hadden horen zingen op de berghelling bij Lochan Tuath. En bij de groene steentjes die we hadden gevonden op het strand van de Bay at the Back of the Ocean. Al die momenten voelden groots en aanwezig in de lucht die door de vallei waaide en in het water dat door de rivier stroomde. Het was iets wat zich roerde in de achtergrond van de stromende elementen lucht en water, het gevoel van de aarde in beweging – zonder besef van tijd. Ik had eens gelezen dat tijd niet echt bestaat. Tijd is een constructie, door mensen bedacht om veranderingen aan te geven. Vanuit die waarheid ervoer ik de helling waarop ik stond als een plek buiten de tijd, waar alle dingen bestonden en niets verloren was gegaan, maar hooguit een nieuwe vorm had gekregen.

Wat is dat toch met jongens en hun insignes die vijftig jaar nadat ze die op hun groene trui gespeld kregen, nog altijd zo belangrijk voor ze zijn? Toen ik de tijdloze vallei achter me liet en over de rand van de heuvel stapte, hoorde ik dat het gesprek er nog steeds over ging, alsof de insignes gisteren waren uitgedeeld en er in de tussenliggende jaren niets was gebeurd. Moth zat op een plat rotsblok met een kop soep in zijn hand te babbelen alsof hij een rondje door het park had gewandeld, alsof er niets met hem aan de hand was, alsof zijn leven net zo'n rotsvast gegeven was als de heuvels om ons heen. Een wereld zonder tijd of gewoon een moment in je leven: zit daar eigenlijk wel verschil tussen?

De platte top van de heuvel stond los van de berg ernaast. Tussen ons en de steile wand van rode rotsblokken die door enorme tektonische beweging omhoog werden geduwd, liep een diepe kloof waar een rivier met borrelend water doorheen kolkte. Het leek of we op een pilaar stonden die zojuist uit de aarde opgerezen was. Een witte zeevogel spreidde zijn vleugels en maakte een zweefvlucht op de luchtstromen boven de rivier. Toen ik hem hoog in de wind over het klif zag opstijgen, prachtig afstekend tegen de zwarte en rode rotsen, realiseerde ik me dat dit de eerste vogel was die ik had gezien sinds ik vanuit de bus naar Landmannalaugar langs de kust een vlucht regenwulpen had gespot. Ik keek de stormvogel na terwijl hij eerst het ravijn met de rivier volgde en toen in zuidelijke richting verdween. Wat overbleef, was slechts de oorverdovende wilde stilte van een kaal land zonder planten of dieren. Een deinende, verpletterende afwezigheid van geluid en beweging, met een laag roerloosheid eroverheen.

De aarde die wij bevolken, heeft geen behoefte aan de mensheid. Ze bestaat in een toestand van vaste vergankelijkheid, een vulkanisch evenwicht van gesteente en as dat voortdurend herschikt wordt. Het enige wat verandert, is de staat van de moleculen aan de oppervlakte. Archeologische perioden zoals de steentijd, de Romeinse tijd en straks de plastic tijd barsten uit en verworden tot steenlagen van verandering in een aarde die meedogenloos elk aanwezig leven dat haar bedreigt uitstoot, dat is net zo zeker als dat een en een twee is. We pakten de koppen weer in en volgden de stormvogel naar het zuiden door een landschap van krimpende gletsjers en opwarmende lucht.

De moleculen aan het aardoppervlak waren zichtbaar aan het veranderen. Verder zuidwaarts waren steeds meer asvelden geëvolueerd naar grond waar gras en strandkruid konden groeien. Dave en Julie liepen voorop, af en toe met een stok naar een verre bergtop wijzend. Moth wandelde achter hen en stopte geregeld om foto's te nemen of zijn rugzak te herschikken om het gewicht anders over zijn schouders te verdelen, maar op een gegeven moment verdwenen ze uit het zicht. De aslaag werd dunner en ging over in brokken leisteen, waarna het pad naar beneden ging, een komvormige diepte in. In de verte zag ik de anderen er net weer uit klimmen. Hier groeide een struik, één enkele struik met doorschijnend geel blad. Het was zulk helder geel dat de kleur gereflecteerd werd op de aarde eromheen. Ik herkende de struik niet, het was een volslagen onbekende met zijn verblindende schittering op het zwarte land. Terwijl ik eromheen draalde, nog niet in staat me los te maken van dit wonderlijke verschijnsel dat kon groeien in zo'n grimmig landschap, kwam Moth naar me toe lopen en legde zijn rugzak op de grond.

'Ik ben even naar boven gelopen daarginds om te zien of daar meer van deze struiken staan.'

'En?'

'Nee. Dit is zo onwerkelijk, alsof er iets heel nieuws is gecreeerd dat hier zolang is neergezet.'

'Ik dacht dat jij daar niet in geloofde? Je klinkt als een creationist.'

'Nee, doe ik ook niet. Maar het lijkt wel of de aarde iets heeft gemaakt wat alleen maar op deze ene plek kan groeien, waar niets anders kan gedijen. Alsof moleculen zich hebben aangepast om mogelijk te maken dat het leven in een andere vorm kan bestaan?

Het vale lichte geel van de struik reflecteerde ook op hem, verlichtte hem, zo leek het. Toen pakte hij zijn rugzak, slingerde hem op zijn schouders en tilde die van mij op, zodat ik mijn armen door de banden kon steken, en verlieten we het veranderende landschap, waar moleculen het leven en de tijd verschoven en transformeerden.

In het brede rivierlandschap dat volgde nam de plantengroei toe. Struiken, bosbessen, berken en stevige grassen stonden verspreid langs de rivier. Af en toe vloog een insect op van het pad. Het was nog schaars, maar hier kwam krachtig nieuw leven tevoorschijn. De laatste rivieroversteek van de Laugavegur Trail lag voor ons. Niet zomaar een rivier om doorheen te waden, maar een vallei van waterstromen die nu eens opsplitsten en dan weer samenvloeiden. Wateraders in een lichaam van keien en leisteen.

'Hoe komen we hierdoorheen? Dit zijn verdomme tien rivieren in één.' Toch had Moth zijn rugzak al af en zijn bergschoenen uit tegen de tijd dat ik bij de rivier aankwam.

'Nou, met de stokken vinden we onze weg wel, hoor. Ik denk dat we hier zo door moeten steken.' Dave wees stroomopwaarts door wat eruitzag als een doolhof van water.

'Dat weet ik niet. Beter hier, denk ik. Het is breder maar minder diep.' Moth stapte de rivier in en nam een andere route dan Dave.

'Jullie gaan me toch niet vertellen dat er geen scoutsinsigne bestaat voor rivieren oversteken?' Julie gespte haar sandalen aan en ging ook het water in, zorgvuldig met haar stok tussen de stenen tastend voor elke stap die ze zette.

Ik keek hoe ze alle drie nerveus en opgewonden maar zeker genoeg van zichzelf het snelstromende ijswater doorwaadden. Voor elke stap die ze zetten, controleerden ze of het veilig was, en zo vonden ze hun weg naar de overkant. Moth zat al op zijn rugzak zijn voeten af te drogen toen ik het water in stapte. De rivier raasde oorverdovend, de sterke stroom duwde in mijn knieholtes en de kou greep zich vast om mijn enkels. Maar ik had het amper door. 'Vermoei jezelf niet, ga niet te ver wandelen en wees voorzichtig met traplopen.'

Met opgefriste voeten warm in onze bergschoenen klommen we weg van het geraas van de rivier in laagbegroeid terrein met struiken, lage berkenboompjes en kreupelhout. IJsland verdween naar de achtergrond. Het smalle pad tussen de takken door had net zo goed in de uitlopers van het Snowdonia-gebergte kunnen lopen, over veengrond langs stroompjes helder water. Maar toen we een bergkam beklommen, was IJsland weer helemaal terug, met de rand van een gletsjer die ons hele uitzicht vulde. Daarna ging het naar beneden, tussen berken door naar een klein kampeerveld bij de trekkershut Langidalur bij Þórsmörk, aan de rand van een breed, steenachtig, met bomen omzoomd rivierdal, omgeven door hoge bergen. Hier eindigde de Laugavegur Trail, maar begon een andere, grotere. Verderop doemde de Fimmvörðuháls op, een bergpas naar iets wat verborgen lag en een voorbode was van iets.

Groepjes mensen zaten op banken om de hutten heen. We vonden een plek aan een picknicktafel waar twee mannen aan zaten. Ze waren nog kleiner dan ik en hadden wel wat weg van aardmannetjes. Ze keken ons aan, lachten en knikten. Moth ving hun blik.

'Hi.'

'Wel wel, hallo, verblijven jullie in de hut?'

'Nee, wij kamperen.'

'Aha, dus jullie houden van kamperen?' Ze stootten elkaar grijnzend aan. Duitsers, misschien.

'Het is oké, maar het wordt wel een beetje koud.'

'Ja, maar jullie zijn wel gewend aan de kou, toch?'

'Nou, we komen uit Groot-Brittanië, dus...'

'Hé, kom even kijken beneden, een paar goede plekjes aan de rivier.' Dave had de camping al verkend.

We wandelden naar de oever van de rivier die bij hoogwater wel vierhonderd meter breed zou zijn en waar dan vast een enorme hoeveelheid modderwater met angstwekkende kracht doorheen zou stromen, maar waar nu alleen in het midden een riviertje doorheen kabbelde.

Een kleine kooktent keek uit op de bergen. Eric, het meisje met de rode broek en een deel van de anderen die er soms bij waren, zaten binnen en vulden de tent met vocht en eten. Opnieuw geen teken van de ingenieur. Ze riepen al van verre.

'Zo hé, dat jullie het gehaald hebben!'

'Je ziet het. Is dit voor jullie allemaal het eindpunt of gaat er nog iemand over de Fimmvörðuháls?'

'Zij stoppen allemaal, maar wij gaan de bergpas doen. Gewoon meteen door, morgen. Ik heb nog niet het gevoel dat ik echt een tocht heb gemaakt, maar met de pas erbij heb ik een mooie afstand afgelegd.' Het meisje met de rode broek zag er zelfverzekerd uit, maar Eric zat in zijn soep te roeren en bleef naar de tafel kijken. Hij zou misschien een extra snufje oregano moeten toevoegen, als hij morgen in een dag vijfentwintig kilometer door de bergen naar Skógar bij de hoofdweg naar Reykjavík wilde lopen.

Aan de andere kant van de rivierbedding kwam een off-theroadbus langzaam hotsend en botsend over de stenen in onze richting om een groepje mensen op te pikken die langs de oever van de rivier zaten te wachten. De ingenieur was er ook bij. Haar rugzak was wel de helft kleiner dan in het begin.

'Ga je niet verder over de pas met Eric?'

'Nee. Voor mij was dit geen leuke vakantie. Ik dacht dat Eric mijn vriend was, misschien zelfs iets meer dan dat. Maar ik was alleen maar zijn ezel, een muilezel die zijn bakpan draagt. Bovendien had ik een droom.'

'Een droom?'

'Vannacht. Ik droomde over mijn oma. Ze leeft al heel lang niet meer. Ik droom nooit over haar.'

'Een nare droom?'

'Nee, nee, het was een fijne droom. Ze stond te bakken in de keuken van mijn ouderlijk huis. Ze zei: "Kom naar huis, de strudel is klaar." Dus ik ga naar huis. IJsland is niet mijn ding.'

Ik zwaaide toen de bus met zijn enorme wielen terug over de rivier hobbelde. Het was sneu voor haar, maar ik voelde ook een verdrietig soort jaloezie. Ik had niet van die dromen waarin iemand me troostte met versgebakken strudel.

We zaten in de tent met gevriesdroogde rijst en de laatste zes gummibeertjes.

Rillend in het donker wist ik dat ik geen andere keuze had: ik moest de tent uit. Ik was wakker geworden van de kou die door mijn donzen slaapzak en al mijn kleren heen trok. En van de grote hoeveelheden thee die ik die avond had gedronken. Ik moest hoognodig plassen, dus ik schoot snel in mijn schoenen en friemelde intussen aan de rits om hem open te trekken voordat het te laat was. Maar de rits weigerde. Het tentdoek was stijf bevroren en door het vocht zat er ook ijs op de rits. Ik wreef er met mijn vingers overheen totdat de rits openging en klapte de opening om het tentdoek als de flap van een gebonden boek. Buiten de tent heerste de nacht stil en ijzig tussen de bergen en in de hemel. Niet een van de hutten en tenten was verlicht, en het was alsof ze zich teruggetrokken hadden in het berkenbos, waardoor ik alleen was met de diepe donkere wereld van bergkammen, hemel en sterren. Bij de rivier kringelde een laatste beetje rook uit het licht smeulende kampvuur. Stilte. Toen ik bij het verlaten van het toiletblok mijn hoofdlamp uitdeed, leek zich aan de oostelijke horizon een flauw licht te verspreiden. Was dat al het eerste ochtendlicht? Nee, daarvoor was het echt te vroeg. Misschien licht van een ster dat weerkaatste op het witte ijs van een gletsjer? Maar het bewoog, het lichtte op en verspreidde zich langzaam als een lichtvangende nevel, alsof er een energie vrijkwam die nu eens sterker dan weer zwakker was. Opeens brak het zomaar in vingervormige witte delen waarna er een soort gordijnen van kleur verschenen die als een op hol geslagen poolwind van de ene horizon naar de andere golfden. Roze, blauw en heel zacht groen werden in de hemel geschilderd door penselen met geladen deeltjes.

'Moth, Moth, kom vlug, het noorderlicht is te zien.'

Overal kwamen mensen uit de tenten en hutten, verrast en verwonderd over het grootse prachtige natuurspektakel waarmee de aarde haar aura toont. Een toevallige ontmoeting met een atmosferisch verschijnsel dat er altijd is, maar slechts zelden te zien. Het leek alsof het universum zijn vingers uitreikte naar de aarde, alsof het haar wilde betrekken in zijn continue beweging. Ik dacht aan de ingenieur in bed in Reykjavík met haar bagage gepakt om morgen naar haar veilige thuishaven te vliegen, waar haar familie op haar wachtte. Bij mij waren er geen dromen van thuis of troostende armen uit een flard halfbewuste herinnering aan een warme jeugd, niets dat mij terugriep naar een gedekte tafel waar gewacht werd op mijn terugkomst. Maar ik had Moths hand nog steeds in de mijne en terwijl het licht ons omhulde in gordijnen van oneindigheid, hield ik hem net iets minder stevig vast. Wat er ook verloren zou gaan of teruggevonden zou worden in het leven, hij zou er altijd deel van uitmaken. Deel van de beweging van geladen deeltjes van de aarde naar het universum. Hij zou nooit weggaan.

Baldvinsskáli

Eric en het meisje met de rode broek waren al vertrokken tegen de tijd dat wij uit de tent kwamen. Maar ook wij startten vroeg voor ons doen, wetende dat we om zelfs maar halverwege de Fimmvörðuháls te komen voor halftwaalf moesten vertrekken. De eerste helft van de korte trektocht bestond uit dertien kilometer bergopwaarts ploeteren over een pad dat bekendstaat om zijn weersveranderingen en plotseling opkomende mist. Paddy Dillon, meester van de onderschatting, beschrijft dit pad als een steile, ruige klim over smalle onbeschermde bergkammen, met sneeuw en ijs op de hogergelegen stukken. Maar wij waren er gewoon nog niet aan toe de tocht te beëindigen en de bus te nemen. We waren gehecht geraakt aan het pad – nog één klim, nog één afdaling in een dal. Moth deed zijn rugzak op en bestudeerde de bergen voor ons met zijn verrekijker. Hoezo 'voorzichtig met traplopen'?

Boven de berkenboomgrens kwamen we terug in het landschap dat we hadden leren kennen. Ruige stenen paden leidden ons over smalle richels en brede hoogvlaktes naar een berghelling die we bij de tent al hadden gezien. Zelfs het pad hadden we vanaf daar al zien lopen als een bruine lijn dwars over de bergflank. Wat we niet gezien hadden, was dat het vriendelijk stijgende pad met een hellingsgraad van zo'n 30 procent een helling van grind, gruis en modder kruiste met een hellingsgraad van wel 70 procent. Terwijl het Þórsmörk-dal zich steeds verder onder ons uitstrekte, kwamen de besneeuwde bergtoppen met elke stap omhoog dichterbij en uiteindelijk bereikten we een breed vlak stuk. De begroeiing in het dal was uit het zicht verdwenen en we bevonden ons weer in een woest, met rotsblokken bezaaid landschap van as, keien en obsidiaan. Boven ons uit torende de top van een van de meest ontwrichtende vulkaanuitbarstingen van afgelopen tijd.

De Eyjafjallajökull kwam tot uitbarsting in 2010 met een rookpluim tot meer dan acht kilometer hoog. Het meeste luchtverkeer in Europa werd stilgelegd, maar niet alleen vanwege de as. De gletsjer op de top van de berg smolt door de hitte van de uitbarsting, en het water stroomde terug in de krater. Daardoor koelde de lava heel snel af en ontstonden er glaskristallen in de aswolk. Die glaskristallen veroorzaken schade aan vliegtuigmotoren en ze zijn een ramp om op te lopen. In souvenirwinkels in de hoofdstad hangen de muren vol met foto's van de uitbarsting. Indrukwekkende beelden van roodgloeiende lava die uit de berg stroomt. Foto's van hitte, as en ontploffing. Er was een foto waar ik mijn ogen niet vanaf kon houden, van vluchtende IJslandse pony's. De boeren hadden het gebied geëvacueerd toen de vulkaanuitbarsting begon om te ontsnappen uit de gevarenzones. Pas toen ze vertrokken, herinnerden ze zich dat er op een hogergelegen wei nog pony's liepen, en ze keerden terug om ze op te halen. Op de foto galoppeert een kudde ijslanders over een pad naar beneden met achter hen een gevaarlijke zwarte aswolk die hen met grote snelheid achtervolgt.

Niet te zien op de foto zijn de boeren die achter de pony's lopen, zodat er geen achterblijft en die keihard moeten rennen om zelf te ontsnappen. De verschrikking van een vulkaanuitbarsting, zo'n explosie van rauwe kracht die mens en dier samenbrengt in de dreiging van de dood en uiteindelijk mogelijk zelfs sterven, dat zit allemaal in die foto. Al in 2009 was er seismische activiteit gemeten, dus de bewoners van het gebied hadden een jaar om zich voor te bereiden, maar toch reageerden de meesten pas toen de lava al langs de helling stroomde. Om economische redenen hadden ze eerder geweigerd het gevaar te erkennen. Nu warmt de veel grotere vulkaan Katla op. Uit de geschiedenis blijkt dat de Katla vaak een paar jaar na de Eyjafjallajökull tot uitbarsting komt, en daarom zie je nu overal uitzichtverpestende informatieborden. Waar je gewoonlijk leest over het landschap en de vogels die er leven, krijg je nu instructies hoe je bij het horen van de sirene naar hogergelegen gebieden moet gaan, weg van de route die de lavastroom volgens de voorspellingen zal nemen. Toch zullen er altijd mensen zijn die in de bergen blijven lopen terwijl de grond al trilt en het water opwarmt. Kennelijk erkennen ze een dreigend gevaar pas wanneer ze het met eigen ogen zien.

Ik keek hoe mijn voeten hun weg vonden over as en stenen en mijn gedachten dwaalden af naar de boerderij in Cornwall, naar de stoffig droge velden en kale heggen die we bij ons eerste bezoek hadden gezien. Geen ander insectenleven dan de vliegen die in de raamkozijnen uit hun ei kwamen, geen ander vogelleven dan de kraaien die zaten te wachten op de schaarse appeloogst. Ook daar was een crisis gaande en ook daar werd ze door het gros van de mensen niet opgemerkt. De groeiende dreiging van de immense Katla in het oosten krijgt nauwelijks aandacht. De paarden zullen rennen, de vogels zullen gevlogen zijn en de insecten zullen dood neervallen, maar de mensen zullen pas reageren als de vulkaan uitbarst. Ach ja, er stonden wel borden, maar wij zijn toch gewoon de bergen in gegaan.

Er wachtte ons een 'via ferrata'. Een smal stijgend en dalend kronkelpad over een bergkam langs een afgrond van losliggend steen – een net iets te steile steensurf op zowat duizend meter hoogte. Langs het paadje was een kabel bevestigd aan stalen pinnen in de rotsige grond waaraan wandelaars zich vast konden houden. Moth had nooit hoogtevrees gehad, totdat hij als veertiger op een dag dwars door het schuurdak was gevallen. Sindsdien waren hoogtes een probleem voor hem, vooral die waarbij je recht de diepte in keek, zoals hier. Dave en Julie schuifelden voetje voor voetje over het pad, hun ogen strak op de kabel gericht. Maar Moth keek de andere kant op.

'Geef me even.'

'Er is geen andere weg, het is te steil. We moeten er hier overheen.'

'Weet ik, weet ik, geef me even.'

Op een smalle richel tussen de kam en de afgrond probeerde hij zijn adem onder controle te krijgen. Links en rechts vormden de bergen een prachtig uitzicht, maar voor ons lag alleen het enge pad.

'Oké, vriend, je kunt erlangs. Maar vertrouw niet te veel op de kabel, want die zijn we aan het repareren.' Drie mannen in veiligheidsjassen stonden in een bak met lange stalen pinnen te kijken. Ze spraken met een Noord-Engels accent.

'Wat doen jullie hier? Jullie komen duidelijk niet van IJsland.'

'Nee, dat hoor je goed. Ik kom uit Doncaster. Normaal werk ik in Schotland, Lake District, Northumberland, overal in het noorden, zeg maar. Maar toen kwam deze baan langs en ik dacht: ach, waarom niet, zo heel anders dan thuis zal het niet zijn. Nou, en dan zit je opeens een week lang boven op een vulkaan. Verdomd koud, hier. Maar goed, ga d'r maar overheen. En wat ik zeg: niet te veel aan die kabel trekken, er ontbreken een paar pinnen. Toe maar.'

Moth ademde diep in. Hij zag zo wit als een doek en op zijn voorhoofd stond met grote letters: BANG, maar ik wist dat hij nu toch zou gaan. Hij draaide de noorderling zijn rug toe, zodat die zijn handen niet zag trillen en stapte op de losse grond. Weer flitste het beeld van hem in het Lake District door me heen: de blonde man onder aan de steensurfhelling, armen gespreid, lachend terwijl ik mezelf naar beneden wierp. Hij stond even stil, zijn hand aan de kabel. Hij rechtte zijn schouders en rug, keek om en wenkte me. Hij had alweer wat kleur in zijn gezicht. Wees niet 'voorzichtig met traplopen', ren naar boven! Met twee treden tegelijk, als je kan, zolang het kan. Ik wendde me af van de diepte, richtte mijn ogen op zijn rug en volgde hem.

As en rotsblokken lagen als een kroon om de vulkaan. Het buitenaardse landschap lag er volkomen verlaten bij. Een drenzerige, met ijs gevulde regen begon op de regenpakken te kloppen. In het verbijsterende landschap van heuvels en dalen vol roet staken de rode en blauwe jassen van Dave en Julie fel af. Zelfs de betrouwbare Paddy was hier een tikkeltje verwarrend.

'Ik denk dat we het beste links langs de heuvel kunnen gaan en de gele paaltjes volgen.' Moth ging op een rotsblok zitten om de kaart beter te kunnen bekijken, maar stond snel weer op, verrast door de warmte die ervan afkwam.

'Maar we hebben tot nu toe steeds blauwe paaltjes gevolgd, dat verandert toch niet zomaar?' Ik kon geen wijs worden uit het landschap. Misschien waren hier magnetische krachten aan het werk die het kompas in mijn hoofd verschoven. Hoe waagde ik het te twijfelen aan Paddy?

'Ik zag ook een paar mensen langs de andere kant om de heuvel lopen, hoor. Misschien zit Paddy hier gewoon verkeerd, dus.' Dave pakte zijn spullen en maakte zich op om achter dat groepje aan te gaan.

Moth keek ons geërgerd aan. Julie hield zich buiten de discussie en zat rustig een mueslireep te eten, tot ze naar ons opkeek.

'Ik denk dat dat daar een meer is geweest. Er stijgt alleen wat mist uit op, er zit geen water in. Het zal de hete top van de vulkaan zijn. Dat moet haast wel, als dat daar de twee nieuwe kegels zijn die bij de uitbarsting zijn gevormd. Kijk eens in de gids, Moth, want dit moeten dan de Móði en Magni zijn.' Op haar gemak at ze de rest van de mueslireep op.

We keken in de richting die ze had aangewezen, naar de twee kegels en het droge meer van stomend steen daarachter.

'Dat zijn ze.'

'Nou, dat is dan opgelost. Ik loop die kant niet op, dus, dadelijk smelten mijn zolen nog. Laten we linksom lopen.'

We vervolgden onze weg – Moth met een zelfvoldane grijs op zijn gezicht – links om de Miðsker-heuvel.

De wind stak op en bracht een striemende kou mee vanuit de sneeuwvelden om ons heen. We doorkruisten een dal van dichtgepakt ijs, langs metalen kisten met seismische meetinstrumenten en opnieuw waarschuwingsborden om weg te blijven van lavastromen. Ik vroeg me af waar we zouden kunnen ontsnappen. Waar kun je naartoe als je op de top van een vulkaan staat en alle activiteit waarvoor je gewaarschuwd bent komt samen in één catastrofaal moment? Dan is het te laat om te discussiëren over de route.

Via het ijs kwamen we in een ravijn met smeltwaterbeekjes en de zwarte bacteriegroei die we al eerder hadden gezien. Ik plaste achter een rotsblok en het bevroor meteen tot een spoor van geel ijs. Uitdroging. Ik moest drinken, maar ook al wist ik hoe belangrijk dat was, er was iets met die koude lucht of met het koude water dat ik het niet had gedaan. Voor ons zagen we een A-vormige hut van golfplaten: de kleine Baldvinsskáli-hut die maar twintig slaapplaatsen heeft en alleen voor noodstops wordt aanbevolen.

'Volgens Paddy is er bij deze hut vaak geen water.'

'Aha! Dan heb ik dat waterfilter toch niet voor niets al die tijd meegedragen. Laten we de waterflessen nu vullen en dan kan ik, als het nodig is, altijd even teruggaan voor meer.' Dave pakte zijn nieuwe filter uit en vulde voorzichtig de vier flessen met gefilterd water. Er zou geen slaapplek zijn in de hut, maar we hoopten op het terrein te kunnen kamperen. Het was al aan het schemeren, roze licht van de ondergaande zon reflecteerde op het ijs. Ik dacht aan Eric en het meisje met de rode broek. Zouden zij in de hut zijn of met oregano en al in de bus naar Reykjavík zitten?

Vanuit het ravijn joeg de wind zo hard over de vlakte waar de hut stond dat we weg werden geduwd, naar het pad dat verder bergafwaarts liep. Maar het zou snel donker zijn, dus we moesten stoppen. Dit was geen geschikt gebied voor een nachtwandeling met een zwakke hoofdlamp. De luwe zijde van de hut bood wel wat beschutting tegen de wind, dat zou misschien een geschikte kampeerplek zijn.

We openden de deur en gingen naar binnen, waar een klamme, naar noedels ruikende hitte ons in het gezicht sloeg. Een vrouw met ongewassen haren en verschillende lagen kleding over elkaar heen kwam naar ons toe. Ze was eind dertig en had een hartelijk gezicht.

'Kom erin, kom erin, doe de deur dicht.' Lauri was het type dat je maar beter kon gehoorzamen.

'Hoi, we vroegen ons af of het goed is dat we hierbuiten kamperen. Er is verder eigenlijk geen beschutting tegen de wind.'

'Nee.'

'O?'

'Nee, je kunt daar niet kamperen, het weer wordt bar en boos vannacht. Je waait daar met tent en al weg. De hut is volgeboekt, tot de nok vol.'

'Aha, nou, toch bedankt.' We openden de deur en pakten onze rugzakken weer op om de duisternis in te lopen waar het inmiddels stroomde van de van de gletsjer afkomstige ijsregen.

'Waar gaat dat naartoe?'

'Als we hier niet kunnen kamperen, zullen we verder naar beneden een plek moeten vinden.'

'Nee nee nee. Er gaat hier vanavond niemand meer weg. Het is levensgevaarlijk buiten. Zeker voor jullie vieren.'

'Wij vieren?'

'Nou ja, jullie zijn geen twintig meer, toch?'

Wat wilde ze nou eigenlijk zeggen?

'Alle bedden en reservematrassen zijn bezet, maar op de vloer zijn nog wel een paar plekjes te vinden. Doe die deur eens dicht.'

Lauri bleek geen kluizenaar of einzelgänger die een teruggetrokken bestaan op de heuvel leidde, ze had een gezin met een man en schoolgaande kinderen in Reykjavík. Elke zomer liet ze die achter in de hoofdstad en verhuisde voor vier maanden naar de vulkaan om voor andere kinderen te zorgen: de bergwandelaars die tegen de avond nog maar halverwege de pas waren en hun nacht vaak alleen maar overleefden dankzij haar zorgzame stelregel 'niemand slaapt buiten'.

Achter het voorportaal in de grote ruimte van de hut vormden de warmte en het lawaai een heftige aanslag op mijn zintuigen, die inmiddels waren afgestemd op de wilde stilte buiten. Rijen tafels zaten propvol met mensen in wandelkleren. Op elk beschikbaar plekje op de vloer lagen stapels rugzakken. Voor een tweepitsgasstel stond een lange rij van mensen die kookten of wachtten om te kunnen koken of ruziemaakten over pannen.

'Jullie kunnen zelf eten koken als je wilt, maar niet met kampeerbranders, alleen op het gasstel. We moeten hier geen brand krijgen, want er is te weinig water om te blussen.'

'Waar slapen we dan? Is er nog een ruimte?' Ik had nog nooit in een trekkershut geslapen en voelde de behoefte opkomen me terug te trekken. Te veel mensen in een te kleine ruimte en het bekende gevoel van paniek kwam al op. Ik liep terug naar de deur. Dit kon ik niet. Ik riskeerde nog liever de wind op de vulkaantop.

'Moth, dit werkt niet voor mij. Prima als jij hier wilt slapen, maar help me alsjeblieft even de tent opzetten. Ik kan hier niet zijn.'

'Dat gaat niet. De tent vliegt meteen de lucht in.'

'Ik kan hier niet zijn.' Maar er was geen ontsnappen aan. Hij legde zijn hand op mijn arm en leidde me naar een stoel bij een tafel die Dave had schoongeveegd.

'Tuurlijk kun je dat, we maken het gezellig, jij kunt niet naar buiten.'

Wat dééd ik hier in godsnaam? Het lawaai en de overvolle ruimte resoneerden in het bonken van mijn hoofd, mijn adem joeg door mijn keel. Hoe was het mogelijk dat al die mensen dat oké vonden? Het was niet oké. Ik had het gevoel dat ik in Polruan op straat was en weg wilde rennen om te schuilen achter in de kerk, maar vastzat in een stoel en niet kon ontsnappen.

Er zat een andere groep mensen binnen. Een paar gezichten had ik eerder gezien, maar de meesten waren gestart in Skógar en liepen noordwaarts naar Þórsmörk, waar ze de bus terug naar Reykjavík wilden nemen. Eric zat er niet tussen, het meisje met de rode broek had hem kennelijk meegekregen de berg over naar Skógar, zoals ze gepland had. Maar tegenover ons zag ik twee bekende gezichten, de duidelijk verwante Duitsers van de camping bij Langidalur.

'Jullie ook hier? Moeten jullie niet kamperen?' Ze stootten elkaar aan en staarden naar ons. Waarom waren ze er zo mee bezig of wij kampeerden of niet? Dachten ze dat er geen plek was voor vier extra slapers op de vloer?

'Er waait een stevige stormwind buiten, dus.'

Terwijl het water voor de noedels kookte, kletste Julie in vloeiend Duits met ze, maar intussen bleven ze raar naar Moth en mij kijken met hun aardmannetjesgrijns. Ik at noedels die niet zacht waren geworden omdat het water niet had gekookt, dronk lauwe thee en hield mijn blik op mijn kom in een verwoede poging buiten te sluiten wat er om me heen gebeurde. Maar ik moest naar buiten. Ik ontsnapte aan Moths hand met het excuus dat ik naar de wc-hut moest. Achter de slaaphut was een kleinere versie van de A-vormige hut met daarin een chemisch toilet met houten zitting. Ik vluchtte erin en sloot de deur. De golfplaten ratelden in de wind en lieten ijzige tochtvlagen door, maar ik was alleen. De lucht was koud, ik hoorde geen mens en ik bleef zitten tot mijn hoofd niet meer tolde en iemand op de deur bonsde omdat ze naar de wc moest.

Buiten joeg de tot stormachtig aangewakkerde wind de wolken rond de vulkaantop uiteen. Heel even zag ik door een wolkentunnel de zwartblauwe hemel bezaaid met helder twinkelende sterren. Eindelijk was het stil. Ik had de wind in de rug en voelde de huid in mijn gezicht samentrok van de kou. Ik inhaleerde diep. Zo was het buiten dus. Ik hoefde alleen maar de deur uit te lopen, wanneer het ook maar nodig was. Zo kwam ik de nacht wel door.

'Waar was je? Je thee is bijna koud.' Julie gaf me een mok aan. 'Drink hem maar snel op, we moeten de tafels wegschuiven en onze bedden maken voordat het licht uitgaat.'

'O jee, net als op schoolkamp.'

'Daar lijkt het wel op.'

Even later was het één grote chaos van lichamen, tafels, stoelen en rugzakken. De tune van de komische show van Benny Hill kwam spontaan in mijn hoofd op. Ik wachtte niet tot mijn matrasje zichzelf opgeblazen had, maar gooide het snel in een hoek om een plekje aan de rand te claimen. Moth had het laatste schuimmatras weten te bemachtigen en schoof dat naast me.

'Zo hou je het wel uit. Ik lig tussen jou en de rest. Als je met je gezicht naar de muur gaat liggen, is het net of we met ons tweetjes zijn.'

Maar dat was natuurlijk onmogelijk in een ruimte vol mensen van wie bijna niemand de taal van de ander sprak en een jonge man met donker haar paniekerig door de ruimte rende, rugzakken opzij gooide en tussen de kookspullen rommelde.

'Hij is weg, hij is weg.'

'Wat is weg?'

'Mijn zwarte toilettas. Er zitten belangrijke dingen in.'

De gekte werd nog erger omdat iedereen uit zijn slaapzak kwam en naar het belangrijke tasje ging zoeken, waar hij waarschijnlijk ook zijn waardevolle spullen en medicijnen in bewaarde. Ik bleef in mijn hoek, bang dat mijn plekje ingenomen zou worden. De toilettas bleef zoek. Ik zag dat de twee Duitsers ook niet hielpen zoeken, maar op hun bed bleven zitten, en af en toe in mijn richting keken met hun aardmannetjesgrijns. Ik keek weg.

'Wat zit er precies in? Heb je een dokter nodig?' Lauri stond in de deuropening, de handen op haar heupen, en iedereen was stil.

'Belangrijke dingen die ik nodig heb.'

'Medicijnen?'

'Nee, mijn spullen.' De stem van de jongen sloeg over in paniek, maar in die van Lauri nam de ergernis toe. 'Zeg me wat erin zit.'

Iedereen draaide zich naar de jongen om, vol belangstelling voor zijn levensbedreigende situatie.

'Mijn tandenborstel.'

Geërgerd kroop iedereen terug in zijn slaapzak terwijl Lauri het licht weer uitdeed.

'Slaap lekker, kinderen, tot zes uur wil ik niemand horen.'

Ik stond op. In het duister van de vroege uurtjes kroop ik over de slaapzakken, pakte een jas en ging naar buiten. Van de wind was nog maar een briesje over. In een donkergrijze opening tussen de wolken in het oosten was een eerste randje paars zichtbaar dat de gletsjertoppen lavendelblauw kleurde. Het was helemaal stil. De complete stilte van een aarde aan het begin. Of aan het eind. Zelfs in de warme onbekende parka bekroop me opnieuw het gevoel dat dit geen plek was voor mensen of dieren en dat de wereld zonder ons ook wel door zou gaan. Het roze licht verspreidde zich door het grijs. Tijd bestond niet. Er was alleen maar veranderend licht.

Skógar

De Duitsers verlieten de hut bij het eerste licht, slopen op hun tenen naar buiten voordat de chaos van ontbijt en schuivend meubilair uitbrak. Ze zwaaiden in het voorbijgaan en fluisterden: 'Geniet nog van het kamperen.'

Een uur later stond Lauri op de veranda iedereen uit te zwaaien. We kregen alle vier een knuffel.

'Pas goed op jullie zelf, vandaag. Nu ziet het er goed uit, maar later op de dag gaat het regenen. Je hoeft alleen maar bergafwaarts de rivier te volgen, je kunt niet verdwalen.'

We daalden af door een leeg, saai, met rotsblokken bezaaid land en vielen stil toen de berghelling zich voor ons uitstrekte en we de gletsjer steeds verder achter ons lieten. We hadden snel een wandelritme te pakken; een ontspannen tempo op deze laatste dag. Of kwam dat omdat we bergafwaarts gingen? Net zoals Lauri had gezegd, vonden we op een gegeven moment de rivier, een wilde, modderige stroom smeltwater die bergafwaarts snelde, onder een houten bruggetje door, dat was aangelegd ter nagedachtenis aan een man die hier de rivier had willen oversteken, maar meegevoerd werd door het woeste water en pas kilometers verderop in het dal aanspoelde. Ik bleef even op het bruggetje staan kijken hoe het water in bruin schuimende golven tegen de rotsblokken kletste. Voor geen goud zou ik die rivier in gaan.

Toen Dave achter een kei hurkte om theewater op te zetten, begon er een fijne motregen te vallen. Nog voordat hij de kampeerbrander goed en wel terug in de rugzak had gestopt, trommelden de druppels zo hard op onze regenpakken dat het geraas van de rivier werd overstemd, hoeveel miljoenen liters water daar ook doorheen stroomden, via trapsgewijze stroomversnellingen en watervallen, de ene nog hoger, breder, spectaculairder dan de andere. In de lucht, onder onze voeten en in diepe echoende ravijnen – alles was water. Voorbij de verlaten velden met rotsen en as langs de top van de vulkaan ontwikkelden kleine klontjes bacteriën zich tot turf en uiteindelijk tot een laag vruchtbare grond. Buiten bereik van het gletsjerijs, beschermd door beschutte rotswanden, strekte nieuw groen zijn tentakels uit. De aarde onder onze voeten veranderde langzaam in een glooiend heuvellandschap, een bekende wereld waar de schaarse sprieten zich vermeerderden en zich uitspreiden tot velden grof gras en strandkruid.

Moth liep voorop door de koude stromende regen. In zijn eentje in zijn eigen wereld bewandelde hij zijn eigen pad. Naarmate de watervallen groter werden, nam het geraas toe, totdat we niets anders meer hoorden dan water. Water dat woest brullend tekeerging tegen rotsblokken, kleding en de aarde. Het was een ware kakofonie van geluiden en nattigheid, en de veengrond waarop we liepen veranderde in een verraderlijke modderloopband. Maar nog altijd liep Moth door, en de afstand tussen ons werd groter.

Er kwamen mensen voorbij, eerst eenlingen en tweetallen, vervolgens groepjes en colonnes schoolkinderen. Het was duidelijk dat we Skógar naderden, de cafés en de bussen die dagexcursies naar de watervallen verzorgden. Door bijna te rennen over het glibberpad wist ik Moth in te halen.

'Waarom zo'n haast? Ik hou je niet bij.'

'Wat? Ik versta je niet – te veel lawaai.'

'Waarom – zo'n – haast?'

'Hoe bedoel je? Ik heb helemaal geen haast. Ik liep gewoon, moest denken aan de laatste dagen van het pad.'

'Misschien zou je zo altijd moeten lopen, zonder erover na te denken. Misschien zou je een koptelefoon op moeten zetten, zodat je bewegingen meer een automatisme worden. Mogelijk zit het probleem in de verbinding tussen denken en doen.'

'Ik kan buiten geen koptelefoon op, ik luister liever naar de stilte.'

'Weinig kans hier.'

Twee vrouwen kwamen ons bergopwaarts tegemoet, sportieve types in identieke felgekleurde outfit: gele waterdichte waxjas, rode broek, hoed met een koord onder de kin die ik nog nooit in een buitensportzaak had gezien. Een stukje voor ons hielden ze halt en keken naar ons terwijl we in hun richting liepen.

'Hallo, fijne dag, hè.'

'*Guten Morgen*. Het is niet fijn, het regent.'

'Dat doet het ook.'

'Wat zegt u?'

'Het regent.'

'Ah, dat vindt u toch ook. Wij, mijn vriendin en ik, wij denken dat we u kennen.'

'Nou, dat denk ik niet.'

'Jawel, deze man, we hebben hem ontmoet, maar we weten niet meer... We herkennen uw gezicht.'

'Nee, we kennen elkaar echt niet.'

Ze bleven ons met een verward gezicht aankijken terwijl we verder liepen.

'Wat hoor ik nou, Moth, geheim leven in Duitsland?'

'Ik weet niet waar ze het over hebben. Wel goede jassen.' Toen we omkeken, stonden de twee ons nog steeds na te kijken.

Het golvende heuvellandschap werd vlakker en de rivier werd breder terwijl ik achter Moth aan liep, die in een stevig tempo voor me de heuvel af ging. Misschien zat er een kern van waarheid in wat de vrouwen hadden gezegd en was hij ooit in het geheim naar Duitsland geweest. Of liep hij in zijn eentje vooruit omdat hij mijn geklets zat was of misschien juist het gebrek daaraan? Misschien had hij er genoeg van over scoutsinsignes en eten te babbelen en wilde hij gewoon even alleen zijn. Ik wachtte op Dave en Julie, die voorzichtig over het natte gras liepen.

'Wat is er met hem aan de hand, zeg? Hij heeft wel haast, hè?'

'Geen idee, ik hou hem niet bij. Ik denk dat het door die Duitse dames komt.'

'Hè?!'

Moth wachtte op ons op een uitkijkpunt boven op de laatste waterval. Vanaf de enorme Skógafoss-waterval stortte het water over de rand van een breed klif zestig meter naar beneden in een rivier. Beneden stonden busladingen toeristen selfies te maken in een mist van opspattende waterdruppels. Na twee IJslandse trektochten waarin we ijs, regen en zwavel hadden getrotseerd, waren we aan de rand van dit wonderbaarlijke onbekende eiland aanbeland. Het klif onder onze voeten vormde oorspronkelijk de kust, maar na de laatste ijstijd was het eiland uit zee opgerezen, waardoor een stuk zeebodem droog was komen te liggen dat nu een laagland vormde. Volgens de overlevering begroef de pionier Prasi Porolfsson, de eerste Viking die hier zijn boot op het droge trok, achter de waterval een kist met goud, kennelijk buitgemaakt, in een grot achter de meedogenloze waterkracht van Skógafoss. Een groep Chinese meisjes dacht zeker dat het goud er nog lag, maar kwam met lege handen en druipende regenponcho's uit de mist vandaan.

'Je hebt vandaag niet zoveel zin, dus, om samen te wandelen. Of wil je vanmiddag de bus naar Reykjavík nog halen, soms?'

We stonden bij de leuning en gingen bij elkaar staan voor een selfie bij de waterval.

'Tuurlijk niet. Het komt door mijn benen, die waren niet te houden, ik moest wel met ze mee.'

De gedachte aan de vreemde Duitse vrouwen had me zo in beslag genomen dat ik er geen moment bij had stilgestaan dat het afdalen een probleem voor hem zou kunnen zijn. Dat hij moeite had om af te remmen.

'Tja, je kon ze moeilijk achterlaten, hè?'

'Ze voelen net echt vandaag, alsof ik mijn oude benen terugheb, ze doen gewoon wat ik wil. Ik moest er wel in meegaan, even dat gevoel van normaliteit vasthouden. Sorry, ik wilde niemand negeren.'

'Nee Moth, zo'n moment als het leven even in balans is, moet je aangrijpen; dan moet je je niets van ons aantrekken.' Julie deelde de laatste chocoladerozijnen uit.

Onder aan de waterval, waar ik me klein voelde bij zoveel wilde natuurkracht, vroegen we een van de regenponchomeisjes of ze een foto van ons wilde maken. We sprongen tegelijk in de lucht, alle vier aan de verkeerde kant van de vijftig, om dit moment in ons leven vast te leggen – in weerwil, of misschien juist omwille van de oneindigheid. Een momentopname van de wilde luide kakofonie van het leven, geschoten tijdens de vlucht. Twee noordse stormvogels cirkelden op de luchtstromen boven de waterval, terwijl wij de vulkanische leegte met al haar mogelijkheid inademden. Daar, waar de aarde begint en eindigt en het leven doorgaat in een andere vorm.

De bus was allang weg toen we aankwamen. We zetten de tenten op bij de rivier, gingen in het warme droge café zitten en bestelden eten. Voor het eerst in IJsland zette ik de wifi aan en keek even door de enorme hoeveelheid binnengekomen mail. Er zat er een van mijn literair agent tussen. *Der Salzpfad* had in Duitsland de top tien bereikt en er was over geschreven in een veelgelezen tijdschrift. Een selfie van ons, dakloos maar lachend met de vuurtoren van Godrevy op de achtergrond, was nu te zien in alle tijdschriftenrekken van Duitsland.

Alleen verandering

Het betreden van de cidermakerij door de verweerde gespleten eikenhouten deuren was als een reis terug in de tijd. Naar een andere wereld, waar in de donkere stenen muren, nauwelijks te onderscheiden in het lage licht, nog steeds de zoete geuren van eeuwenlang geperst fruit en gistend sap hingen. Een wereld waar op de vliering ooit jutezakken vol versgeplukte appels uit de boomgaarden hadden gestaan, waar laaghangende spinnenwebben nu als vitrages over balken, in hoeken en voor doorgangen hingen. Waar generaties boeren de pers met geplette appels hadden gevuld en hadden gekeken hoe het sap eruit stroomde. Langs de muren stonden muskusgeurende eikenhouten vaten in rijen klaar, te wachten op het moment dat ze weer gevuld zouden worden met troebel friszuur vers sap, waarna het productieproces weer zou starten.

Maar de historische sfeer lag wel verborgen achter en onder landbouwafval en plastic zakken. Moth baande zich langzaam borstelend, vegend en opruimend een weg door de schuur. Hij borstelde de muren met water totdat de geur van cider vrijkwam, waarmee het net was of de geschiedenis herademde en weer tot leven kwam. Toen hij de deur dichtdeed, hadden de schaduwen in de donkere hoeken bijna die van monniken kunnen zijn, die op de vaten klopten en het roze, gefermenteerde vocht proefden. Het was bijna zover.

In de boerderij stonden de rugzakken nog altijd naast elkaar tegen de muur een vage zwavelgeur uit te walmen. We waren al twee weken terug, maar stelden het uitpakken steeds uit. Er zat nog steeds iets van de vulkanische ruigte in ons, een gevoel van onbegrensde horizonten waardoor we er nog niet aan toe waren alles weer op te bergen. Bovendien hingen buiten de appels volrijp en zwaar aan de takken, terwijl de warme lage najaarszon lichtvlekken over hun sappige rode schil legde. Ik hield mijn hand om een appel om te voelen hoe vast hij nog zat en hij liet met een heel lichte draaibeweging los. Het was tijd, ze waren klaar voor de pluk. Binnenkort zouden ze allemaal in de schuur liggen, en dan kon het ciderseizoen beginnen.

Net toen ik de eerste paar appels geplukt had en in een mand legde, begonnen de inmiddels geelgekleurde bladeren te ritselen. De wind draaide naar het noorden en zonder waarschuwing werd het zachte herfstweer verdreven door een scherpe snijdende wind. Nog voor het donker viel, woedde de eerste herfststorm over de heuvel en bracht meedogenloze regen- en hagelbuien met zich mee.

Toen de storm eindelijk was gaan liggen, lagen er tonnen gekneusde en opengebroken appels op de grond. Er zat geen blad meer aan de bomen. De zon werd verzwakt door een vroege waterige winterkou.

'Wat zonde. Ze moeten zo snel mogelijk worden geraapt en in de cidermakerij gelegd, anders gaan ze rotten.' Moth hurkte onder een boom, pakte een paar onbeschadigde appels op en deed ze in een emmer.

'We moeten rapen zoveel we kunnen. We hebben geen andere keuze.'

'Alleen jij en ik? Dat redden we niet, het zijn er veel te veel. Het meeste zal verloren gaan. Wat een toestand.' We keken de verwoeste boomgaard rond. Met ons tweeën konden we onmogelijk alle appels rapen voordat ze zouden gaan rotten, maar wie kon ons helpen? Er was niemand die we het konden vragen.

Auto's parkeerden voor het huis dat vol liep met mensen uit Polruan. Sarah had tassen meegebracht met boterhammen, flessen wijn, handschoenen en manden. Veel mensen hadden we alleen maar kort ontmoet, anderen kenden we helemaal niet, ze kwamen met laarzen, mutsen en enthousiasme. Uit de laatste auto stapten Gill en Simon, vrolijk lachend. Iedereen kon zien dat ze samen waren.

'Gill, ik dacht dat je weer in Londen zat.'

'Nee, ik ben niet gegaan. Ik blijf tot na Kerstmis deze keer. Tenzij Simon me er voor die tijd uit schopt, natuurlijk.'

'Dat zal ik niet doen. Je hebt altijd geweten dat je kon blijven. Het was en is jouw keuze.' Vertrouwen is zoiets ongrijpbaars, maar het heeft maar een kleine kans nodig om op te bloeien en te groeien. Samen liepen ze de boomgaard in. Hun samenzijn was net zo onverklaarbaar en tegelijk onontkoombaar als strandkruid dat opkomt in IJslandse asgrond. Binnen een paar dagen was de vliering van de cidermakerij gevuld met jutezakken vol geredde appels en konden we de eerste vaten vullen met versgeperst sap.

Het beginnende licht van een novemberochtend verlichtte de horizon, een streepje roze aan de onderkant van de wolken in aquareltinten onder het blauw. Waar de wolken iets uit elkaar weken, was een bleekblauwe lucht te zien die hoop gaf op een heldere dag en een onbekende oneindigheid die net buiten het bereik lag. De mist op het dichtstbijzijnde veld trok al op en onthulde een paar bruine vogelgestalten op het gras. We keken hoe ze bij elkaar kwamen en weer uiteen weken.

'Niet te geloven.'

'Nee, ik had niet gedacht ze hier ooit te zien. Maar we zijn nog geen jaar verder en daar zijn ze al.' Ik tuurde door de verrekijker om de wulpen beter te bekijken. De steltvogels duwden hun onmiskenbare lange kromme snavel in het gras op zoek naar wormen en insecten. Kennelijk voelden deze vogels aan waar nieuwe voedselbronnen te vinden zijn. Zeldzaam, bedreigd en kwetsbaar, maar nu aan het foerageren op een veld dat tot voor kort verstoken was van al het leven, op een enkele eenzame worm na. We bleven roerloos staan kijken tot de zon de kleuren uit de lucht brandde en de wulpen terugvlogen naar de kreek.

Moth stopte de verrekijker terug in het foedraal, zijn handen deden nog steeds wat hij wilde. We liepen de boomgaard in en zochten een plekje op de boomstam met de wilgenhoutvlinder. Het verse sap dat in de zomer uit de gaten was gedruppeld, was ingedroogd tot harde harsdruppels. Misschien waren de beestjes in de boomstam getransformeerd en uitgevlogen, of misschien zaten ze er nog in verstopt en hadden ze nog jaren van groei voor zich. Mogelijk zou de tijd het leren, maar dan alleen als we op de juiste dag op het juiste tijdstip op deze plek zouden zijn.

'Zullen we naar de kust gaan? Ik wil vandaag graag op het pad zijn, om de zee te horen.'

We zouden altijd de behoefte houden om terug te keren naar het pad, hoe ver we ook reisden, om het zout te ruiken en op het klif onze armen te spreiden in de wind. We liepen over een bekende landtong naar een plek tussen de gaspeldoorn waar we nog maar een paar jaar daarvoor onze tent hadden opgezet – dakloos en zonder geld of eten, maar wonderlijk genoeg niet meer bang, hier aan het uiterste stukje land. Zoals we daar zaten, op de open plek in het struikgewas op dat kale rotsachtige stukje aarde terwijl de zon verdween aan de grijze horizon, waren we nog altijd dezelfde mensen die hadden liggen rillen in de koude tent toen we langs de kust liepen – alleen het landschap om ons heen was veranderd. De zeewind bracht een zoute winterlucht mee, en daarmee verdween de laatste twijfel. Moth was niet geholpen met pillen of dokters, maar hij had ze ook niet nodig. Door simpelweg te leven naar hoe hij gebouwd was, had zijn lichaam een manier gevonden de aandoening uit de weg te gaan en verder te leven. Net zoals het stoppen met menselijk ingrijpen op het land ervoor had gezorgd dat wilde dieren terugkeerden op het land, zo overleefde Moth door terug te keren naar een natuurlijke manier van leven. Het leven op een andere manier vormgeven, niet met maar juist zonder mensenhanden. Een winterse stortregenbui waaide als een gordijn over zee naar het land, we hadden de storm al zien aankomen aan de horizon. Wees niet 'voorzichtig met traplopen' maar ren naar boven, zo hard als je kan, zonder angst voor tikkende klokken en verstrijkende tijd. Niets kan worden gemeten in tijd, er is alleen verandering. En verandering is altijd binnen handbereik, want het is een kwestie van kiezen.

Ik sloot mijn ogen en liet de geluiden komen, de stem komen. Rustig en verstild in een opstijgende wind ruisend tussen de rotsen, in helder water dat door zonlicht valt, in de kreet van een meeuw tegen het klif, ergens voorbij de vage grens tussen water en lucht. Het geluid van de bladeren als ik in de takken van de wilg hing of gehurkt in het donkere bos zat. Hij was er altijd geweest, fluisterend met de woelmuizen in de sloot en met de reeën op de berghelling, blaffend met de zeehonden op de mistige landtong. De stem achter dit alles...

...een geluid voorbij verbintenis of bezit.

Het gonzen van deeltjes
vibrerend op levensenergie.
De stem van de
slaande
kloppende
wilde stilte
van de aarde.
De stem
van...
thuis.

Het was een gelukkige wind
Die mij hiernaartoe blies. Ik vertrek
Half in staat om te geloven
Dat een mank vertrouwen weer zou kunnen lopen
En dat het halfrijm liefde is

De genezing bij Troje
Seamus Heaney

Dankwoord

Liggend in het bos met mijn vingers in het gevallen blad heb ik veel nagedacht over hoe ik hier terecht ben gekomen. Daarbij kwamen mijn gedachten zelden verder dan Moth en ons leven. Van wat er onder mij in de aarde allemaal gebeurde, had ik geen idee. Inmiddels weet ik dankzij het fascinerende boek *Benedenwereld* van Robert Macfarlane dat zich daar onder de onze een andere wereld bevindt, een land van schimmels. Een verrassend mycorrhiza-netwerk van schimmels en planten via de wortels, dat bomen verbindt met bomen en andere plantensoorten, waarbij voedingsstoffen, water en mineralen worden uitgewisseld. In het fijnmazige netwerk kunnen zaailingen groeien in de schaduw van de volgroeide soortgenoot en andere ongerelateerde soorten, waarmee ze bronnen delen. Het is een onzichtbare wereld van natuurlijke verbindingen die elke plant helpt om te gedijen als onderdeel van een schitterend allesverbindend geheel. Misschien vond ook ik via mijn vingers in de aarde verbinding met dat netwerk; een gevoel van verbondenheid dat me door de zwaarste tijden heen hielp. Het zou ook weleens de reden kunnen zijn waarom mijn teennagels rotten!

Het schrijven van een boek heeft me in elk geval verbonden met een bovengronds netwerk. Door dat netwerk gedij ik als deel van een systeem waarin iedereen belangrijk is en waarin niemand slaagt zonder hulp en steun van het geheel. Zonder de mensen die betrokken waren bij de ontwikkeling van *De wilde stilte* zou het nog steeds slechts een zaailing zijn die nog moet groeien.

Veel dank aan Jen Christie van Graham Maw Christie, die alles onder controle heeft. Voor Fenella Bates, de onvervangbare Olivia Thomas, Jen Porter, Aggie Russell, Richenda Todd, Louise Moore, Dan Bunyard, Catherine Wood en alle anderen bij Michael Joseph die het zo plezierig maken met hen te werken.

Dank aan Dave en Julie voor hun vriendschap en voor het delen van natte tenten op koude hellingen. Aan mijn vrienden in Polruan die hun harten en hun deuren openden op een manier die ik nooit meer verwachtte mee te maken. En aan Sam en Rachel die zo vrijgevig zijn om de droom die ze koesterden met ons te delen.

Meest van alles dank ik het Team. Jullie alle drie. Voor de tijd, ruimte en liefde die ik kreeg om dit boek te maken. Eindeloze tijd, grenzeloze ruimte en allesomvattende liefde – van het belangrijkste netwerk dat je kan hebben.